TONI KEPPELER

CHILE IN BEWEGUNG

TONI KEPPELER

CHILE IN BEWEGUNG

REPORTAGEN AUS EINEM LAND DER GEGENSÄTZE

Fotos von Yvonne Berardi

Rotpunktverlag.

www.rotpunktverlag.ch

Umschlagfoto: »Mit Leidenschaft für die Bildung« – Studentinnen und Studenten organisierten in mehreren Städten Chiles den »Besatón« (das große Küssen) für Bildung und gegen Polizeigewalt. Foto: Keystone, AP, Aliosha Marquez. Karten: Kartengrundlage von Wikipedia (»Chile adm location map« von Karte: NordNordWest, Lizenz: Creative Commons), bearbeitet durch den Rotpunktverlag

Bildbearbeitung: Widmer & Fluri GmbH, Zürich
Druck und Bindung: Friedrich Pustet, Regensburg

ISBN 978-3-85869-688-5

1. Auflage 2016

MIX
Papier aus verantwortungsvollen Quellen
FSC® C014889
FSC
www.fsc.org

Inhalt

Zur Einführung

Chile ist einzigartig, schon allein wegen seiner Landschaften. Kein anderes Land auf der Welt umfasst so viele Klimazonen: Der Norden liegt geografisch gesehen in den Tropen, ist aber nicht üppig mit Dschungel bewachsen, sondern eine der trockensten Wüsten der Erde. Der von der Antarktis kommende kalte Humboldtstrom kühlt die feuchte Luft, die vom Pazifischen Ozean zum Festland strömt, vor der Küste herunter. Die Wolken regnen sich ab. Man sieht dass manchmal von Antofagasta oder Iquique aus, weit draußen über dem Meer. An Land aber fällt kein einziger Tropfen. Von der Wüste in Richtung Süden geht es durch mediterran anmutende Landschaften bis weit über Santiago hinaus. Danach, im sogenannten kleinen Süden, trifft man auf Wälder und saftige Weiden wie im Allgäu oder im schweizerischen Voralpenland. Und ganz unten, im großen Süden, ist das ewige Eis.

Chile ist 4275 Kilometer lang, was in etwa der Strecke von Berlin bis zum saudiarabischen Riad entspricht oder von Zürich bis zur nigerianischen Hauptstadt Abuja. Es ist eingeklemmt zwischen den ewig mit Schnee bedeckten, bis zu knapp siebentausend Meter hohen Anden mit einer der weltweit aktivsten Vulkanketten auf der einen Seite und vom Pazifik auf der anderen. An der breitesten Stelle misst das Land von Westen nach Osten etwas über vierhundert Kilometer, an der schmalsten gerade neunzig. Der ehemalige US-Außenminister Henry Kissinger nannte es einmal »einen Dolch, der auf die Antarktis zeigt«. Chile bedeutet in der Sprache der Aymara »das Land, an dem die Welt zu Ende ist«. Weil die Spanier bei ihrem Eroberungszug Anfang des 16. Jahrhunderts vom Aymara sprechenden heutigen Bolivien in diesen schmalen Landstreifen vorgedrungen sind, haben sie ihm diesen Namen gegeben.

Von Europa aus gesehen liegt Chile tatsächlich am Ende der Welt, versteckt hinter einem hohen Gebirge und nach Norden hin geschützt durch die menschenfeindliche Wüste. Neue Gedanken aus Europa, heißt es oft, hätten deshalb immer etwas länger gebraucht, um dort anzukommen. Damit wird dann erklärt, warum die chilenische die angeblich konservativste Gesellschaft des südamerikanischen Halbkontinents sei. Das stimmt nicht. Es gibt viel mehr europäischen und namentlich deutschen und schweizerischen Einfluss in Chile, als einem recht sein kann. Die chilenische Armee, die spätestens mit dem Putsch von General Augusto Pinochet am 11. September 1973 als brutal und grausam bekannt geworden ist, wurde von preußischen Militärberatern aufgebaut und pflegt diese Tradition bis heute. Deutsche und schweizerische Siedler haben im Süden des Landes tatkräftig mitgeholfen, das ursprünglich dort lebende Volk der Mapuche zu unterdrücken und eine bis heute andauernde rassistische Zweiklassengesellschaft zu errichten. Chile mag am Ende der Welt sein. Es ist trotzdem mindestens so europäisch geprägt wie Argentinien auf der anderen, Europa näher liegenden Seite der Anden. In Argentinien waren in erste Linie Einwanderer aus Spanien und Italien bestimmend. In Chile ist das Gemisch bunter: Spanier, Basken, Briten, Deutsche, Schweizer, Serben, Kroaten, Belgier… Und daneben gibt es noch ein rundes Dutzend indigener Völker, allen voran die rund eine Million Mapuche.

Von der chilenischen Geschichte sind im Wesentlichen nur zwei Etappen bekannt: Zum einen die Zeit der Unidad Popular von 1970 bis 1973, drei Jahre, in denen ein demokratischer Weg zu einem humanen Sozialismus gesucht wurde. Und dann natürlich die siebzehn folgenden Jahre der Pinochet-Diktatur. Das scheint überwunden zu sein und weit weg. Chile gilt heute als stabile Demokratie, sicher und sauber, organisiert und mit guter Infrastruktur. Die Chilenen gelten als freundlich und friedlich und – eben – als eher konservativ und katholisch. Das alles, in Kombination mit den landschaftlichen Reizen, hat das Land in den vergangenen Jahren zu einem beliebten Ziel für Touristen werden lassen.

Dieses ordentliche, fleißige und konservative Chile ist das Chile, das die Elite des Landes gerne hätte. Ihre Medien – und es gibt kaum andere – haben diese Wunschvorstellung so oft als Ideal reproduziert, dass auch viele Chilenen es glauben. Doch darunter, im Volk, gab es immer auch ein anderes Chile. Es gab schon früh eine starke Arbeiterbewegung. Die Mapuche haben nie aufgehört, sich zu wehren. Die Unidad Popular war nicht die erste Bewegung, die auf demokratischem Weg in den Sozialismus wollte. Und Pinochet war nicht der erste Diktator, der schließlich abdanken musste. Es gab immer auch ein rebellisches Chile. Und diesem Chile ist das vorliegende Buch gewidmet.

Es ist kein Geschichtsbuch, sondern ein Buch von Geschichten. Um Chile zu verstehen, so wie es heute ist, muss man seine Menschen verstehen. Dieses Buch erzählt die Probleme und die Hoffnungen eines Landes, indem es die Geschichten von Menschen erzählt, die die Geschichte ihres Landes durchlebt und oft genug durchlitten haben. Sie alle haben versucht, diese Geschichte so, wie sie konnten, ein kleines bisschen mitzugestalten, auf dass es Hoffnung gebe für dieses Land. Nach drei Jahrzehnten und vielen Reisen nach Chile glaube ich, die Probleme des Landes zu kennen. Und ich teile die Hoffnungen dieses rebellischen Chile.

Kapitel 1

DIE ANGST IST VORBEI

Die Studentenbewegung, eine Gesellschaft im Umbruch und das Aufscheinen des Endes eines langen Übergangs zur Demokratie.

Da macht eine junge Frau Politik, ganz erfolgreich sogar, und alle schreiben über ihr Aussehen. Eine »Botticelli-Schönheit« sei sie, schwärmte der US-amerikanisch-guatemaltekische Schriftsteller Francisco Goldman im Magazin der *New York Times*. Und selbstverständlich vergaß er nicht, den kleinen silbernen Ring zu erwähnen, den sie im rechten Nasenflügel trägt. Das gehört zum Pflichtstoff, wenn man über Camila Vallejo schreibt. Sie sei »eine Frau, jung, intelligent und darüber hinaus auch noch schön«, so wertete Pedro Lemebel, der Anfang 2015 verstorbene schwule Sexmaniac und Provokateur der linken Kulturszene von Santiago. In der kritischen chilenischen Wochenzeitung *The Clinic* reflektierte er ausführlich über ihr »Gesicht eines Universitätspüppchens« und über das Spiel des Sonnenlichts in ihrem kastanienfarbenen Haar. »Rot« sei sie (politisch gesehen) und »süß« (als junge Frau). Nur leider gebreche es ihr an Humor, was wohl an zu vielen marxistischen Schulungen in ihrer Kommunistischen Partei liege. Und der britische *Guardian* stellte fest: »Seit Subcomandante Marcos hat kein Rebellenführer Lateinamerika so bezaubert.« Immerhin: eine Rebellin. Aber eben doch bezaubernd.

Auch bei Marcos, dem Pfeife rauchenden Skimasken-Mann mit den grünen Augen, hielten sich Journalisten gerne an Äußerlichkeiten auf. Weil die Rede des Sprechers des »Zapatistischen

Befreiungsheers« aus dem südmexikanischen Urwald immer irgendwie dunkel blieb, genauso wie sein Vorleben, wurden der Mann und sein Auftreten zur Botschaft. Camila Vallejo ist da ganz anders. Selbst der von ihrem Aussehen schwer geblendete Lemebel gestand ihrem Diskurs eine »sichere Klarheit« zu. Auch ihr Vorleben ist bekannt: Geboren am 28. April 1988 in Santiago de Chile, aufgewachsen im stadtrandischen Arbeiterviertel La Florida, beide Eltern waren aktive Kommunisten. Sie hat Geografie studiert an der staatlichen Universität von Chile, war dort 2010 und 2011 Vorsitzende der Studentenschaft und 2011, zur Zeit der ersten großen Welle der Straßenproteste, eine der Sprecherinnen des Verbandes der Studentenschaften von Chile. Sie ist Mitglied des Zentralkomitees der Kommunistischen Jugend, Mitglied der Kommunistischen Partei und seit November 2013 Abgeordnete ihrer Heimatgemeinde La Florida, die jüngste im chilenischen Parlament. Sie ist religionslos, lebt seit Jahren mit einem jungen Mann zusammen, auch er Kommunist, ehemaliger Studentensprecher und darüber hinaus Kubaner. Seit Oktober 2013 haben die beiden eine Tochter. Das lässt sich alles nachlesen. Und trotz dieser Klarheit und Transparenz ist Camila Vallejo wie der mysteriöse Marcos zur Ikone geworden.

Nun sind Ikonen ursprünglich Kultbilder der orthodoxen Kirchen, in die sich die Gläubigen versenken, um durch sie hindurch einen Blick auf das Eigentliche zu erhaschen. Was aber ist das Eigentliche hinter der Ikone Camila Vallejo?

Ihr Abgeordnetenbüro liegt weit außerhalb des Zentrums von Santiago, mit der Metro fast eine Stunde, bis zur vorletzten Station im Südosten. Man hat den Eindruck, man verlasse die Stadt, fährt durch trostlose Industriegebiete, gesichtslose Neubauviertel, Wohnsilos für Arbeiterfamilien. Hin und wieder ein paar Felder. Die Kette der Anden scheint schon zum Greifen nahe, dann ist man in La Florida. Im Zentrum ein paar Einkaufsstraßen; Läden mit Auslagen, die den Charme der Sechzigerjahre verbreiten. Ein bisschen abseits wird heftig gebaut: verdichtetes Wohnen in Beton. Zum Abgeordnetenbüro geht man durch Straßen, die entstanden sind, als es noch Platz gab. Keine auf Effizienz ausgelegten Verbindungen, kürzeste Linien von hier nach da. Es sind verschlungene, kurvenreiche Wege mit kleinen Einfamilienhäusern, viele aus Holz. Im waldreichen Chile ist das der billigste Baustoff. Auch das Büro von Camila Vallejo ist in so einem Häuschen, ein bisschen außerhalb, in einer Wohngegend, die so alt sein mag wie sie selbst.

Man muss die Adresse kennen. Am Tor ist keine Tafel, an der Klingel kein Namensschild, nur die Hausnummer. Die Sekretärin öffnet, auch sie eine junge Frau, informell gekleidet, ein Küsschen auf die Wange. »Die Abgeordnete ist schon unterwegs.« Sie sagt: die Abgeordnete, nicht: Camila. Man gibt sich locker und doch auch ein bisschen formell.

Die Abgeordnete kommt hereingeschneit, fröhlich und ungekämmt, als wäre sie gerade erst aufgestanden, trägt Jeans, eine luftige Bluse und eine Hipster-Brille. »Ah, der Journalist.« Noch ein Küsschen. Sie duzt sofort, lästert über die verheerende Kaffeekultur Chiles, »in Kuba gibt es an jeder Straßenecke diesen starken Schwarzen in kleinen Plastikbechern, so etwas findest du hier nirgends«. Dann bietet sie Instantkaffee an und lacht. »Etwas anderes gibt es nicht im Büro.« Im Vorzimmer hängt ein Poster von Salvador Allende an der Wand, daneben eines von Gladys Marín, der 2005 verstorbenen charismatischen Vorsitzenden der Kommunistischen Partei. In Vallejos Büro dahinter nur gerahmte universitäre Titel und Anerkennungen. Der schwarze Schreibtisch ist leer, das schwarze Bücherregal daneben auch. Einfache moderne Möbel, wie sie als Bausatz zur Eigenmontage in jedem größeren Einrichtungshaus zu haben sind. Keine Akten, keine Ordner mit Gesetzesvorlagen; hier scheint sie nicht zu arbeiten.

Camila Vallejo ist zur Ikone geworden, weil sie zur richtigen Zeit in einfachen und klaren Worten das gesagt hat, was gesagt werden musste. Das war 2011, als die Studenten Chiles fast jede Woche zu Zehntausenden auf die Straße gingen und freie Bildung für alle verlangten. Die Chilenen konnten das verstehen – außer dem damaligen rechten Präsidenten Sebastián Piñera und der schmalen und reichen Elite des Landes. Für sie ist Bildung – sei sie schulisch oder universitär – das, was der Militärdiktator Augusto Pinochet aus ihr gemacht hat: Ein Konsumgut, eine Ware, die wie jede andere auf einem freien Markt angeboten wird, für die viele bezahlen und die wenige bereichert.

Die allermeisten Universitäten Chiles sind private Lehranstalten mit schlecht bezahlten Dozenten, die meisten nur auf Stundenbasis. Man nennt sie »Taxi-Professoren«, weil sie, um von ihrem Beruf leben zu können, an mehreren Hochschulen gleichzeitig unterrichten, so eng getaktet, dass sie mit dem Taxi von einer Unterrichtsstunde in einer Universität zur nächsten in einer anderen fahren müssen. Die Eltern der Studenten aber bezahlen für das Studium eines Kindes bis zu 80 000 US-Dollar. Wenn mehrere Kinder studieren sollen, müssen sich selbst besser gestellte Mittelklassefamilien hoch verschulden. Für die Kinder richtig armer Familien gibt es ein Kreditprogramm – mit der Folge, dass es nicht die Eltern sind, sondern sie selbst, die Jahre und oft Jahrzehnte lang ihre Studienschulden abstottern. Eine durchschnittliche chilenische Familie gibt rund ein Viertel ihrer Einkünfte für die Ausbildung ihrer Kinder aus – egal, ob diese studieren oder nicht. Auch Schulen kosten Gebühren. Selbst Präsidentin Michelle Bachelet hat inzwischen erkannt, dass dieses Bildungssystem eine in Lateinamerika beispiellose Ungleichheit der Einkommensverteilung mit geschaffen hat und zementiert. Kein Wunder, ist die Forderung nach freier Bildung für alle populär. In Umfragen haben sich bis zu 80 Prozent der Bevölkerung dahinter gestellt.

2006 sind die Proteste zum ersten Mal aufgeflammt. Damals waren es noch die Schüler – oder besser: die Schülerinnen. Es waren Mädchen, die bei den Demonstrationen stets in der ersten Reihe standen. Man nannte sie *los pingüinos*, die Pinguine, wegen der in Chile obligatorischen Schuluniformen. Für Mädchen sind das meist etwas sackartige Kleidchen in dunklen Farben, dazu eine weiße Bluse. Sie erinnern tatsächlich ein bisschen an die tapsigen Wasservögel. Viele Schulen wurden zum Teil über Monate besetzt, fast jede Woche gab es riesige Demonstrationen. Die Sozialistin

Michelle Bachelet, damals in ihrer ersten Regierungszeit und so etwas wie die gütige Mutter der Nation, war erschrocken, rief die jungen Leute zum Dialog auf, richtete runde Tische und eine parlamentarische Kommission ein. Es gab einen Bericht zur Lage der Schulen und Universitäten, einen Gesetzesentwurf, die Bewegung flaute vorerst ab – und weiter ist nichts passiert.

Fünf Jahre später waren die *pingüinos* von damals Studenten, zum ersten Mal seit dem Ende der Militärdiktatur 1990 regierte mit Sebastián Piñera wieder ein rechter Präsident, die Bewegung kam mit Macht zurück und Camila Vallejo wurde ihr weltweit bekanntestes Gesicht. Sie sagte: »Bildung ist ein Menschenrecht!« Rechte Parlamentarier grummelten: »unbezahlbar«, doch Camila Vallejo sagt auch, wie das finanziert werden kann: »Wenn wir nur 1 Prozent der Gewinne der im Land operierenden internationalen Minenkonzerne nähmen, könnten wir damit die Ausgaben für Lehrpersonal, Stipendien, Studentenkredite und Ausstattung der Universität von Chile verdoppeln. Mit 0,7 Prozent der Gewinne der Minengesellschaften könnten wir alle Studiengebühren finanzieren. Das ist möglich. Es fehlt nur der politische Wille.«

Sebastián Piñera ist einer der wenigen Superreichen des Landes. Sein Vermögen wird in Milliarden-Dollar-Einheiten berechnet. Seine ersten Millionen machte er als Investmentbanker des chilenischen Ablegers der Citibank. Mit diesem Vermögen baute er ein Firmenimperium auf, gruppiert um die größte Kreditkartengesellschaft Lateinamerikas und um die ehemals staatliche und längst privatisierte Fluglinie LAN, die heute ebenfalls zu den ganz Großen auf dem Halbkontinent gehört. Radio- und Fernsehsender gehören dazu, der Traditionsfußballclub Colo-Colo … – nichts Produktives, nur Finanz- und sonstige Dienstleistungen und Unterhaltung. Er ist ein Musterknabe des neoliberalen Schocks, den Diktator Pinochet 1975 dem Land verordnet hat. Allen Ernstes hat Piñera einmal in einem Interview gesagt, er frage sich, warum es nicht alle Chilenen so machten wie er. Dass für so einen Mann Bildung kein Menschenrecht ist, sondern ein Konsumgut, das man kaufen muss, liegt auf der Hand.

Wenn Camila Vallejo bei den Kundgebungen nach den Massendemonstrationen eine Bildungsreform verlangte, die diesen Namen verdient, vertrat sie deshalb nicht nur die Interessen der Studenten. Sie stellte gleichzeitig das in der Diktatur geschaffene neoliberale Gesellschaftssystem infrage, das auch in den Jahrzehnten nach der Gewaltherrschaft nie angetastet worden war.

Beim zweiten Anlauf ließen sich die Studenten nicht mehr mit wortreichen und ergebnislosen runden Tischen abspeisen. Die Demonstrationen hielten an, wurden Monat für Monat größer und endeten regelmäßig in Straßenschlachten. Die Schuld daran schoben die Medien immer den Studenten in die Schuhe, und tatsächlich gibt es in jeder Demonstration einen kleinen Block von Vermummten, die Steine werfen und eine Auseinandersetzung mit den Sicherheitskräften suchen. Auf der anderen Seite aber lauern die paramilitärischen Carabineros ihrerseits auf so eine Gelegenheit. Noch immer sind in der Avenida Libertador General Bernardo O'Higgins, der im Volksmund kurz Alameda genannten Hauptverkehrsader der Hauptstadt, vor dem Eingang der Universität von Santiago Tag und Nacht ein paar Wasserwerfer stationiert. Die Studentenschaft dieser öffentlichen Hochschule gilt als besonders aufmüpfig.

Für die fast durchweg rechten Massenmedien Chiles sind diese absehbaren Tumulte ein gefundenes Fressen. Nach Demonstrationen zeigen die Titelseiten der Zeitungen und die Aufmachermeldungen der Fernsehnachrichten Bilder von Tränengasschwaden in den Straßen, von Polizisten, die sich hinter Wällen aus Plastikschildern verschanzen, von eingeworfenen Schaufensterscheiben. Die Botschaft der Demonstranten verschwindet dahinter.

Camila Vallejo steht auch jetzt, als Parlamentsabgeordnete, bei vielen dieser Demonstrationen in der ersten Reihe. Sie hat sich 2011 nie von studentischen Steinewerfern distanziert und sie tut es auch heute nicht. »Mehr als 99 Prozent der Demonstranten sind friedlich«, sagt sie. »Aber das interessiert die Medien nicht.« Und unter den paar wenigen anderen gebe es viele junge Leute vom untersten Rand der Gesellschaft, aus La Legua oder aus anderen Armenvierteln der Hauptstadt, wo Arbeitslosigkeit und Drogenhandel zu Hause sind und viele nur als Straßenhändler, mit Betteleien oder mit Kleinkriminalität überleben. »Diese Leute haben nichts mehr zu verlieren.« Ihre Gewaltbereitschaft sei nur »die Antwort auf die strukturelle Gewalt, die sie tagtäglich erfahren«. Auch könne man nicht ausschließen, dass die ersten Steine von eingeschleusten Provokateuren geworfen werden. Straßenschlachten lenken nicht nur von politischen Inhalten ab, sie sollen die ganze Bewegung diskreditieren. Doch das ist nicht gelungen. Camila Vallejo wurde 2013 mit einer der höchsten Stimmenzahlen ins nationale Parlament gewählt und mit ihr zwei weitere – anders als sie parteipolitisch unabhängige – Sprecher der Studentenbewegung.

Reicht es denn, einfach nur zur rechten Zeit am richtigen Ort das Richtige zu sagen, und schon wird man eine Symbolfigur? Vielleicht ist da noch etwas anderes, sagt Camila Vallejo. »Irgendwie scheinen wir Chilenen unabhängige Helden zu brauchen, die einsam sind und auch ein bisschen zerbrechlich. Unsere Geschichte ist voll davon.« Menschen, die das Unmögliche versucht haben – und daran meist tragisch gescheitert sind. Nach dem Fregattenkapitän und Seehelden Arturo Prat etwa, der sich im Salpeterkrieg Ende des 19. Jahrhunderts vor dem damals noch zu Peru gehörenden Iquique in eine von vornherein aussichtslose Seeschlacht stürzte und unterging, ist heute in jeder Stadt eine Straße oder ein Platz benannt. Jedes Kind lernt in der Schule seine angeblich letzten Worte. Auch Salvador Allende, der 1973 von Pinochet gestürzte linkssozialistische Reformpräsident, war auf eine Art so eine tragisch-heldenhafte Figur. Und Camila Vallejo, die erst zweite Frau, die in der fast dreihundertjährigen Geschichte der Universität von Chile Vorsitzende der Studentenschaft wurde, zierlich und klein in einer von Männern dominierten Umgebung – sie stand da vor über hunderttausend Menschen, wieder und wieder, herausgehoben und ein bisschen unnahbar. Sie dachte und redete so schnell und so klar, dass es die Zuhörer schaudern konnte, forderte das scheinbar Unmögliche und sagte doch nur das, was gesagt werden musste und was alle hören wollten. Sie war die Volkstribunin der Stunde, ein bisschen Jeanne d'Arc, und wirkte dabei trotzdem immer irgendwie einsam und zerbrechlich. Nur eine tragische Gestalt ist sie nicht geworden. Vielleicht haben deshalb die nationalen Medien zuletzt das Interesse an ihr ein bisschen verloren.

Ein politisches Beben

Am 27. Februar 2010, um 3 Uhr 34 am Morgen, wurde Chile von einem schweren Erdbeben erschüttert. Im Prinzip sind Chilenen so etwas gewohnt. Entlang der 6435 Kilometer langen Küstenlinie stoßen im Norden die Nazca- und im Süden die Antarktische auf die Südamerikanische Platte und machen das Land zu einer unruhigen tektonischen Zone. Die dazugehörende Vulkankette in den Anden, ein Teil des sogenannten Pazifischen Feuerrings, gilt als die aktivste der Welt. Wer Chile besucht hat und nie von einem heftigen Erdstoß erschreckt wurde, war nicht richtig in Chile. Das seit Beginn der Messungen weltweit heftigste registrierte Erdbeben ereignete sich am 22. Mai 1960 bei Valdivia im Süden des Landes. Es hatte eine Stärke von 9,5 auf der Richterskala. Die Topografie ganzer Landschaften wurde damals grundlegend verändert, vermutlich über fünftausend Menschen kamen zu Tode. Der durch die Erdstöße ausgelöste Tsunami richtete Zerstörungen im gesamten pazifischen Raum an. Das Beben vom 27. Februar 2010 war das seither stärkste in Chile: 8,8 auf der Richterskala, fast viermal so stark wie jenes, das sechs Wochen zuvor mit einer Stärke von 7,0 Haitis Hauptstadt Port-au-Prince zerstört hatte (die Richterskala ist exponentiell: Ein Grad mehr bedeutet, dass ein Beben doppelt so stark ist). Das Epizentrum lag rund 400 Kilometer südlich der Hauptstadt, nahe der Küstenstadt Concepción. Aber auch in Santiago wurden Dutzende Häuser und Brücken zerstört. Die Millionenstadt wurde an diesem frühen Morgen um 24 Zentimeter nach Südwesten verrückt. Nach Berechnungen der US-Weltraumbehörde NASA hat das Beben die Erdachse um acht Zentimeter verschoben und die Rotationsgeschwindigkeit des Planeten erhöht: Ein Erdentag ist seither um 1,26 Mikrosekunden kürzer. Beim Beben selbst und beim nachfolgenden Tsunami kamen nach offiziellen – mehrfach nach unten korrigierten – Angaben 521 Menschen ums Leben. Der entstandene Sachschaden wird auf über 30 Milliarden US-Dollar geschätzt.

Dieses Erdbeben sei so etwas wie der Auftakt zur zweiten Welle der Schüler- und Studentendemonstrationen gewesen, sagt der Soziologe Alberto Mayol: Bei einem Beben dieses Ausmaßes wird allen, die es erleben, im Wortsinn der Boden unter den Füßen weggezogen. Man fühlt sich hilflos, ausgeliefert, schrecklich allein. Der mexikanische Schriftsteller Juan Villoro, der das Beben im siebten Stock eines Hotels in Santiago erlitten hat, nennt diese Erfahrung einen »moralischen Striptease«. Schlagartig sei den Chilenen an diesem 27. Februar 2010 klar geworden, so Mayol, dass der seit Pinochet gepflegte neoliberale Individualismus versagt angesichts dieser tief menschlichen existenziellen Erfahrung, die durch die Katastrophe ausgelöst worden war. »Auf das Erdbeben folgte der Ruf nach mehr Kollektivismus, nach der Rückkehr der Solidarität.« Der Soziologe, 1976 geboren, lehrt an der als links geltenden Universität von Santiago und wirkt ein bisschen wie aus einer anderen Zeit: rechts gescheiteltes schulterlanges dunkles Haar und Vollbart im runden Gesicht, über dem T-Shirt trägt er ein in die Tage gekommenes Sakko. Sein Büro ist eng, vollgestellt mit Büchern, auf dem Boden Stapel von Zeitungen und Manuskripten. Man kann ihn sich auch als jungen Intellektuellen mit roter Fahne bei einer Demonstration in der Zeit Salvador Allendes vorstellen. Nur war er damals noch gar nicht geboren.

Die Zeit Allendes und ein paar wenige Jahre davor, sagt Mayol, waren die einzigen, in denen es in Chile eine echte öffentliche politische Debatte gab. Davor und auch danach beherrschten die Massenmedien einer kleinen Elite das Meinungsbild, allen voran die rechte Tageszeitung *El Mercurio*, die auflagenstärkste im Land und eine der ältesten in ganz Lateinamerika. Es gab Korruptionsfälle, Kindesmissbrauch durch Priester und Politiker; man wusste davon, es wurde sogar darüber berichtet. Aber richtig aufgeklärt wurden solche Skandale nie, geschweige denn, dass jemand bestraft worden wäre. »Wahrheit und Gerechtigkeit wurden uns vorenthalten«, sagt der Soziologe. »Wir aber waren trotzdem zufrieden.« Die Chilenen seien Meister im Sichabfinden mit den Umständen. »Ihr Streben geht nicht nach Glück, sondern nach Ruhe und Ordnung.«

So war auch der Übergang von der Diktatur zur Demokratie 1990 mit Pinochet ausgehandelt worden. Konflikte mit den alten Unterdrückern sollten vermieden werden, koste es, was es wolle. Es sollte ruhig bleiben im Land. Pinochets Verfassung von 1980 wurde nicht angetastet, der Diktator blieb bis 1998 Militärchef und wurde danach Senator auf Lebenszeit; die von ihm mit Waffengewalt durchgesetzte neoliberale Wirtschaftsordnung samt der repressiven Arbeitsgesetzgebung galten weiter. Nach den beiden christdemokratischen Präsidenten Patricio Aylwin (1990–1994) und Eduardo Frei Ruiz-Tagle (1994–2000) wurden auch Ricardo Lagos (2000–2006) und Michelle Bachelet in ihrer ersten Amtszeit (2006–2010) zu Vollstreckern einer Politik, die von den Wirtschaftseliten vorgegeben wurde, – obwohl die beiden Letztgenannten von Haus aus und dem Namen nach noch immer Sozialisten sind. In Chile gab es keine Proletarier mehr; nur noch einzelne Konsumenten, die ihre Frustrationen mit massenhaft unters Volk geworfenen Kreditkarten in neu erbauten glitzernden Shoppingmalls übertünchen konnten. Statt einer einst selbstbewussten und kämpferischen kollektiven Arbeiterklasse gab es nur noch individuelle Schuldner. Dass Ende 2009 mit Sebastián Piñera ausgerechnet der Kreditkartenkönig Lateinamerikas zum Präsidenten gewählt wurde, erscheint da wie eine logische Folge. Es war der Kulminations- und der Schlusspunkt dieser Entwicklung.

»Das Erdbeben von 2010 hat den Chilenen gezeigt, dass es bedrohlicher und verängstigender war, sich auf das geltende neoliberale Paradigma zu verlassen, als etwas Neues zu versuchen«, sagt Mayol. In dieser Situation habe dann die Studentenbewegung »einen ganz neuen Raum für eine öffentliche politische Debatte geschaffen«. Er erinnert sich mit Begeisterung und ein bisschen auch mit Schrecken an das Jahr 2011. Die Studenten versuchten erst gar nicht, die Massenmedien für sich zu gewinnen. Es gab Hunderte, Tausende Foren, öffentliche Debatten mit studentischen Vertretern und Experten, zu denen ganz informell über soziale Netzwerke im Internet eingeladen wurde. »Ich saß in diesem Jahr jede Woche auf acht oder zehn Podien und das ging damals allen so.« Auch Politiker konnten sich irgendwann der Debatte nicht mehr entziehen, wenn sie weiterhin ernst genommen werden wollten. Und im Publikum saßen beileibe nicht nur junge Leute.

»Plötzlich glaubten die Chilenen nicht mehr, was sie am Abend im Fernsehen sahen«, sagt Mayol. »Die Studenten haben das Monopol der von der Rechten dominierten und vom *Mercurio* angeführten Massenmedien durchbrochen.« Sie zwangen sie, die Richtung ihrer Berichterstattung zu ändern. Camila Vallejo wurde über Nacht zum Star. Ihr Gesicht war mindestens so oft in den Nachrichten wie das des Präsidenten – wobei sie viel sicherer, entschiedener und glaubwürdiger wirkte. Sie war die Angreiferin; der Präsident verteidigte sich mehr schlecht als recht. Das, sagt der Soziologe Mayol, »wird politische und kulturelle Auswirkungen haben«.

Auf den Foren der Studenten wurde nicht nur über eine Reform des Bildungswesens debattiert. Es ging genauso um gleiche Rechte für Schwule und Lesben, um das Recht der Frauen auf Abtreibung, um Umweltthemen. So wurde in der ersten Regierungszeit Bachelets in der Region Aysén im Süden des Landes ein Megaprojekt zur Stromgewinnung verabschiedet: An den Flüssen Río Baker und Río Pascua sollten für insgesamt 3,2 Milliarden US-Dollar fünf Staudämme samt Kraftwerken gebaut werden, die Firmen Endesa und Colbún wurden mit dem Bau beauftragt. Endesa, eine Tochter des privaten italienischen Stromriesen Enel, war mit 51 Prozent beteiligt, der von der chilenischen Milliardärsfamilie Matte kontrollierte einheimische Stromversorger Colbún mit 49 Prozent. Es gab zunächst nur lokale Proteste.

Die Region Aysén beginnt gut 1500 Kilometer südlich der Hauptstadt, an der Packeisgrenze. Es ist eine nur dünn besiedelte Gegend, wo die Panamerikanische Straße zur Schotterpiste wird und schließlich endet; danach muss man umsteigen aufs Schiff oder ins Kleinflugzeug, es sei denn, man wechselt nach Argentinien auf die andere Seite der Anden. Die Küste auf der chilenischen Seite ist zerklüftet und in Tausende kleine Inseln aufgerissen. Fjorde schneiden sich tief ins Festland, manche fast bis zur Grenze mit dem Nachbarland. Gletscher kalben krachend in den Pazifik. Aysén ist für Touristen reizvoll, ein Naturschutzpark reiht sich an den anderen.

Für das Hidroaysén genannte Staudamm- und Kraftwerksystem sollten sechzig Quadratkilometer dieser Parks überflutet werden, sechs Gemeinden des dort lebenden Volks der Mapuche hätten ihr Land verloren. Für den Bau hätten mindestens fünftausend Arbeiter für Jahre in dieser einsamen Gegend angesiedelt werden müssen, danach hätten Starkstromleitungen eine einzigartige Naturlandschaft durchschnitten. In Santiago dachte die Regierung, man könne mit diesem Projekt schnell und ohne große Aufmerksamkeit die teure Abhängigkeit Chiles von Erdölimporten für die Stromerzeugung erheblich lindern. Rund ein Sechstel des im ganzen Land benötigten Stroms sollte Hidroaysén liefern. Umweltgutachten wurden schnell und kapitalfreundlich hingeschlampt, es gab Vetternwirtschaft zwischen den beauftragten Firmen, der Politik und der Justiz: Sebastián Piñera musste öffentlich zugeben, dass ihm vor seiner Wahl zum Präsidenten der Vorstandsvorsitz des beauftragten Baukonsortiums angetragen worden war. Pedro Pierry, der als einer der Verfassungsrichter die mehr als dreißig Beanstandungen von Umweltorganisationen gegen Hidroaysén in einem letztgültigen Urteil abgewiesen hatte, besaß zu diesem Zeitpunkt über hunderttausend Aktien der Firma Endesa. Die Proteste der betroffenen Bevölkerung wurden ohnehin ignoriert. »Diese Leute hat man lange allein gelassen«, erinnert sich Alberto Mayol. »Es gab zunächst keinerlei Solidarität.« Doch dann haben die Studenten gezeigt, dass man in Chile kontrovers debattieren, den Politikern widersprechen und massenhaft demonstrieren kann, und plötzlich standen in Santiago Zehntausende gegen das Staudammprojekt auf der Straße.

Claudia Dides war dabei, Ende November 2010 bei der ersten Demonstration gegen Hidroaysén. Achtzigtausend Menschen hatten sich auf der Alameda versammelt. »Es war eine Überraschung für alle«, erzählt sie. »Es gab keine Führung, keine Organisation, niemand hatte Reden vorbereitet oder Lautsprecheranlagen besorgt. Wir standen einfach nur auf der Straße und wussten nicht, was wir tun sollten.« Für Dides, 1968 geboren und während der Diktatur mit ihren Eltern im Exil, war Politik vorher immer nur Parteipolitik gewesen. Die Parteien aber waren sich einig: Hidroaysén wird gebaut. »Dann kamen die Studenten und haben uns gezeigt, wie es geht: Sie hatten ganz neue Organisationsformen, nichts ging mehr über die Parteien, sondern über Versammlungen, bei denen über alles diskutiert wurde.« Und sie hatten neue Demonstrationsformen, nicht mehr so ernst, in geschlossenen Reihen und immer in Angst vor den Carabineros. Es war entspannt, konnte sogar lustig werden, manche kamen in fantasievollen Kostümen; Dides fühlte sich eher an einen Karneval erinnert und war begeistert.

Am 10. Juni 2014, zu Beginn der zweiten Amtszeit von Präsidentin Michelle Bachelet, beschloss das Kabinett, Hidroaysén zu begraben. Das Milliardenprojekt, so der damalige Energieminister Máximo Pacheco, »behandelt die dort lebenden Menschen nicht mit der gebotenen Vorsicht« – als ob man das nicht schon vorher gewusst hätte. Nach nicht enden wollenden Massenprotesten nahm die Präsidentin Abstand von einem Vorhaben, das sie in ihrer ersten Amtszeit selbst angestoßen hatte. »Bachelet steht heute gewissermaßen in Opposition zu sich selbst«, resümiert der Soziologe Mayol. »Sie setzt sich auf den Platz, den die Studenten eröffnet haben.«

Chile will nicht mehr konservativ sein

Seit Claudia Dides zurückgekehrt ist aus dem Exil – und das ist schon über zwanzig Jahre her –, kämpft sie für eine freiere Sexualität. Sie ist eine der beiden Sprecherinnen von MILES, der »Bewegung für einen legalen Schwangerschaftsabbruch«. Keine leichte

Arbeit in einer Gesellschaft, die gemeinhin als die katholischste in Lateinamerika bezeichnet wird, in der konservative Bischöfe angeblich großen Einfluss auf die Politik ausüben und in der folglich eine repressive Sexualmoral gang und gäbe sei. Niemand weiß, wer dieses Diktum einer stockkonservativen Gesellschaft erfunden hat. Tatsache ist, dass es in den nationalen Massenmedien genauso reproduziert wird wie in der internationalen Berichterstattung über das Land. »Dabei stimmt das gar nicht«, sagt Claudia Dides. Abtreibung etwa war nach einer Vergewaltigung, bei schweren Missbildungen des Fötus oder bei Gefahr für das Leben der Schwangeren seit 1931 legal, achtzehn Jahre früher, als Frauen auf nationaler Ebene wählen durften, und viel früher, als Frauen in anderen Ländern Lateinamerikas dieses Recht hatten. Erst 1989 wurde der Schwangerschaftsabbruch unter allen Umständen unter Strafe gestellt. Es war eines der sogenannten Fesselungsgesetze *(leyes de amarre)* der letzten Monate der Militärdiktatur, mit denen der streng katholische Pinochet sein Gesellschaftsmodell für die Ewigkeit festschreiben wollte.

Auch Ehescheidungen waren lange nicht vorgesehen. Als Parlament und Senat 2004 endlich ein Scheidungsgesetz verabschiedeten, liefen die Priester Sturm dagegen. Die Massen aber konnten sie nicht mobilisieren. Denn ein so großer Einschnitt war dieses Gesetz gar nicht mehr. Die Chilenen hatten längst Wege gefunden, sich auf andere Art vom angetrauten Partner zu trennen: Man ließ eine Ehe einfach für ungültig erklären. Am beliebtesten war dabei folgender Trick: Man besorgte einen Zeugen, der behauptete, einer der beiden Partner habe zum Zeitpunkt der Eheschließung nicht unter der Adresse gewohnt, die im Zivilregister angegeben wurde. Die Ehe wurde dann ohne weitere Ermittlungen wegen eines Formfehlers für nie existent erklärt und aufgehoben. Die Präsidenten Lagos und Bachelet etwa haben sich auf diesem Weg von einst auf Lebenszeit angetrauten Partnern auf ganz legale Art getrennt.

Die Chilenen sind es gewohnt, mit solcher Doppelmoral zu leben. »Es gab immer eine große Kluft zwischen dem institutionellen Diskurs und der alltäglichen Praxis«, sagt Claudia Dides.

Fünfzehn Jahre hat sie für die Legalisierung der Pille danach gekämpft, obwohl diese, seit es sie gibt, immer auf dem Schwarzmarkt zu haben war. »Vier Stück für hundert Dollar, aber keiner kann sagen, was wirklich drinnen ist.« Jede Frau weiß, dass sie in Privatkliniken für drei- oder viertausend US-Dollar eine Abtreibung bekommen kann. Nur können sich das die allermeisten nicht leisten und gehen zu Kurpfuschern, die gegen geringere Zahlungen den Eingriff unter fragwürdigen Bedingungen vornehmen. In keinem Land in Lateinamerika werden prozentual mehr Teenager schwanger als in Chile: rund vierzigtausend Zehn- bis Neunzehnjährige sind es jedes Jahr, und das bei einer Bevölkerung von nur rund siebzehn Millionen. Es gab Skandale wie 2008 den »Fall Sofía«: Eine Siebzehnjährige (der Name »Sofía« wurde zu ihrem Schutz erfunden) kam nach einem illegalen Schwangerschaftsabbruch mit lebensbedrohlichen Blutungen in ein öffentliches Krankenhaus. Die sie behandelnden Ärzte zeigten sie an und die Polizei kam zur Festnahme ans Krankenbett. »Es gibt in Chile viele Frauen, die wegen eines Schwangerschaftsabbruchs im Gefängnis sitzen«, sagt Dides.

Anfang 2014 wurde der Fall einer Zehnjährigen öffentlich diskutiert, die von ihrem Stiefvater vergewaltigt worden war und schwanger wurde. Präsident Sebastián Piñera, schon in seinen letzten Tagen im Amt, meinte dazu nur: »Jede Frau ist bereit, Mutter zu werden, – ganz unabhängig von ihrem Alter.«

Die öffentliche Meinung ist gegen ihn. Nach Umfragen unterstützen über 70 Prozent der Chilenen die Legalisierung von Schwangerschaftsabbrüchen, mindestens in den drei von Dides geforderten Fällen: Nach Vergewaltigungen (wobei eine Vergewaltigung in der Ehe in Chile kein Straftatbestand ist), bei Gefahr für die Schwangere und bei einer schweren Missbildung des Fötus. Die kritische Wochenzeitung *The Clinic* (sie wurde als Satirezeitschrift gegründet, als Diktator Pinochet verhaftet in einem Krankenhaus in London lag – daher der etwas seltsame Titel) veröffentlichte eine ganze Serie von Selbstbezichtigungen von Frauen: »Ich habe abgetrieben!« In den Jahren 2013 und 2014 wurde in Chile das wiederholt, was die Illustrierte *Stern* in Deutschland schon 1971 vorgemacht hatte. Auch konservative Medien kommen an dem Thema nicht mehr vorbei. »Und sie berichten meist in unserem Sinn«, sagt Dides.

Eigentlich ist die Frauenrechtlerin für eine Freigabe der Abtreibung, ohne Indikationen. »Aber das öffentlich zu fordern ist heute noch eine Illusion.« Claudia Dides ist schon glücklich darüber, dass die Präsidentin einen Gesetzesentwurf mit einem Indikationsmodell vorgelegt hat. »Immerhin wird das Thema im Parlament diskutiert, darauf habe ich fünfundzwanzig Jahre gewartet.« Doch sie bleibt skeptisch. Es gibt einige christdemokratische Abgeordnete in der Regierungskoalition, die zwar bereit sind, Ausnahmeregelungen bei Gefahr für die Schwangere oder den Fötus zu schlucken, nicht aber für den Fall einer Schwangerschaft nach einer Vergewaltigung. Auch der Präsidentin traut Dides noch nicht über den Weg. Bachelet, die selbst Medizin studiert hat und eigentlich weiß, wovon sie redet, hat zwar den Gesetzesentwurf eingebracht, windet sich aber bei diesem Thema und will sich nicht festlegen lassen: »Ich bin selbst Kinderärztin und liebe Kinder. Aber Abtreibung ist ein Tabuthema und so etwas sollte es in einer Demokratie nicht geben«, sagt die Präsidentin. Trotzdem hat sie Ende 2013 ihre Gesundheitsministerin Helia Molina entlassen, weil die in einem Zeitungsinterview gesagt hatte, was alle schon wussten: »In allen Nobelkliniken haben viele konservative Familien an ihren Töchtern eine Abtreibung vornehmen lassen.«

Claudia Dides, studierte Soziologin, wohnt mit ihrem halbwüchsigen Sohn in Ñuñoa, einem Mittelklasse-Stadtteil von Santiago. Ihr Einfamilienhäuschen liegt in einer Wohngegend, in der die Straßen breit sind und eine aussieht wie die andere: hüfthohe Holzzäune, dahinter ein gepflegter Vorgarten mit Abstellplatz für das Auto vor einem eingeschossigen Wohnhaus. Ihres ist dezent mit folkloristischem Kunsthandwerk dekoriert, und mit ihrem Poncho und den langen vollen schwarzen Locken passt sie gut dazu. Mit ihrem Sohn ficht sie einen Konflikt aus, der typisch ist für linksintellektuelle Chilenen aus der Mittelklasse.

Obwohl der Sohn noch nicht volljährig ist und immer noch zur Schule geht, mischt er schon heftig mit in der Studentenbewegung, die einst von den Schulen ausgegangen und längst wieder dorthin zurückgekehrt ist. Manchmal kommt der Junge nächtelang nicht nach Hause, weil er ein Rektorat besetzen muss. Die Mutter findet das völlig in Ordnung, sogar gut. Aber ein paarmal wurde der Junge nach Demonstrationen auch schon festgenommen und sie musste aufs Polizeikommissariat, um ihn abzuholen. Claudia Dides ist im Schatten der Pinochet-Diktatur aufgewachsen. »Wenn ich Uniformen sehe, bekomme ich Beklemmungen«, sagt sie. »Und auf der Polizeistation mache ich mir fast in die Hose.« Ihr Sohn wurde erst nach der Diktatur geboren. Er lacht nur. »Mutter«, sagt er, »die bringen uns heute nicht mehr um, die lassen uns nicht mehr verschwinden.« Vielleicht werde einer einmal heftig angefasst, vielleicht auch einer geschlagen, und man müsse vielleicht für eine Nacht in den Knast. Aber mehr sei da nicht. Und die Mutter staunt und sagt: »Die haben heute keine Angst mehr.«

Es gab zwei stille Generationen in Chile – Claudia Dides nennt sie die »unsichtbaren« –, die muckten nicht auf. Die eine ist groß geworden in den siebzehn Jahren der Diktatur, die andere in den zwei Jahrzehnten danach. Die eine hatte Angst vor Pinochet, die andere Angst vor seinem langen Schatten. »Wir haben immer alles auf Pinochet bezogen, wir haben alles mit ihm entschuldigt. Wir waren autoritäre Väter gewohnt und wir kuschten vor ihnen.« Für die junge Generation von heute aber ist der Diktator tot und eine Figur der Geschichte, und die heutige Präsidentin ist umgänglich und verständnisvoll; Dides sagt, Bachelet sei wie »eine unpolitische Mutter, die verzeiht«. Und die Jungen fragen nach, warum ihre Eltern einen Pakt geschlossen haben mit Pinochet für den Übergang zur Demokratie, warum sie das von ihm geschaffene System einfach weiter verwalten. »Die junge Generation ist besser informiert und stellt ihre Väter infrage.«

Die neue Avantgarde

Takuri Tapia ist ein Vertreter dieser Generation. Seit 2014 ist der Fünfundzwanzigjährige Vorsitzender der Studentenschaft der Universität von Santiago. Sein Name verrät es: er ist Mapuche. Klein, ein bisschen gedrungen, glänzend schwarzes borstiges Haar. Wie alle Männer seines Volkes in diesem Alter wirkt er eher ein paar Jahre jünger. Er sitzt im dunklen, feuchtkalten Büro der Studentenschaft in einem verwinkelten, gut hundert Jahre alten Backsteingebäude auf dem Campus, tief eingesunken in einen dicken Kapuzenpulli. Vor ihm liegen zwei Mobiltelefone, ein neues mit großem Bildschirm zum darauf Tippen, »das ist das von der Studentenschaft«, und ein uraltes, fast schon museumsreifes Stück mit kleinen Tasten, »das ist meines«. Vom Schreibtisch aus Metall blättert der Lack, die Bürostühle quietschen und wackeln. An der Wand ein Poster von Salvador Allende mit einer Kalaschnikow AK-47 in der Hand. Die Studenten von heute überspringen beim Blick in die Geschichte einfach zwei Generationen und finden politische Inspiration davor, in Allendes Zeit der Unidad Popular. »Danach gibt es für uns keine Vorbilder mehr«, sagt Takuri Tapia. »Wir nehmen den Faden der Unidad Popular wieder auf.«

Zwei Tage zuvor saß er noch im Gefängnis und das nicht zum ersten Mal. Er war nach einer Studentendemonstration, die wie so oft in einer Straßenschlacht mit den Sicherheitskräften geendet hatte, festgenommen worden. Die Polizei drang auf den Campus vor, obwohl sie das eigentlich nur mit Billigung des Rektors darf. Takuri Tapia wurde gezielt aus einer dort versammelten Menge herausgegriffen. »So machen sie das immer», sagt er. »Sie suchen sich die Sprecher, um alle anderen einzuschüchtern.« Nach einer Nacht hinter Gittern war er wieder frei. Es lag nichts gegen ihn vor. Er grinst, als sei das nicht mehr als ein harmloses Räuber-und-Gendarm-Spiel. »Wir werden festgenommen, wir werden geschlagen, es gibt noch immer Repression. Aber wir haben die Toten nicht erlebt«, sagt er wie zur Erklärung. »Die Angst ist vorbei.«

Takuri Tapia ist in einem formaldemokratischen Land aufgewachsen. »Aber wir wissen: La alegría no llegó« – die Freude ist nicht gekommen. Er bezieht sich damit auf den Politschlager »La alegría ya viene« (Die Freude ist schon unterwegs), mit dem die demokratischen Kräfte 1988 für ein Nein beim Referendum vom 5. Oktober geworben hatten. Damals wurde über eine weitere Amtszeit Pinochets abgestimmt und der Diktator verlor. Jetzt soll die Freude kommen.

Von der Regierung erwartet der Studentenvertreter nichts, und das, obwohl seit März 2014 eine neue Koalition an der Macht ist. Nach der Diktatur regierte zwanzig Jahre lang die sogenannte Concertación, eine Koalition aus Christdemokraten und Sozialisten. Die Christdemokraten hatten 1973 den Putsch gebilligt und waren erst von Pinochet abgerückt, als sie merkten, dass er lange, am liebsten ewig an der Macht bleiben wollte. Die Sozialisten von heute sind mit denen in der Zeit Allendes nicht vergleichbar: Sie sind zu gemäßigten Sozialdemokraten geworden und in zwei Parteien aufgespalten, obwohl auch Doppelmitgliedschaften möglich sind. Der ehemalige Präsident Ricardo Lagos etwa gehört sowohl zur Sozialistischen Partei (PS) als auch zur Partei für die Demokratie (PPD). Sozial- und Christdemokraten hatten, nachdem Pinochet 1988 das Referendum verloren hatte, mit dem Diktator den Übergang zur Demokratie ausgehandelt und dann vier Legislaturperioden hintereinander regiert. Danach kamen die vier Jahre der rechten Regierung unter Sebastián Piñera und dann, mit der zweiten Regierungszeit Bachelets, eine breitere Koalition: die Nueva Mayoría (Neue Mehrheit), zu der erstmals auch die vorher stets an den Rand gedrängte Kommunistische Partei gehört.

Für die Kommunisten sitzt Camila Vallejo im Parlament – immerhin die prominenteste Figur der Studentenbewegung. Doch Takuri Tapia winkt ab. »Dass ein paar Studentenführer heute Abgeordnete sind, bedeutet gar nichts«, sagt er. »Viele Abgeordnete waren früher einmal Studentenführer, das gehört zur Biografie eines Berufspolitikers schon fast obligatorisch dazu.« Sicher, Vallejo könne eine Vermittlerin sein zwischen der Bewegung und dem Parlament. »Aber wenn wir uns mit Parlamentariern verheiraten, verlieren wir unsere Identität.« Dass Präsidentin Bachelet die im

Wahlkampf versprochene tiefgreifende Bildungsreform auch umsetzen wird, glaubt Tapia erst einmal nicht. »Das hat sie auch schon vor ihrer ersten Wahl versprochen.« Nein, auch mit dieser Regierung werde es keine Flitterwochen geben. »Wir müssen den Druck aufrechterhalten.«

Takuri Tapia ist sich bewusst, dass die Forderung nach einer kostenfreien und qualitativ hochwertigen Bildung für alle das chilenische Modell des unregulierten und unbegrenzten freien Marktes infrage stellt. Eben deshalb, glaubt er, stehe die Mehrheit der Bevölkerung hinter den Studenten: »Unsere Forderungen sind gerecht und sie betreffen alle.« Es gehe längst nicht mehr nur um eine Bildungsreform, sondern genauso um eine Steuerreform, um Demokratisierung. »Die Bewegung ist viel breiter geworden und wir sind ihre wichtigsten Protagonisten.«

Einverstanden, sagt Tomás Moulian, »die Studentenbewegung ist die einzige Avantgarde, die wir heute haben«. Moulian, 1939 geboren, ist der prominenteste linke Denker des Landes. Seine Bücher über den Konsumismus und den Neoliberalismus in den Köpfen der Chilenen sind Standardwerke für Studenten, als Hochschullehrer hat er eine ganze Generation von Politologen und Soziologen geprägt. In der Zeit Allendes hatte er sich in der kleinen linksradikalen »Bewegung der vereinten Volksaktion« (MAPU) engagiert, seit den achtziger Jahren steht er der Kommunistischen Partei (PC) nahe, ist ihr aber nie beigetreten. Er lehrt noch immer an der Universidad Arcis, die zwar privat ist, aber als Kaderschmiede der PC gilt. Sein Büro ist eine dunkle Rumpelkammer, an den Wänden Plakate vom Kommunisten, Dichter und Literaturnobelpreisträger Pablo Neruda, von Salvador Allende, die Reproduktion der Frontseite einer Zeitung vom Tag, an dem dieser als erster frei gewählter Marxist das Amt des Präsidenten antrat. Moulian, einst ein Bär von einem Mann, ist alt geworden. Mit seinem wallenden weißen Haar und dem üppigen weißen Vollbart wirkt er ein bisschen wie ein zerbrechlicher Karl Marx. Aber er kann sich noch immer in Rage reden. Dann funkeln seine Augen, sein rechter Zeigefinger stößt wild Löcher in die Luft, und wenn er versöhnlicher wird, scheint er mit ausgebreiteten Armen die ganze Welt an die schmal gewordene Brust drücken zu wollen.

»In den letzten Jahren der Diktatur hat die Kommunistische Partei noch eine Rebellion der Massen organisiert und angeführt«, sagt er. Danach aber habe sie sich ins traditionelle politische System integriert und – »man kann es nicht anders sagen« – einen Rechtsschwenk vollzogen. Nein, von den politischen Parteien sei heute nichts zu erwarten. Aber auch die Studentenbewegung sei noch nicht reif. »Ihr größter Erfolg ist wahrscheinlich, dass sie gezeigt hat: es gibt Widerstand in der Bevölkerung, nicht alle sind einverstanden mit dem, was die Regierung macht.« Die Studenten hätten »eine Gesellschaft in Bewegung gesetzt, die völlig unbeweglich erschien«. Aber sie vertreten eben nur Einzelforderungen, alle richtig und wichtig. Was fehle, sei ein politisches Projekt, eine Vision und eine Strategie, wie dieses Land tatsächlich verändert werden könnte.

Und Camila Vallejo, die Vorzeigerebellin? Moulian: »Sagen wir es so: Sie ist in diesem Staat angekommen.« Er meint das nicht als Kritik, er sieht es als Möglichkeit, wenn nicht als eine Notwenigkeit. »Wer diesen Staat verändern will, muss in seinen Institutionen arbeiten.«

»Wir können das schaffen!«

Camila Vallejo wollte nie nur auf der Straße stehen als außerparlamentarische Opposition. Sie wollte, seit sie politisch denken kann, an die Macht. Nur wer an der Macht ist, kann etwas verändern. »Ich habe immer geglaubt, dass wir auf zwei Ebenen kämpfen müssen«, sagt sie. »Wir müssen eine Bewegung aufbauen, um eine soziale Mehrheit zu schaffen, um vom Individualismus zu kollektiver Arbeit zu kommen, von der Konkurrenz zur Zusammenarbeit. Wir müssen ein Netz knüpfen, aus der ein politisches Projekt entstehen kann, und da stehen wir erst am Anfang.« Und die andere Ebene, auf der man arbeiten müsse, das sind für sie die überkommenen politischen Institutionen.

Also doch der lange Marsch durch die Institutionen, der Vorsitz der Studentenschaft als Durchgangsstation auf dem Weg ins

Parlament? Nein, sagt sie, die Bewegung sei und bleibe immer der Ausgangspunkt, die Basis. Aber ob ihr das gefalle oder nicht, die Macht liege nun einmal in den Institutionen. »Wenn wir keine Macht haben wollen, werden wir immer nur Zuschauer am Rand sein.« Also müsse man ins Parlament und könne dort durchaus auch politisch arbeiten; vielleicht nicht so sichtbar wie als Rednerin vor hunderttausend Menschen, aber vielleicht genauso erfolgreich. In Chile mag einem Politik im Parlament wie ein Selbstzweck in einem hermetisch abgeschlossenen Raum vorkommen, »wie ein großer Block aus Beton, der unzerstörbar erscheint, aber er ist es nicht«. Es gebe da durchaus Brüche, selbst im politisch rechten Spektrum, und die wolle sie nutzen: »Wir müssen hinein in diese Brüche, müssen versuchen, in ihnen Wurzeln zu schlagen, dann können wir diesen Block aufbrechen.« Das sei harte Arbeit, aber sie könne sich lohnen. »Das Parlament ist für mich kein Ort von Fensterreden und symbolischer Politik, wie das andere vielleicht sehen mögen«, sagt sie. »Es ist für mich ein Ort, an dem Mehrheiten hergestellt werden müssen, um etwas zu verändern.«

Dass gleich zu Beginn der zweiten Amtszeit von Michelle Bachelet eine ganze Reihe von Korruptionsfällen öffentlich geworden ist, könne dabei nur helfen. Das mache der Bevölkerung die Kluft zwischen Arm und Reich nur noch klarer, die in Chile so tief ist wie sonst nirgends in Lateinamerika: »Die ohnehin schon Reichen bereichern sich nun auch noch am Gesetz vorbei.«

Meist ging es bei diesen Skandalen um illegale Parteienfinanzierung, um Rechnungen von Parteifunktionären über Gutachten und sonstige Dienstleistungen für Großunternehmen, die nie erbracht, aber bezahlt und nach Abzug einer Provision an Parteikassen umgeleitet wurden. In der rechten Unabhängigen Demokratischen Union (UDI), der Partei der alten Pinochetisten, ist die halbe Führungsriege über so einen Skandal gestolpert. Aber auch die Präsidentin selbst spielte – als Mutter – eine Nebenrolle in einem anrüchigen Spekulationsgeschäft, das mindestens am Rand der Legalität abgewickelt wurde: Natalia Compagnon, die Ehefrau des Präsidentinnensohns Sebastián Dávalos, hatte bei einer Bank mit ihrer kleinen finanzschwachen Firma Caval Limitada ohne jegliche Sicherheiten einen Millionenkredit erhalten, um damit ein Grundstück zu kaufen, das damals noch als Ackerland ausgewiesen war. Wenige Wochen darauf wurde es zum Baugebiet erklärt und die Firma verkaufte es wieder; mit einem Riesengewinn, versteht sich. Der Verdacht, dass bei diesem Geschäft Insiderwissen eine Rolle gespielt hat, liegt zumindest nahe. Michelle Bachelet sagte zunächst, sie sei über die Geschäfte ihres erwachsenen Sohnes und dessen Frau nicht im Bilde und müsse das auch gar nicht sein; sie habe von dem Skandal im Urlaub aus der Presse erfahren. Sie hielt es nicht für nötig, aus der Sommerfrische nach Santiago zurückzukehren. Erst Wochen danach gestand sie ein, dass sie zu spät und nicht entschieden genug reagiert habe. Immerhin wurde dann eine Regierungskommission zusammengestellt, die ein Regelwerk für eine strengere Korruptionsbekämpfung erarbeiten soll.

»Wenn wir es nicht schaffen, diese Leute bis zur nächsten Wahl vor Gericht zu bringen und tatsächlich auch zu verurteilen, werden sich die Menschen vollends abwenden von der Politik«, sagt Camila Vallejo. Schon bei der letzten Wahl hat weniger als die Hälfte der Wahlberechtigten ihre Stimme abgegeben. Dabei besteht gerade jetzt die Chance auf grundlegende Veränderungen. Die Nueva Mayoría hat nämlich – mit der Hilfe von ein paar Stimmen aus der Opposition – eines der Wahlversprechen von Bachelet bereits nach einem Jahr erfüllt und eines dieser Fesselungsgesetze der Diktatur gekippt: das sogenannte binominale Wahlgesetz.

Dieses Gesetz schrieb vor, dass jede Partei in jedem Wahlkreis zwei Kandidaten aufstellen muss, wobei es für jeden Wahlkreis auch zwei Abgeordnete zu wählen gab. Gewählt war in jedem Fall der besser platzierte Kandidat der Partei, die in diesem Kreis insgesamt am meisten Stimmen bekam. Der zweite Sitz war für den besser platzierten Kandidaten der zweitstärksten Partei – es sei denn, die stärkste Partei hatte mehr als doppelt so viele Stimmen als jene. Dann fiel auch der zweite Abgeordnetensitz an die Siegerpartei, was jedoch nur sehr selten vorkam. In der Praxis führte dieses Wahlrecht vierundzwanzig Jahre lang zu zwei großen Parteienkoalitionen: der rechten aus UDI und Nationaler Erneuerung (RN) auf der einen und der Concertación aus Christdemokraten, Sozialisten und PPD auf der anderen Seite. Und in aller Regel ging die Wahl so aus, dass eine Koalition den ersten, die andere den zweiten Abgeordneten in jedem Wahlkreis bekam. Kleinere Parteien wie die der Kommunisten oder der Umweltschützer hatten nie eine Chance. Die Parlamentarier der beiden großen Blöcke dagegen hatten einen sicheren Job. Der Beruf des Abgeordneten wurde mit diesem Wahlrecht faktisch zur Lebensstellung. Ganz unabhängig davon, welche Arbeit ein Politiker im Parlament leistete und ob er – wenn überhaupt – etwas für seinen Wahlkreis tat: durch das binominale Wahlgesetz war seine Wiederwahl so lange garantiert, wie er von seiner Partei als Kandidat aufgestellt wurde.

Ganz unabhängig vom prozentualen Wahlergebnis einer Partei saßen immer zwei fast genau gleich große Fraktionen im Parlament und konnten sich gegenseitig blockieren: Für alle Änderungen wichtiger Gesetze ist eine Mehrheit von mindestens 60 Prozent vorgeschrieben und über die verfügte keiner der Blöcke. Kein Wunder also, dass die Mehrheit der Chilenen den Eindruck hat, dass ihre Stimme nicht zählt, dass sie Politik nicht beeinflussen können und dass die politische Kaste ohnehin nur das tut, was ihr gefällt.

Das verabschiedete neue Wahlrecht hat die Zahl der Abgeordneten erhöht und gleichzeitig die Zahl der Wahlkreise reduziert. Jeder Wahlkreis bekommt nun acht Abgeordnete, die nach der Stimmenzahl der Parteien verteilt werden. Die Auswirkungen dieser Änderung sind noch nicht absehbar. Jedenfalls entfällt der Zwang zu großen Parteienkoalitionen. Die beiden Blöcke, die die Zeit nach der Diktatur für ein Vierteljahrhundert geprägt haben, könnten vor der nächsten Wahl Ende 2017 auseinanderbrechen. Interne Auseinandersetzungen gab es immer genügend in diesen Koalitionen. Spätestens wenn es um die Aufstellung des nächsten Präsidentschaftskandidaten ging, kam es zum Streit; zwischen

Christdemokraten und Sozialisten auf der einen Seite genauso wie zwischen Pinochetisten und gemäßigteren Rechten auf der anderen. Allein das binominale Wahlgesetz hat die Koalitionen zusammengehalten.

Nun haben die kleineren Parteien zum ersten Mal die Möglichkeit, aus eigener Kraft ins Parlament zu gelangen. Bislang schafften sie es nur, wenn eine der Koalitionen einen Kandidaten einer kleinen Partei gewissermaßen adoptierte. Und das geschah nur, wenn dieser adoptierte Kandidat Stimmen mitbrachte, die sonst für einen Sieg über die andere Koalition gefehlt hätten. Zwei oder drei Kommunisten kamen auf diese Art immer ins Parlament, abgesandt meist aus Arbeitervierteln, wo die Concertación alleine nicht hätte gewinnen können. Eines ist nun sicher bei der nächsten Wahl: Es gibt keine sicheren Abgeordnetenplätze mehr. Das Parlament wird anders aussehen als die früheren. Es wird vielfältiger sein und das eröffnet zumindest die Chance auf eine tatsächliche politische Debatte.

Die Kommunistische Partei hatte die Abschaffung des binominalen Wahlrechts gefordert, seit es eingeführt worden war. Dass Bachelet in ihrer zweiten Amtszeit zum ersten Mal die Kommunisten in ihre Regierungskoalition aufgenommen und dann auch gleich die Wahlregeln geändert hat, sieht Camila Vallejo als – wenn auch indirekten – Erfolg der Studentenbewegung. Eben weil niemand mehr irgendetwas von den politischen Institutionen erwartet hat, habe sich, ausgehend von den Studenten, eine so starke außerparlamentarische Opposition entwickeln können, dass die Institutionen reagieren mussten.

Auch auf die Forderung nach einer Bildungsreform hat Bachelet schon reagiert. Zur Finanzierung gab es zunächst eine kleine Steuerreform, die Unternehmensgewinne stärker belastet. 2015 wurde dann beschlossen, dass private Universitäten keine Gewinne mehr erzielen dürfen und die Studiengebühren in den kommenden zehn Jahren schrittweise abschaffen müssen. Schon von 2016 an müssen die ärmeren 60 Prozent der Studenten keine Studiengebühren mehr bezahlen. »Mit 60 Prozent sind wir noch lange nicht am Ende«, sagt Camila Vallejo. »Aber sie sind eine Basis, von der aus wir weiter kämpfen können.« Und es geht der Studentenbewegung ja nicht nur um die Gebühren, es geht ihr auch um eine bessere Ausstattung der öffentlichen Universitäten und um Studiengänge, deren Inhalte nicht nur an den kurzfristigen Interessen der Wirtschaft orientiert sind, sondern an den Bedürfnissen des Landes. Die Proteste gehen deshalb auch nach der kleinen Bildungsreform weiter.

Es gibt noch weitere Punkte, die auf Druck der Kommunisten ins Regierungsprogramm von Bachelet aufgenommen wurden: Natürlich ein neues Abtreibungsrecht; anerkannte gleichgeschlechtliche Partnerschaften; ein neues Arbeitsrecht, das die unter der Diktatur zur Bedeutungslosigkeit verdammten Gewerkschaften stärken und bei Arbeitskonflikten Chancengleichheit herstellen soll. Bislang dürfen Betriebe im Fall eines Streiks die Streikenden entlassen und durch neu eingestellte Arbeitskräfte ersetzen. Streiks gibt es deshalb so gut wie nie.

Als Höhepunkt der Legislaturperiode soll eine neue Verfassung geschrieben werden, die endlich die immer noch gültige aus der Pinochet-Ära ersetzen soll. Der Diktator hatte sie 1980 für sich schreiben und in einem zwielichtigen Referendum – es gab nicht einmal ein Wählerregister – vom Volk »annehmen« lassen. Michelle Bachelet hat nun angekündigt, dass sie einen verfassunggebenden Prozess anstoßen werde. Um die Einzelheiten wird noch gestritten: Gibt es eine verfassunggebende Versammlung und wenn ja, wie wird sie bestellt? Oder wird ein Expertengremium beauftragt und wer stellt das wie zusammen? Das wird noch für viele politische Diskussionen sorgen, und die seien auch nötig. »Die Menschen müssen merken: Sie können die Spielregeln ändern«, sagt Camila Vallejo.

Solche Debatten wird es nicht nur zwischen den Regierungsparteien und der rechten Opposition geben. Auch innerhalb der Nueva Mayoría gibt es konservative Christdemokraten, die lange nicht mit allem einverstanden sind, was im Regierungsprogramm steht. Eines aber ist für Camila Vallejo klar: »Dieses Programm gibt den Rahmen ab, in dem sich die politischen Diskussionen der kommenden Jahre abspielen werden. Aber um es tatsächlich auch durchsetzen zu können, werden wir den Druck der sozialen Bewegungen brauchen.«

Letztlich geht es in Chile in den kommenden Jahren darum, nach mehr als vierzig Jahren wieder an die Reformbewegung der Unidad Popular anzuknüpfen. Damals nannte man das Klassenkampf. Camila Vallejo sagt das nicht so, nicht in der klassischen marxistischen Terminologie. Sie spricht von einer »Schlacht zwischen dem Neoliberalismus und der Demokratie«. Es gehe darum, mehr soziale Gleichheit zu schaffen, und das heißt für sie: »Die Macht der Reichen bekämpfen!« Die Doktrin des absolut freien Marktes, die Gewinne privatisiert und die Kosten der Gesellschaft aufbürdet, habe die Umwelt – beileibe nicht nur in Chile – so in Mitleidenschaft gezogen, »dass es heute leichter ist, sich das Ende der Welt vorzustellen als das Ende des Kapitalismus, und das erschreckt mich«.

Aber ein anderer Weg sei möglich: eine Entwicklungspolitik, die sich nicht darauf beschränkt, Rohstoffe aus dem Boden zu holen und sie zu verkaufen, sondern ihnen Mehrwert zufügt und diesen gerecht verteilt. Dazu eine Wissenschaftspolitik, die Innovationen fördert – gerade auch im Bereich umweltverträglicher Produktion. Die Bedingungen dafür seien so günstig wie seit Jahrzehnten nicht mehr, nicht zuletzt dank der Mobilisierung der chilenischen Gesellschaft durch die Studentenbewegung. »Wir können den Kapitalismus zurückdrängen, wir können es schaffen – nicht nur in unseren Träumen«, sagt Camila Vallejo. »Wir stehen vor einer historischen Chance, die wir selbst geschaffen haben. Jetzt müssen wir uns darum kümmern.«

Kapitel 2

SEGEN UND FLUCH DER WÜSTE

Salpeter, Kupfer, Lithium. Die Eroberung des Nordens und die Abhängigkeit Chiles von Bodenschätzen.

Chacabuco hat eine traurige Geschichte. Die Stadt wurde gebaut, als ihre Zeit eigentlich schon abgelaufen war. Und doch war sie die größte ihrer Art: Siebentausend Menschen wohnten dort, mitten in der Atacama-Wüste. Die Bewohner des chilenischen Nordens nennen diese Einöde La Pampa, ein Begriff, der ursprünglich für die weiten Steppenlandschaften Argentiniens geprägt worden ist: eine endlose Ebene aus wogendem Gras. Auch die Pampa im Norden von Chile ist über Hunderte von Kilometern eintönig. Aber da ist kein Gras. Die Atacama-Wüste gilt als eine der trockensten Gegenden der Welt. Am Tag steigt die Hitze schnell über vierzig Grad, in der Nacht ist es empfindlich kalt, manchmal weit unter null Grad. Und kein Wasser weit und breit. Chacabuco war eine der größten sogenannten Oficinas. Wörtlich übersetzt heißt das eigentlich Büros, doch in den Oficinas der Atacama-Wüste wurden keine Akten gewälzt. Sie waren Produktionsdörfer für Salpeter und in der Zeit des großen Booms gab es 136 solche Siedlungen in der Wüste. Von ganz wenigen Ausnahmen abgesehen, sind sie längst zu Geisterstädten geworden.

Chacabuco wurde in den Jahren 1922 bis 1924 von der britischen Firma The Lautaro Nitrate Co. Ltda. errichtet; damals war der Salpeterboom eigentlich schon vorbei. 1910 hatte die in Ludwigshafen ansässige Chemiefabrik BASF ein Patent für das Haber-Bosch-Verfahren angemeldet: Die Chemiker Fritz Haber und Carl Bosch hatten eine in industriellem Maßstab einsetzbare Methode entwickelt, mit der aus den Elementen Stickstoff und Wasserstoff Ammoniak gewonnen werden konnte. Salpeter, der vorher als Stickstoff-Düngemittel genauso unabdingbar war wie als Bestandteil des damals üblichen Sprengstoffs, hatte eine billigere synthetische Konkurrenz bekommen, die zudem überall auf der Welt verfügbar war. So hatte Chacabuco von Anfang an eigentlich keine Zukunft, sondern nur eine Vergangenheit.

Die Produktion wurde mitten in einer schweren Salpeterkrise aufgenommen: Die billige sythetische Konkurrenz aus Deutschland war schon spürbar, zudem hatte mit dem Ende des Ersten Weltkriegs die Nachfrage nach Salpeter zur Herstellung von Schwarzpulver rapide nachgelassen. Die Hälfte der sechzigtausend Salpeterarbeiter in der Atacama-Wüste waren entlassen worden. Doch The Lautaro Nitrate Co. Ltda. hoffte, mit der neuen Megaoficina trotzdem Gewinne zu machen. Chacabuco war damals die modernste Produktionsstadt zur Salpetergewinnung. Mit der damals besten Auslaugmethode – dem nach dem britischen Erfinder James Shank benannten Shank-System – sollten die Effizienz gesteigert und die Kosten gesenkt werden. Auch unter sozialen Aspekten war Chacabuco vorbildhaft: Eine in sich geschlossene städtische Anlage zur Selbstversorgung, mit Krankenhaus, Theater, Tanzsaal und Kirche, mit Hotel und Schule, Kaufläden und Markthalle, mit Turnhalle, Schwimmbecken und Fußballfeldern. Die Anlagen waren für die Produktion von fünfzehntausend Tonnen Salpeter im Monat ausgelegt. Zu besten Zeiten wurden gerade acht- bis zehntausend Tonnen erreicht, die Nachfrage war zu schwach. Schon 1938 wurde die Produktion wieder eingestellt.

Chacabuco liegt rund hundert Kilometer nordöstlich der Hafenstadt Antofagasta, ein paar Kilometer abseits der Straße, die nach Calama führt. Schnell steigt man vom schmalen pazifischen

Küstenstreifen hinauf auf die gut zweitausend Meter Höhe der Atacama-Ebene, die keine Sandwüste mit Dünen ist, sondern eine wellige rotbraune Landschaft aus Stein und festgebackener nackter Erde. Man sieht ihr bis heute an, dass sie industriell genutzt wurde: Über Hunderte von Kilometern ist der Boden aufgebrochen, als hätten Myriaden von riesigen Wühlmäusen die unwirtliche Gegend durchpflügt. Bisweilen schimmert die Erde weiß – das kann Salpeter sein oder auch Salz –, bisweilen auch grünlich, was eher auf einen hohen Kupfergehalt hindeutet. Man fährt an zerfallenen Siedlungen vorbei, ganze Reihen von Ruinen, von denen nur noch die Grundmauern aus Lehmziegeln stehen. Alles, was wiederverwertbar war, wurde schon vor Jahrzehnten abmontiert. Der Wind und die Erosion schleifen das, was stehen geblieben ist, langsam ab.

Chacabuco ist im Vergleich zu diesen Geistersiedlungen fast noch eine richtige Stadt. Von außen sieht man zunächst nur die einfriedende Mauer, einen Schornstein und das Dach des Theaters, das am besten erhaltene Gebäude der Stadt. Bühne und Zuschauerraum sind noch intakt, nur die Stuhlreihen sind längst abgebaut. In den ehemaligen Räumen der Technik ist in ein paar verlassenen staubigen Vitrinen eine kleine Ausstellung aufgebaut: derbe Arbeitskleidung, Spitzhacken und anderes Werkzeug. Verblassende Plakate zeigen, dass durchreisende Ensembles hier früher Sherlock-Holmes-Krimis und Liebesdramen gegeben haben. Um den Platz vor dem Theater reihen sich Tanzsalon, Markt und Warenlager – große Hallen, die meisten mit Arkadengängen. Sie werden heute vom harten Wüstenlicht durchflutet, weil die Dächer abgetragen wurden. Im Nordwesten des Platzes liegt die Wohnsiedlung der Arbeiter: lange Reihenhäuser mit schlichten Dreizimmerwohnungen für die Familien und für die Junggesellen einzelne Zimmer, in denen einst Stockbetten standen. Die meisten dieser Straßenzüge sind so zerfallen, dass Schilder dringend raten, die Gebäude wegen der Einsturzgefahr nicht zu betreten. Nur am nordwestlichen Rand rund um den ehemaligen Fußballplatz sind die Arbeiterwohnungen noch so gut wie intakt. Der

Trakt ist nach dem Militärputsch vom 11. September 1973 ein Jahr lang als Lager für tausendachthundert politische Gefangene genutzt worden.

Die Produktionsanlagen waren im Osten. Ein hoher schlanker Schornstein steht dort, lange Reihen aus Holzgestellen, tiefe gemauerte Becken, schwere Walzen aus rostendem Metall. Das Gerippe eines Lastwagens aus den 30er-Jahren ist vor dieser Szenerie zusammengebrochen. Da ist niemand, der erklären würde, wie hier früher gearbeitet wurde. In Chacabuco wohnt heute nur noch ein Mensch: ein etwas schrulliger älterer Mann, der hier als politischer Gefangener inhaftiert war und es sich zur Aufgabe gemacht hat, die zerfallende Stadt zu bewachen.

Von Arbeitern in der Pampa

Haroldo Quinteros kann erzählen, wie es damals war. Er ist der älteste noch lebende Arbeiter, der Jahre in einer Oficina verbracht hat: 1914 geboren, im August oder – wie er sagt – »als der erste Weltkrieg gerade ausgebrochen war«. Er stammt aus San Fernando, einem Dorf südlich der Hauptstadt Santiago, und kam 1936 in den Norden. »Vier Tage dauerte das mit dem Zug von Santiago bis nach Iquique«, einer Stadt, die zwischen Pazifik und Wüste eingeklemmt ist. »Damals gab es noch keine Straße in den Norden, nur Dampfschiffe oder den Zug.« Haroldo Quinteros ist in einer Landarbeiterfamilie aufgewachsen, sieben Jungs und fünf Mädchen. Das Leben war hart, im Winter gab es oft nicht genug zu essen. Er war Pate eines Mädchens, dessen Vater damals in einer Salpetermine arbeitete. »Der schrieb mir, ich solle doch kommen. Die Arbeit sei hart, aber gut und die Verpflegung hervorragend. So habe ich mich auf das Abenteuer eingelassen.« Sein Vater, ein konservativer Mann, habe ihn noch gewarnt: Es gebe immer wieder Streiks in den Oficinas, und die würden mitunter gewaltsam niedergeschlagen. Der Vater sprach von vielen Toten. Der Sohn aber vertraute dem Freund.

Während der Weltwirtschaftskrise und in den Jahren danach war die Salpeterindustrie am Boden gelegen. Jetzt schien es, als rapple sie sich langsam wieder auf. Die Zeit der Massenentlassungen war vorbei, es wurden wieder Arbeiter gesucht. Haroldo Quinteros kam in die Oficina Iris, ganz im Osten der Atacama-Wüste und fast schon am Fuß der Anden. »Es war wie ein kleines Städtchen, so fünftausend Einwohner.« Ein Drittel davon Arbeiter, der Rest Familienangehörige, dazu Bäcker, Metzger und was man sonst noch so alles brauchte. Iris gehörte einem britischen Konzern; »die meisten Oficinas gehörten Engländern oder Deutschen, ein paar auch Spaniern oder Franzosen. Den Chilenen waren die Investitionen zu gewaltig.«

Am liebsten sitzt Haroldo Quinteros heute in der Laube hinter seinem Häuschen am Rand von Iquique. Hier lässt sich die Hitze des Sommers ertragen, hier kann er sich in seine geliebten Gedichtsammlungen vertiefen. Er hat für sein Alter ein erstaunliches Gedächtnis, kann noch Kindergedichte rezitieren, die ihm seine Mutter beigebracht hat, als er noch nicht einmal lesen und schreiben konnte. Aber auch lange Balladen, die von der Ausbeutung draußen in der Pampa erzählen, von heroischen Arbeitern, vom Streik und vom Sieg. Er ist, seit er in die Oficina Iris kam, Gewerkschafter; er stand politisch immer links. In seinem Wohnzimmer hängt ein großes Poster von Salvador Allende, zum hundertsten Geburtstag des Volksfrontpräsidenten. Der war sechs Jahre älter als er, und würde er heute noch leben, er müsste dem alten Quinteros ähnlich sein. Auch der trägt eine dicke etwas zu große schwarze Brille, hat einen elegant gestutzten weißen Schnauz und dieses energische Kinn. Man hat ihm eine Gehhilfe aufgedrängt, so eine Art Rollator ohne Räder. Er verabscheut das Teil, nutzt es nur zum Aufstehen, weil das anders nicht mehr geht. Aber dann lässt er das Metallgestell stehen und nimmt lieber den Stock. Er ist stolz darauf, dass er und Rosa, seine acht Jahre jüngere Frau, ihren Alltag noch immer ohne Hilfe meistern.

Haroldo Quinteros kennt den Prozess der Salpetergewinnung vom Anfang bis zum Ende. Er hat jede Arbeit getan, die es dabei zu tun gibt. Er hat draußen in der Wüste salpeterhaltiges Gestein gebrochen, hat im Mahlwerk gearbeitet, in der Trockenanlage, war Packer und zum Schluss Hafenarbeiter beim Verschiffen der Ware. »Angefangen habe ich in der Werkstatt, wo wir Schaufeln hergestellt haben, Pickel und andere Werkzeuge für die Männer, die draußen in der Pampa Caliche brachen.« »Caliche« nennt man die Gesteinsbrocken, die aus dem Boden gebrochen werden und Salpetersalz enthalten. Die Wüste von Atacama ist noch heute das weltweit größte Lager dieses Nitrats. Es liegt an der Oberfläche oder nur knapp darunter und man kann es leicht erkennen. »Man nimmt einen dünnen Baumwollfaden, legt ihn auf das Gestein und schlägt mit einem Hammer drauf«, erklärt Quinteros. »Wenn der Faden Funken schlägt, ist Salpeter im Stein.« Die Technik sei uralt; schon die Indígenas in der Atacama-Wüste hätten so Feuer gemacht.

Hatten die Arbeiter ein Lager identifiziert, wurden Löcher ins Gestein getrieben und mit Dynamit gefüllt. Bei der Sprengung flog dann die Caliche in großen Brocken in die Luft. Diese Klumpen mussten die Männer mit großen Hämmern zerschlagen, bei vierzig Grad Hitze eine harte, schweißtreibende Arbeit. »Bevor wir am Morgen auf den Laster gestiegen sind, der uns hinaus in die Pampa brachte, bekam jeder von uns einen Kanister mit vier Liter Tee ausgehändigt«, erzählt Quinteros. »Ohne Tee hätten wir nicht arbeiten können.« Tee war das übliche Getränk in von Briten betriebenen Salpeterwerken. Er hat sich so durchgesetzt, dass Chilenen – und das nicht nur im Norden – bis heute viel mehr Tee- als Kaffeetrinker sind.

Das zerkleinerte Gestein wurde dann auf Laster geschaufelt und in die Oficina gekarrt. Dort wurde es in eine trichterförmige Wanne gekippt und rutschte in die Mahlkammern der Gesteinsmühle. Die wurde von riesigen Schwungrädern getrieben, die niemals stillstehen durften. »Manchmal kam es da zu schrecklichen Unfällen«, erinnert sich der alte Quinteros. »Wenn ein Arbeiter nicht aufpasste und mit dem Arm zwischen die Schwungräder geriet.« Zwischen schweren Walzen aus Metall wurde die Caliche zu Staub klein gemahlen und dann in große Becken geleitet. Dort wurde Wasserdampf in das Gesteinsmehl geblasen, bis eine heiße dickflüssige Masse entstand: die Auslaugmethode nach James Shank.

Die gesamte nötige Maschinerie, einschließlich der Gesteinsmühle, wurde in den Werkstätten der Salpeterstadt von Ingenieuren entworfen und von Arbeitern gebaut und installiert. Lediglich die Generatoren zum Antrieb der Schwungräder wurden aus Deutschland, Britannien oder den USA importiert.

Nach ein paar Tagen im Dampfbad »schwamm der Salpeter oben auf dem Wasser, wie Fett auf einer Suppe«, erzählt Quinteros. »Ganz gelb.« Er wurde abgeschöpft und in Loren zu Sammelbecken geschoben, die auf langen Reihen von Holzgestellen in der Sonne standen. In der Wüstenhitze dünstete die Flüssigkeit aus, der Salpeter kristallisierte aus. »Trocken ist Salpeter dann weiß wie Salz«, erklärt Quinteros. »Aber er schmeckt nicht wie Salz, er schmeckt bitter.« Gearbeitet wurde von Montag bis Samstag, nur der Sonntag war frei. Und jeden Tag von Montag bis Samstag kam ein Zug in die Oficina, um neuen Salpeter abzuholen und nach Iquique zum Hafen zu bringen.

Der Salpeterkieg

Mitte des 19. Jahrhunderts, als der Salpeterboom begann, war Iquique eine peruanische Stadt. Die Gegend, in der später Chacabuco gebaut wurde, gehörte zu Bolivien, das nahe liegende Antofagasta war der wichtigste bolivianische Hochseehafen. Die großen Oficinas in der Salpeterregion gehörten Ausländern, nur ein paar wenige kleine waren in der Hand von Chilenen, die dort investiert hatten. Gehandelt aber wurde Salpeter fast ausschließlich über Valparaíso. Weil der Panamá-Kanal damals noch nicht gebaut war, wurde fast der gesamte Warenverkehr zwischen der pazifischen Seite Südamerikas und Europa über den Hafen von Valparaíso abgewickelt. Dort waren die großen Handelshäuser und die Kontore. Von dort ging der Weg durch die Magellanstraße oder um Kap Hoorn herum in den Osten. Der zentrale Umschlagplatz für Salpeter in der Mitte der chilenischen Küste und nahe der Hauptstadt weckte Begehrlichkeiten nach mehr.

Chile hatte sich von Anfang an viel größer gemacht, als es tatsächlich war. Nach dem Unabhängigkeitsmythos reichte das Land von Westen nach Osten vom Pazifik bis zur höchsten Höhenlinie der Andenkette, von Norden nach Süden von der Atacama-Wüste bis nach Feuerland. Alle Menschen, die dort wohnten, wurden 1819, im Jahr nach der Unabhängigkeitserklärung, vom ersten Präsidenten des Landes Bernardo O'Higgins mit einem Dekret zu chilenischen Bürgern gemacht. So stand es dann auch im Artikel 1 der ersten chilenischen Verfassung von 1833. Das von der spanischen Kolonialmacht übernommene Gebiet freilich reichte kaum über das heutige Zentrum des Landes hinaus. Im Süden war schon immer der Bío-Bío-Fluss die Grenze der spanischen Eroberung; dahinter herrschte das Volk der Mapuche. Und im Norden war die Wüste; nur sehr dünn besiedelt und bis zur Entdeckung des Salpeters wirtschaftlich reichlich uninteressant. Einzig Bolivien hatte ein größeres Interesse an der menschenfeindlichen Gegend: Die Küste rund um Antofagasta war der einzige Zugang des Landes zum Meer. Der genaue Grenzverlauf zu Chile im Süden und Peru im Norden aber war lange nicht geklärt.

Wirtschaftlich hatte Chile Antofagasta bereits seit Mitte des 19. Jahrhunderts im Griff. Die Cia. de Salitres y Ferrocarril de Antofagasta war das wichtigste Unternehmen vor Ort. Ihr gehörten nicht nur ein paar kleinere Oficinas in der bolivianischen Salpeterregion, sondern vor allem auch die Eisenbahn, die das Nitrat zum Verschiffen in den Hafen brachte. Die Firma war eine Kooperation zwischen dem chilenischen Unternehmer Agustín Edwards und dem britischen Handelshaus Gibbs; die Briten brachten Know-how und Maschinen ein, der Chilene Kapital und politische Kontakte.

Agustín war ein Sohn des britischen Arztes George Edwards, der sich 1807 in La Serena niedergelassen hatte. Dort nahm er die chilenische Staatsbürgerschaft an und nannte sich fortan Jorge. Sein Sohn baute ein schnell wachsendes Wirtschaftsimperium auf, dem zunächst kleinere Gold- und Silberminen in der Region von La Serena gehörten. Ein bis heute bestehendes Bankhaus kam dazu und dann eben die Cia. de Salitres y Ferrocarril. 1880 übernahm Agustín Edwards zudem die Tageszeitung *El Mercurio*; sie ist das Flaggschiff der inzwischen größten Mediengruppe des Landes und noch immer im Besitz der Familie. Edwards wollte damals die Zeitung haben, weil er in Zusammenarbeit mit ihr zum ersten Mal durchgespielt hatte, wie man mit Medien die Geschicke eines Landes manipulieren kann. Dieses Vorgehen sollte Familientradition bleiben.

Ende der 70er-Jahre des 19. Jahrhunderts versuchte die bolivianische Regierung, den chilenischen Einfluss in der Region Antofagasta zurückzudrängen. Sie drohte mit einer Erhöhung der Ausfuhrzölle, was in erster Linie die Firma von Edwards betroffen hätte. Der inszenierte daraufhin in Santiago eine Hetzkampagne in den Medien – vor allem über den Mercurio – und schürte damit Kriegsstimmung. Im Februar 1879 hatte er Präsident Aníbal Pinto weichgeklopft. Chilenisches Militär besetzte Ende des Monats Antofagasta. Die bolivianische Regierung reagierte am 1. März und erklärte Chile den Krieg. Aufgrund eines Vertrags über gegenseitigen militärischen Beistand kämpfte die Armee Perus von Anfang an auf der Seite Boliviens.

Außer dem Beistandspakt hatte Peru auch seine eigenen Gründe, einen Krieg gegen Chile zu führen. Das Land hatte nach einer schweren Wirtschaftskrise 1875 damit begonnen, die Salpeterminen in seinem Teil der Atacama-Wüste zu verstaatlichen. Die großen britischen, deutschen und spanischen Oficinas wurden mit festverzinslichen Schuldscheinen entschädigt und aufgefordert, die nun unter staatlicher Aufsicht stehenden Betriebe weiterzuführen. Sie bekamen dafür feste Produktionsverträge mit Abnahmegarantien. Die Besitzer der kleinen chilenischen Oficinas im peruanischen Teil der Wüste gingen leer aus. Für sie war die Verstaatlichung das wirtschaftliche Aus. Schon vor der Besetzung von Antofagasta hatte es deshalb schwere Zerwürfnisse zwischen Chile und Peru gegeben.

In der chilenischen Geschichtsschreibung wird dieser Krieg bis heute der Pazifikkrieg genannt. Tatsächlich aber wurde um die Salpeterlager in der Wüste gerungen. Beiden Kriegsparteien war klar, dass der Waffengang an der Küste entschieden würde, weil damals für die gesamte Versorgung und den Nachschub der Truppen nur der Seeweg infrage kam. Wer die pazifische Küste kontrollierte, konnte die Truppen des Gegners in der Wüste aushungern und verdursten lassen.

Die chilenische Marine besetzte deshalb schnell den peruanischen Hafen von Iquique und stieß von dort aus weiter in den Norden vor, um die peruanische Kriegsflotte gleich vor dem Hafen von Callao bei Lima in ein Gefecht zu verwickeln und aufzuhalten. Einzig zwei alte Kriegsschiffe aus Holz – die dreimastige Korvette »Esmeralda« und das Kanonenboot »Covadonga« – blieben zum Schutz des Hafens in Iquique zurück. Zwei peruanischen Kriegsschiffen war es aber gelungen, die nach Norden fahrende chilenische Armada unerkannt zu umgehen und auf Iquique zuzusteuern: das Flaggschiff »Huáscar« und die Fregatte »Independencia«, beides Dampfschiffe, die viel schneller und wendiger waren als die zurückgelassenen chilenischen Segler. Zudem waren sie mit Stahl gepanzert und mit deutlich schwereren Kanonen ausgestattet.

Als sich die peruanischen Schiffe am frühen Morgen des 21. Mai 1879 Iquique näherten, wich die chilenische »Covadonga« nach Süden aus. Die »Independencia«, das schnellste und beste Schiff der peruanischen Kriegsmarine, nahm die Verfolgung auf, lief dabei aber weiter im Süden auf Grund. Um eine Übernahme durch die Chilenen zu verhindern, versenkte die Besatzung die Fregatte – ein schwerer Verlust. Arturo Prat, der Kommandeur der chilenischen »Esmeralda«, stellte sich vor Iquique der ungleichen Schlacht. Sie dauerte vier Stunden. Am Ufer versammelten sich Hunderte von Peruanern, um das Spektakel zu verfolgen.

Schon nach den ersten Wechseln von Kanonenfeuer war die »Esmeralda« arg lädiert. Prat steuerte sie so vor den Hafen, dass Fehlschüsse der »Huáscar« die dahinter stehenden Zuschauer getroffen hätten. Miguel Grau, der Kommandeur des peruanischen Schiffs, zögerte deshalb zunächst, beschloss dann aber, die »Esmeralda« mit seiner Panzerung einfach in den Grund zu rammen. Die überlebenden Seeleute wurden von den peruanischen Matrosen aus dem Wasser gefischt. Ob Prat schon unter dem Kanonenbeschuss ums Leben kam oder erst später, darüber gibt es verschiedene Darstellungen. Nach einer schnell gesponnenen Legende soll er getötet worden sein, als er in einem letzten verzweifelten Aufbäumen mit dem Aufruf »Al bordaje, muchachos!« – »Auf zum Entern, Jungs!« – noch versucht habe, die rammende »Huáscar« zu stürmen. Es sei ihm aber nur noch ein Matrose gefolgt. Die anderen hätten seinen Befehl wegen des Schlachtenlärms nicht gehört.

Die Seeschlacht von Iquique war für Chile verloren, aber das Land hatte einen Helden gewonnen. Das haudegenhafte Vorgehen Prats löste eine Welle patriotischer Gefühle aus, Tausende von jungen Männern meldeten sich freiwillig zum Kriegsdienst. Heute liegt im Hafen von Iquique eine exakte Nachbildung der »Esmeralda«. Im Schiffsinneren lassen sich im Rundum-Audio die letzten Stunden des Kriegsschiffs nacherleben, so eindrücklich, dass man glaubt, in diesem ruhig daliegenden und fest vertäuten Museum den Wellenschlag des Pazifik zu spüren.

Peru aber hatte nicht nur sein bestes Kriegsschiff verloren. Letztlich war die ganze Mission gescheitert. Grau hatte nämlich nicht den Befehl, die Hafenblockade von Iquique zu durchbrechen. Eigentlich sollten die beiden Schiffe einen chilenischen Konvoi aufhalten, der mit zweitausendfünfhundert Soldaten, Kriegsgerät und Munition auf dem Weg nach Antofagasta war. Die »Independencia« aber lag auf Grund, die »Huáscar« war vor Iquique in eine Seeschlacht verwickelt und der Konvoi kam durch.

So war die verlorene Schlacht letztlich entscheidend für den Sieg. Die verstärkte chilenische Armee rückte schnell in den Norden vor. Zwar schickte der bolivianische Diktator Hilarión Daza seine Truppen nach Arica, um Peru zu unterstützen. Der Feldzug aber war schlecht vorbereitet. Die bolivianischen Soldaten verdursteten fast in der Wüste und kehrten schließlich um. Daza wurde nach dieser Blamage gestürzt, Bolivien spielte im weiteren Kriegsverlauf keine nennenswerte Rolle mehr.

Die chilenischen Truppen nahmen 1881 die peruanische Hauptstadt Lima ein, wurden dort aber in einen aufreibenden

Guerillakrieg verwickelt. Schauergeschichten von Hunger und Hinterhalten, die Soldaten auf Urlaub erzählten, ließen die Kriegsbegeisterung in der Bevölkerung schnell abklingen; die Armee bekam Probleme mit dem Nachschub, die Regierung musste zum ungeliebten Mittel der Zwangsrekrutierung greifen. Die Wirtschaft war von den Kriegskosten schon arg mitgenommen, da entschloss sich die Armee zum Rückzug aus Lima. Auf dem Rückweg kam es am 20. Juli 1883 bei Huamachuco zu einer großen Schlacht. Peru unterlag und war bereit, einen Friedensvertrag zu unterzeichnen. Die Provinz Tarapacá und mit ihr der größte Teil der peruanischen Salpetervorkommen wird darin an Chile abgetreten.

Mit Bolivien einigte man sich 1884 auf einen dauerhaften Waffenstillstand. Chile wird darin das Recht auf eine vorübergehende Besatzung der bolivianischen Pazifikküste eingeräumt. Seither reicht das Land im Norden hinauf bis nach Arica. Bolivien aber kämpft bis heute – mit diplomatischen und juristischen Mitteln – um seinen damals verlorenen Zugang zum Meer.

Die Wiege der Arbeiterbewegung

Der Salpeterkrieg dauerte noch an, da wurde die Produktion in den nun von Chile besetzten Gebieten wieder aufgenommen. Die von Peru verstaatlichten Minen wurden wieder privatisiert, allerdings nicht zugunsten chilenischer Kapitalisten. Die Wirtschaftselite des Landes war schon damals und ist bis heute weniger an großen Investitionen interessiert als vielmehr auf das schnelle Geld aus. Zu kolonialen Zeiten galt Chile vor allem als Kornkammer, von der die Arbeiter in den Gold- und Silberminen in Bolivien und Peru versorgt wurden. Die einflussreichen Familien stützten sich alle auf Großgrundbesitz und so blieb das auch nach der Unabhängigkeit. Neben ihren Herrschaftshäusern auf dem Land hatten sie Stadtwohnungen in Santiago oder Valparaíso und bauten dort mit ihren landwirtschaftlichen Gewinnen Handelshäuser und Banken auf. Langfristig angelegte große Investitionen für die industrielle Produktion überließen sie Einwanderern oder ausländischen Kapitalgesellschaften.

Die nun chilenische Salpeterregion wurde von britischem Kapital dominiert. Die Besitzer der neuen Produktionsdörfer waren keine Einwanderer mehr, die wie die Edwards die Staatsbürgerschaft annahmen und in die lokalen Eliten einheirateten, sondern internationale Konzerne. Ihr Firmensitz war in London, ihre Aktien wurden an der dortigen Börse gehandelt und auch die Gewinne flossen dorthin ab. Chile verdiente am Salpeter nur über die Ausfuhrsteuern. Das allerdings gewaltig: Zwischen 1900 und 1920 kam die Hälfte der gesamten Steuereinnahmen aus dem Export des Nitrats.

Diese einseitige Abhängigkeit vom Export eines einzigen Rohstoffs sollte sich später bitter rächen. Nach einer Studie des damaligen Völkerbunds, der Vorgängerorganisation der Vereinten Nationen, wurde kein Land von der Weltwirtschaftskrise so hart getroffen wie Chile. Die Exporte gingen von 1929 bis 1932 um 78,3 Prozent zurück, die Importe um 83,5 Prozent. Die durchschnittliche Kaufkraft der Chilenen schrumpfte um 83 Prozent. Aus anfänglichen Demonstrationen von Studenten wurden schnell Massenproteste, es gab Hungermärsche mit Zehntausenden Teilnehmern, eine Regierung stürzte.

1936, als der zweiundzwanzigjährige Haroldo Quinteros aus dem Süden in die Atacama-Wüste kam, rappelte sich die Salpeterindustrie gerade wieder auf. Nach den Hungerjahren auf dem Land muss dem jungen Mann das Leben in der Produktionsstadt Iris wie ein kleines Paradies vorgekommen sein. »Viermal am Tag gab es eine Mahlzeit«, erzählt er. Um 6 Uhr das Frühstück, um 12 das Mittagessen, nachmittags um 4 Uhr Lunch und um 7 das Abendessen. »Es war immer reichlich und immer mit Fleisch, schon zum Frühstück gab es ein Steak.« Die Rinder wurden aus Argentinien gebracht und in der Metzgerei der Oficina geschlachtet und zerlegt, der Tee zum Essen kam aus China. »Die Engländer wussten, dass die Arbeit hart ist und dass die Leute eine gute Ernährung brauchen.« Nur während des Zweiten Weltkriegs hat es Zeiten ohne Rindfleisch aus Argentinien gegeben, und auch die Schiffe mit dem Tee aus China kamen nicht durch. »Man hat uns dann Lammfleisch aus Patagonien vorgesetzt und Kräutertee.« Den Arbeitern habe das nicht geschmeckt; sie streikten.

Als Junggeselle bekam Quinteros ein Zimmer zusammen mit zwei weiteren Arbeitern zugewiesen, für seine Verpflegung war eine Pensionsmutter zuständig. »Die Alte hatte eine Tochter, vierzehn Jahre alt, Rosa hieß sie«, erzählt er verschmitzt. »Als sie sechzehn war, haben wir geheiratet.« Die Zeremonie fand in Buenaventura statt, einem Dorf in der Nähe, denn dort gab es ein Standesamt. »Aber sonst gab es alles in der Oficina.« Sieben Straßen mit Häusern für die Arbeiter, in jeder ein Brunnen mit Handpumpe. »Wasser holen war Arbeit für die Kinder. Die haben sich so ein paar Centavos verdient.« Das Wasser war klar und schmeckte nicht bitter. Es wurde aus einem tiefen Brunnen geholt, achtzehn Kilometer entfernt, in einer Gegend, in der kein Salpeter im Gestein war. Von dort wurde es in einer großen Leitung ins Produktionsdorf gepumpt.

Auch sonst gab es alles, was ein junger Mann sich wünschte: ein Theater, eine Bibliothek, Tanzveranstaltungen. »Ich war der beste Cuecatänzer der Pampa.« Cueca mit seinen stampfenden Bewegungen ist der Nationaltanz Chiles. Und Quinteros hat Theater gespielt. »Es gab ja noch kein richtiges Kino damals, nur ein paar Stummfilme.« Auch Rosa war bei der kleinen Laienschauspielertruppe dabei, schon als Mädchen. So sind die beiden sich nähergekommen. Gespielt wurden Liebesschnulzen, aber auch revolutionäre Agitpropstücke von bösen Kapitalisten und mutigen Arbeitern. Quinteros war von Anfang an bei der Gewerkschaft.

Die Atacama-Wüste war Ende des 19. Jahrhunderts der Geburtsort der chilenischen Arbeiterbewegung – nur in den Salpeterminen gab es damals ein Industrieproletariat. Zwar waren die sozialen Bedingungen vergleichsweise gut. Auch der Lohn war nominell nicht einmal schlecht, reichte aber tatsächlich nur zu einem sehr bescheidenen Leben. Die Oficinas bezahlten ihre Arbeiter in aller Regel in Gutscheinen, die dann nur in den firmeneigenen Läden zu überhöhten Preisen in Waren umgetauscht werden konnten. Die Belegschaft war so an ihr Produktionsdorf gekettet.

Zudem gab es keinerlei Aufstiegsmöglichkeiten für Arbeiter. Gegen diese neue kapitalistische Art der Leibeigenschaft gab es Ende des 19. Jahrhunderts eine erste Welle von Arbeitsniederlegungen. Die Bewegung breitete sich schnell über die Wüste aus: In den Jahren 1902 bis 1908 wurden in der Salpeterregion über zweihundert Streiks gezählt.

Die Regierung war bei der Lösung solcher Arbeitskonflikte vorgeblich unabhängige Vermittlerin, war aber gleichzeitig von den Einnahmen aus dem Salpeterexport abhängig und stand deshalb tatsächlich immer auf der Seite der Unternehmer. Sie reagierte stets mit Repression, ließ immer wieder Streiks vom Militär niederkartätschen. Zum schlimmsten Massaker kam es in Iquique. Im Dezember 1907 hatten sich dort mehrere Tausend streikende Salpeterarbeiter mit ihren Familien friedlich versammelt und die Regierung als Vermittlerin angerufen. Die aber schickte sie zurück zur Arbeit. Die Streikenden folgten dem Aufruf nicht. Sie versammelten sich am 21. Dezember auf einem Platz in der Nähe der katholischen Schule Santa María. Der örtliche Militärkommandant wollte diese Versammlung auflösen, die Arbeiter und ihre Familien aber blieben. Da ließ der Kommandant mit Maschinengewehren in die Menge feuern. Panik brach aus. Dic Schätzun gen über die Zahl der Toten schwanken zwischen fünfhundert und über dreitausend.

Das Blutbad ist bis heute als das »Massaker von Santa María« Teil des kollektiven Gedächtnisses der chilenischen Arbeiterbewegung. Es konnte den Widerstandsgeist nicht brechen. Nur ein Jahr herrschte Friedhofsruhe in der Pampa. Dann gab die Kunde von der Revolution in Mexiko neuen Mut und die Streikbewegung flammte wieder auf. Politisch bekam sie von der Sozialistischen Arbeiterpartei (Partido Obrero Socialista, POS) Unterstützung, die 1912 unter der Führung des Druckers Luis Emilio Recabarren gegründet wurde. Zehn Jahre später ging aus der POS die Kommunistische Partei Chiles hervor.

Als Haroldo Quinteros 1936 der Gewerkschaft beitrat, wurde diese längst von den Kommunisten kontrolliert. So war es fast schon natürlich, dass er gleichzeitig auch in die Partei ging. Später war er zwei Jahre lang freigestellter Arbeitervertreter und ist als solcher von Oficina zu Oficina gereist, um Streiks zu organisieren. Die Zeiten waren nicht mehr so blutig wie im ersten Jahrzehnt des Jahrhunderts. In Santiago regierten zwischen 1938 und 1952 bürgerliche Präsidenten der Radikalen Partei, zunächst drei Jahre lang in einem Volksfrontbündnis mit der Sozialistischen und der Kommunistischen Partei, dann alleine, aber mit der Unterstützung der Linken.

»Wir haben Streiks immer so organisiert, dass wir zunächst eine Oficina für ein paar Tage dichtgemacht haben und dann die nächste und so weiter.« Meist ging es um mehr Geld und nach ein paar Streiktagen wurde immer ein Regierungsvertreter als Schlichter gerufen. »Der hat sich die Gewinne der Firma angesehen und dann entschieden, wie viel man den Arbeitern bezahlen kann«, erinnert sich Quinteros. »Wir haben immer eine Lohnerhöhung bekommen.«

Die beiden älteren der drei Kinder von Rosa und Haroldo kamen in der Oficina zur Welt. Die Grundschule dort ging bis zur vierten Klasse. Als die Älteste diese abgeschlossen hatte, hat Quinteros gekündigt. Er wollte, dass seine Kinder eine gute Schulbildung bekommen, und tatsächlich haben alle drei später studiert. Er zog mit der Familie nach Iquique und verdingte sich dort als Hafenarbeiter. »In den ersten Jahren haben wir den Salpeter noch in Säcken auf dem Rücken auf die Schiffe geschleppt. Später gab es dann Förderbänder.« Mit 59 ging er in Rente, »damals musste man noch nicht arbeiten bis 65«. Hinter seinem Häuschen hat er sich eine Werkstatt für Schweiß- und Schmiedearbeiten eingerichtet, das hatte er in der Oficina gelernt. In seiner Laube steht noch immer ein Amboss, gearbeitet aber wird dort seit bald drei Jahrzehnten nicht mehr.

Auch die meisten Salpeterstädte sind längst aufgegeben worden. Nur in einer Handvoll wird heute noch produziert. Die Oficina Iris gehört dazu. Doch wo einst Haroldo Quinteros zusammen mit fünftausend Menschen lebte, arbeiten heute gerade noch hundert. Sie fördern keinen Salpeter mehr, sondern Jod, was früher ein unbedeutendes Nebenprodukt war. Im Grund war der Salpeterzyklus in Chile schon mit der Weltwirtschaftskrise zu Ende gegangen. Was danach kam, war nur der Epilog. »Es liegt noch immer sehr viel Salpeter draußen in der Pampa«, weiß der alte Quinteros. »Aber niemand will ihn haben.«

Das größte von Menschen gemachte Loch

Das endgültige Sterben der Salpeterindustrie hat Chile weit weniger getroffen als die Weltwirtschaftskrise. Was Exporte und Staatseinnahmen angeht, hatte ein anderer Rohstoff die Nitratsalze längst ersetzt, und wieder lag er in der Wüste: Kupfer. Das Metall wurde bereits in vorkolumbianischer Zeit von den Atacama-Indígenas aus dem Boden geholt, seit dem Ersten Weltkrieg wird es industriell abgebaut. Rund 40 Prozent der weltweit bekannten Vorkommen liegen in Chile, gut hundert Kilometer entfernt von der Küste. Dort verläuft von Norden nach Süden ein tektonischer Bruch. Viele Geologen gehen davon aus, dass es sich um eine Verlängerung der San-Andreas-Verwerfung handelt, die an der Westküste der USA Städte wie San Francisco und Los Angeles mit Erdbeben bedroht. Andere sagen, der chilenische sei ein lokaler Grabenbruch. Wie dem auch sei – entlang dieser Bruchlinie gelangten vor Tausenden von Jahren tiefer liegende Gesteinsschichten an die Oberfläche und die enthalten bis zu 2 Prozent Kupfer.

So wie der Salpeter weiter im Norden, hat auch das Kupfer die Landschaft geprägt. Es beginnt schon in Tocopilla, einem schmutzigen kleinen Städtchen in einer Bucht mit natürlichem Hafen, knapp 250 Kilometer südlich von Iquique. Der Ort nennt sich stolz die chilenische »Hauptstadt der Energie«, weil dort Öltanker anlanden. Ihre Ladung wird gelöscht, in Heizkraftwerke gepumpt und in Strom umgewandelt.

Von Tocopilla aus führt eine Straße ins Landesinnere. In steilen Serpentinen geht es hinauf auf die gestaltlose Hochebene der Wüste und dann mehr als hundert Kilometer immer nur geradeaus. Hier weht ein scharfer Wind und nichts ist zu sehen außer braunem Gestein, dem endlosen, in der Hitze flimmernden Asphaltband der Straße und links und rechts davon je drei Reihen von Starkstrommasten. Kupferminen verbrauchen viel Energie.

Zuletzt geht es noch einmal in langen Kurven um weitere gut tausend Höhenmeter hinauf auf einen über dreitausend Meter hohen Bergrücken und von dort oben blickt man hinunter auf eine vom Menschen gemachte Landschaft. Die Hügel in der Ebene davor sind oben platt wie Tafelberge, die steil ansteigenden Flanken sauber gezirkelt, als wären sie ausgeschnitten. Man nennt sie wegen dieser Form auch »Kuchen«. Der Boden zu ihren Füßen schimmert blaugrün in der Sonne. Ein »Kuchen« ist an den andern gereiht, über gut zwanzig Kilometer. Es sind die Abraumhalden von vier im Tagebau betriebenen Minen des staatlichen Kupferkonzerns Codelco, die entlang des Grabenbruchs aufgereiht sind: In der Mitte Chuquicamata, die größte und älteste von allen. Sie wurde schon 1912 geöffnet, 1915 begann die Produktion. Nördlich davon liegt Radomiro Tomic, benannt nach einem ehemaligen Parteichef der Christdemokraten und seit 1997 in Betrieb; im Süden die beiden jüngsten: In der Mine Ministro Hales (der Name kommt vom ehemaligen Bergbauminister Alejandro Hales) wird seit 2010 gefördert, in Gabriela Mistral (nach der Dichterin und Literaturnobelpreisträgerin) seit 2008.

Chuquicamata ist ein Wort aus der Sprache des inzwischen ausgestorbenen Volks der Atacameños. Es bedeutet Speerspitze, was darauf hinweist, dass sie ihre Waffen mit Kupfer bewehrt haben. Sie bauten hier das Metall schon vor dreitausend Jahren ab, allerdings nur in seiner reinen Form, den sogenannte Nuggets. Diese bis zu mehreren Zentimetern großen Kupferklumpen fanden sie im Oberflächengestein eingebunden, manche lagen auch offen in der Wüste.

Solche Nuggets findet man heute in Chuquicamata nicht mehr. Aber das Gestein dort enthält 0,7 bis 1 Prozent Kupfer und das macht den Abbau so rentabel, dass hier die größte Tagebaumine der Welt entstanden ist. Alles ist gigantisch in Chuquicamata; es ist das größte von Menschen gegrabene Loch der Welt: 5,2 Kilometer lang, drei Kilometer breit und über einen Kilometer tief. Das Gestein wird so aus dem Boden gesprengt, dass Terrassen entstehen, die sich nach unten staffeln. Die werden dann durch Straßen verbunden. Der Neigungswinkel der so entstandenen Kraterwände ist mit rund 45 Grad so steil, dass inzwischen viele dieser Terrassen unter dem herabfallenden Schutt langsam wieder verschwinden. Bläst der Wind in das Loch, wirbelt er riesige Wolken aus feinem weißem Staub auf.

14 000 Menschen arbeiten hier im Dreischichtbetrieb rund um die Uhr, auch an Sonn- und Feiertagen. Üblich sind sieben Tage Arbeit am Stück, dann folgen sieben freie Tage. Viele Minenarbeiter kommen wegen der guten Löhne aus der Hauptstadtregion, ihre Familien leben weiterhin dort. Nach Schichtwechsel wird der fünfzehn Kilometer entfernte Flughafen von Calama von Männern in Arbeitskleidung bevölkert, an den Stiefeln klebt noch der Schmutz; geduscht wird erst zu Hause. Die Flüge zwischen Calama und Santiago sind immer ausgebucht.

Fünfundachtzig Kipplaster sind in Chuquicamata in Dauerbetrieb. Vom Rand der Mine bis hinunter aufs unterste Niveau brauchen sie zwanzig Minuten. Wenn sie dann von riesigen Schaufelbaggern beladen worden sind, röhren sie über eine Stunde lang wieder die Wand hinauf und verbrennen dabei drei Liter Diesel pro Minute. Ihr Reifendurchmesser beträgt vier Meter, die Ladefläche ist acht mal acht Meter groß und sieben Meter tief. Sie kann bis zu dreihundertneunzig Tonnen Gestein aufnehmen. Diese Megalaster werden in Deutschland und Japan gebaut. In Chile werden sie nur montiert und gewartet.

Einhundertvierzigtausend Tonnen Gestein bringen diese Laster täglich in eine Gesteinsmühle. Dort werden die Brocken zu Staub zermahlen. Ähnlich wie bei der Salpetergewinnung kommt dieser Staub in große Wassertanks, von unten wird Luft hineingeblasen. Wegen seiner chemischen Eigenschaften wird das Kupfer in den Blasen gebunden, der Rest des Gesteinsmehls sinkt ab. Das oben schwimmende kupferhaltige Pulver kann abgeschöpft und getrocknet werden. Es ist noch nicht rein, enthält aber schon

33 Prozent des gesuchten Metalls. Dieses Pulver wird im Hochofen konzentriert und schließlich in Bädern mit Kathoden zu Kupferplatten geschmolzen, die den höchsten derzeit erreichbaren Reinheitsgehalt haben: 99,99 Prozent. Der gesamte Prozess dauert acht Tage. Die Platten werden dann exportiert. Kupfer wird in Chile kaum weiterverarbeitet. Selbst die Legierungen für das Münzgeld muss das Land importieren.

Die Tagesproduktion von Chuquicamata bringt Einnahmen von mindestens 8,5 Millionen US-Dollar. Pro Jahr werden knapp dreihundertfünfzigtausend Tonnen feinstes Kupfer produziert. Als Nebenprodukt wird im Reinigungsprozess Molybdän gewonnen, ein extrem hitzebeständiges Metall, das in der Flugzeugindustrie und beim Bau von sehr heiß laufenden Motoren eingesetzt wird. Bei der Produktion von einer Tonne Kupfer fallen rund dreißig Kilogramm Molybdän an. Allein der Verkauf dieses Metalls deckt die gesamten Produktionskosten der Mine.

Der beschriebene Prozess wird bei Kupfersulfat angewandt, das nur in tiefer liegenden Gesteinsschichten auftritt. Beim näher an der Oberfläche vorkommenden Kupferoxid wird das Metall ähnlich wie Gold in großen Säurebecken ausgewaschen – ein unter Umweltgesichtspunkten fragwürdiger Prozess. Das Verfahren wird in den rund um Chuquicamata liegenden jüngeren Minen eingesetzt, weil es dort noch oberflächliches Kupfergestein gibt.

In Chuquicamata sind diese Oxide nach hundert Jahren Bergbau längst verarbeitet und auch die Gewinnung von Kupfer aus Sulfat kommt im Tagebau an ihr Ende. Das Loch ist inzwischen so tief, dass die Wände bei weiteren Sprengungen auf dem Grund irgendwann einstürzen werden. Weil aber immer noch viel Kupfer weiter unten in der Erdkruste liegt, wird derzeit der Untertagebau vorbereitet. In vier Stockwerken von bis zu achthundert Meter Tiefe werden Stollen gegraben. Am Ende soll ein Netz aus über tausend Kilometer Tunneln unter der heutigen Mine liegen. Chuquicamata wird dann nicht nur die größte Tagebaumine der Welt sein, sondern auch die größte im Untertagebau. Derzeit ist dies die ebenfalls staatliche Mine El Teniente, gut tausend Kilometer weiter im Süden. 2019 soll der Betrieb in den Stollen von Chuquicamata aufgenommen werden. Geologen schätzen, dass dann weitere fünfzig bis siebzig Jahre mit Gewinn gearbeitet werden kann.

Auch diese Mine hat eine Geisterstadt geschaffen. Ein Jahr nach dem Beginn der Produktion wurde 1916 in unmittelbarer Nähe für die Arbeiter und die Verwaltung das Dorf Chuquicamata gegründet. Es wuchs im Lauf der Jahre auf fünfundzwanzigtausend Einwohner heran und war ähnlich strukturiert wie die Salpeterstädte: Verwaltungsgebäude, Wohnungen für die Arbeiter, Theater, Kino, Bibliothek und Sportpalast. Dazu ein Militärposten und eine Polizeistation und das damals modernste und am besten ausgestattete Krankenhaus Lateinamerikas. Es war vor allem auf Lungenkrankheiten spezialisiert – Staublungen sind eine Berufskrankheit von Minenarbeitern.

Das Krankenhaus ist heute verschwunden, genauso der Militärposten, die Polizeistation und ein Teil der Wohnsiedlungen. Die Mine wuchs immer weiter auf das Städtchen zu. Als die Abraumhalde 1998 fast den Stadtrand erreichte, begann Codelco damit, die Bewohner ins nahe Calama umzusiedeln. Die ersten Häuserreihen waren längst verschüttet, als 2008 der letzte Bewohner die Stadt verlassen hat. Jetzt frisst sich die Abraumhalde langsam auf das Kirchlein am Platz im ehemaligen Zentrum vor.

Die industrielle Kupfergewinnung war in Chile lange in der Hand US-amerikanischer Minenkonzerne. Guggenheim Bros. erhielten 1912 die Lizenz für Chuquicamata, verkauften die Mine aber bereits 1923 an die Anaconda Copper Mining Company. Zusammen mit dem Konzern Kennecott Utah Copper dominierte Anaconda für Jahrzehnte das Geschäft mit dem roten Metall. Anders als beim Salpeter, der über hohe Exportsteuern den Staatshaushalt alimentiert hatte, blieb vom Kupfer nur ein kleiner Teil des Geldes in Chile. Nirgendwo sonst auf der Welt waren Export- und Gewinnsteuern für diesen Sektor des Bergbaus so niedrig. Die US-Konzerne beuteten das Land gnadenlos aus. Anaconda etwa hatte 1969 nur 16 Prozent seines Kapitals in Chile angelegt, erwirtschaftete damit aber 80 Prozent seiner Auslandsgewinne. Immer wenn die Regierung die Gewinnsteuern erhöhte, drosselten die Konzerne aus Rache die Produktion.

Der christdemokratische Präsident Eduardo Frei Montalva war 1964 mit dem Versprechen angetreten, die Kupferindustrie zu nationalisieren. Nach einem entsprechenden Parlamentsbeschluss begann die Regierung 1966, den US-Konzernen Anteile an den Minen abzukaufen, bis der Staat eine Mehrheit von 51 Prozent hielt. Betrieben aber wurden sie weiterhin von Anaconda und Kennecott, die aber nun nicht mehr investierten, sondern nur noch Gewinne abzockten. In den sechs Regierungsjahren von Frei Montalva waren das für damalige Verhältnisse sagenhafte 605,2 Millionen US-Dollar. Selbst die Christdemokraten forderten deshalb schon 1969 die vollständige Verstaatlichung der Kupferindustrie.

Als diese Verstaatlichung dann von der Volksfrontregierung unter Salvador Allende 1971 in die Tat umgesetzt werden sollte, wurde dies vom Parlament einstimmig beschlossen. Selbst rechte Parteien stimmten zu. Allende zeigte sich durchaus bereit, die US-Konzerne zu entschädigen. Die Zahlungen sollten sich am Buchwert der Aktien orientieren, abzüglich der exzessiven Gewinne seit 1944. Als »exzessiv« galt dabei alles, was über die Durchschnittsgewinne der Branche in diesen Jahren hinausging. Nach dieser Rechnung musste Chile den Konzernen keine Entschädigung bezahlen. Im Gegenteil: Die Konzerne schuldeten der Staatskasse rund 400 Millionen US-Dollar. Diese Schuld wurde freilich nie beglichen.

Selbst in der Zeit der härtesten neoliberalen Schockpolitik während der Pinochet-Diktatur wurde die Verstaatlichung der Minen nicht infrage gestellt. Die Militärs profitierten lieber vom Kupfer. Seit 1958 bekommen sie 10 Prozent der Gewinne aus dem Export des Metalls überwiesen – zusätzlich zum regulären Verteidigungsetat und abseits der Kontrolle durch das Parlament. Keine andere staatliche Institution auf der Welt dürfte eine so dicke und ganz legale schwarze Kasse haben: Allein in den Jahren 2010 bis

2014 wies Codelco Gewinne zwischen 3 und 7,5 Milliarden US-Dollar pro Jahr aus.

Allerdings hat Pinochet schon 1974 den Minensektor wieder für private Investitionen geöffnet. Nur was verstaatlicht war, blieb unantastbar. Als erster Konzern kam 1977 das US-Unternehmen St. Joe Minerals Corporation ins Land und öffnete bei La Serena eine Mine zur Gewinnung von Gold, Silber und Kupfer. Seither haben private internationale Konzerne zusammengenommen den Staatsbetrieb Codelco weit überflügelt. Der ist mit einer Produktion von rund 1,8 Millionen Tonnen Feinkupfer im Jahr zwar immer noch weltweit größtes Unternehmen der Branche und gewinnt 10 Prozent des weltweit geförderten Kupfers. An der chilenischen Produktion aber hält er nur noch 31 Prozent.

Rund ein Drittel des weltweit gehandelten Kupfers wird in Chile produziert. Die Produktion des Metalls ist für fast 20 Prozent des Bruttoinlandsprodukts verantwortlich und bringt dem Staat ein Viertel seiner Einnahmen. Ist der Kupferpreis hoch – wie in den Jahren der stetig steigenden Nachfrage aus China –, geht es Chile gut. Sinkt der Preis auf dem Weltmarkt, wird das Geld in den Staatskassen knapp.

Die Wertschöpfung findet anderswo statt

Chile gilt als das exportstärkste Land Lateinamerikas: Ähnlich wie in Deutschland wird rund ein Drittel des Bruttoinlandsprodukts mit Exportgütern erwirtschaftet. Anders als beim Industriestaat Deutschland aber sind es nicht Maschinen, Autos und andere hochwertige Industriegüter, die exportiert werden, sondern fast ausschließlich Rohstoffe und landwirtschaftliche Produkte. Zum Kupfer kamen in den vergangenen beiden Jahrzehnten vor allem Wein, Tafelobst, Fisch und Fischmehl, Holz, Papier und Zellulose dazu. Chile ist heute die weltweit viertgrößte Fischfangnation und nach Norwegen größter Lachsexporteur. Chilenischen Wein gibt es in so gut wie jedem deutschen oder schweizerischen Supermarkt, allein das Weingut Concha y Toro besitzt 4500 Hektar Rebberge. Die Aktien des Unternehmens werden an der New

Yorker Börse gehandelt, es ist unter anderem Sponsor des englischen Spitzenfußballclubs Manchester United. Äpfel und Trauben aus Chile sind rechtzeitig reif, um im obstarmen Winter in Nordamerika und Europa in die Läden zu kommen. Holz für den Zelluloseexport wächst auf riesigen Kiefer- und Eukalyptus-Plantagen im Süden des Landes. Bei allen diesen Produkten gehört Chile zu den Weltmarktführern. Das kann aber nicht darüber hinwegtäuschen, dass die Wirtschaftsstruktur des Landes im Grunde noch immer die einer Kolonie ist.

Einzig in den Jahren 1938 bis 1973 versuchten die Regierungen, die einseitige Abhängigkeit von Rohstoffen zu überwinden und die Wirtschaft zu diversifizieren. Das Instrument dafür war das staatliche Institut Corfo (Corporación de Fomento de la Producción), das 1939 unter der damaligen Volksfrontregierung gegründet und mit viel Geld ausgestattet worden war. In den ersten Jahren widmete sich Corfo dem Aufbau einer staatlichen Eisen- und Erdölindustrie (wobei die Erdölvorkommen ganz im Süden des Landes klein sind und den nationalen Bedarf bei weitem nicht decken). Zudem investierte der Staat heftig in Elektrizitätswerke und die dazugehörenden Netze als Grundlage für die geplante Industrialisierung des Landes. Die aufkeimende Metall-, Chemie-, Holz- und Lebensmittelindustrie wurde von Corfo mit großzügigen Krediten unterstützt.

Ab Mitte der 50er-Jahre verfolgten die jeweiligen Regierungen eine Politik der Exportsubstitution. Dieses Modell wurde damals von CEPAL, der Wirtschaftskommission der UNO für Lateinamerika mit Sitz in Santiago, in der ganzen Region empfohlen. Weil sich die sogenannten Terms of Trade ständig verschlechterten – immer mehr Rohstoffe mussten für dieselbe Menge von importierten verarbeiteten Produkten und Maschinen exportiert werden –, sollten die Länder eine eigene verarbeitende Industrie aufbauen und diese zunächst durch Zollschranken vor internationaler Konkurrenz schützen. In Chile förderte Corfo seit 1953 den Aufbau einer nationalen Textilindustrie und Fabriken für prozessierte Lebensmittel, Getränke, Schuhe und Möbel. Seit den 60er-

Jahren entstanden Fabriken für Elektrogeräte, Elektronikartikel und die Montage von Kraftfahrzeugen. Chilenen konnten Anfang der 70er-Jahre ihre Haushalte fast ausnahmslos mit Waren made in Chile ausstatten.

Die verarbeitende Industrie Chiles ist unter der neoliberalen Schockpolitik der Militärregierung Mitte der 70er-Jahre fast vollständig zusammengebrochen. Orthodoxe neoliberale Wirtschaftstheoretiker behaupten gerne, das habe an der Aufhebung der Zollschranken gelegen; die chilenischen Firmen seien auf freien Märkten einfach nicht konkurrenzfähig gewesen und deshalb zu Recht verschwunden. Tatsächlich spielte die rapide sinkende Kaufkraft der Chilenen dabei eine mindestens genauso große Rolle. Es gab Massenentlassungen in der öffentlichen Verwaltung und in privatisierten Staatsbetrieben, das allgemeine Lohnniveau sank und Kredite wurden sündhaft teuer, weil die Regierung so hoffte, die rasende Inflation in den Griff zu bekommen. Die Chilenen konnten sich aus Geldmangel einfach nichts mehr anschaffen – egal, ob das aus nationaler oder internationaler Produktion kam. Seither hat Chile wieder die Wirtschaftsstruktur einer Kolonie: Das Land hängt ab vom Export von Rohstoffen und landwirtschaftlichen Produkten.

Die Ende des 19. Jahrhunderts von Chile eroberte Atacama-Wüste ist so für das Land Segen und Fluch zugleich. Erst war das Land vom dort liegenden Salpeter abhängig, dann vom bis heute bei weitem wichtigsten Exportprodukt Kupfer. Und wenn man von Chiquicamata zweihundert Kilometer weiter nach Südosten fährt, kommt man zum Rohstoff der Zukunft.

Das Metall, das sich an der Luft zersetzt

Es geht zunächst über eine weite Ebene in dunklem Rotbraun. Schon in den Morgenstunden gibt es hier Luftspiegelungen, die wenigen Hügel im platten Land erscheinen wie Inseln in großen blauen Seen. Dann geht es steil hinab durch eine bizarre Landschaft aus tiefen, mit Salzkrusten überzogenen Erdfalten – die Cordillera de la Sal. Unten liegt das Atacama-Becken und in einer

Oase San Pedro de Atacama, ein pittoreskes Städtchen aus geduckten Lehmziegelhäusern, das heute vor allem vom Tourismus lebt. Es ist Ausgangspunkt für Ausflüge in die westlich davon gelegene Mondlandschaft des Valle de la Luna und zu den Geysirfeldern im Nordosten. Eine Kette mit von Schnee bedeckten Sechstausendern steht als Kulisse im Westen.

San Pedro de Atacama liegt an der Spitze des Salzsees von Atacama, der sich von dort aus gut hundert Kilometer in den Süden erstreckt. Schmelzwasser aus den Anden, das vorher versickert ist, tritt an der tiefsten Stelle des Atacama-Beckens wieder an die Oberfläche und verdunstet. In der Mitte des Sees hat sich im Salzwasser eine große Kolonie von Flamingos niedergelassen; die filigranen rosafarbenen Vögel wirken in dieser lebensfeindlichen Gegend fast ein bisschen absurd.

Noch einmal fünfzig Kilometer weiter, an einer der beiden südlichen Spitzen des Salzsees, steht eine große Fabrik. Hier wird aus der Lauge des Wassers Lithium gewonnen. Ohne dieses leichteste aller Metalle würden kein Mobiltelefon und kein tragbarer Computer funktionieren. Automobilkonzerne, die Elektrofahrzeuge bauen, gieren danach; es ist Hauptbestandteil der derzeit leichtesten und effizientesten wiederaufladbaren Batterien. Chile ist zusammen mit Australien weltweit größter Lithiumförderer, China und Argentinien folgen sehr weit abgeschlagen.

Seit 1984 wird aus der Lake des Atacama-Salzsees dieses leichteste aller Metalle gewonnen, das sich an der Luft sofort zersetzt. Die erste Produktionsanlage gehörte zunächst der Sociedad Chilena de Litio Limitada, einem Gemeinschaftsprojekt der staatlichen Corfo mit dem auf Lithium, Cäsium und weitere besondere Metall spezialisierten US-Konzern Cyprus Foote Mineral Company. Nach einer verschlungenen Geschichte von Kapitalerhöhungen und Übernahmen und der Privatisierung des staatlichen Corfo-Anteils unter der Regierung des Christdemokraten Eduardo Frei Ruiz-Tagle ist die Lithiumproduktion im Atacama-Becken heute in privater Hand: in der von SQM Salar S. A., einem chilenischen Konzern, der von Juan Ponce kontrolliert wird. Als ehemaliger Geschäftsführer von Corfo und Schwiegersohn Pinochets hat er beste Kontakte und konnte seiner Firma langfristige lukrative Förderlizenzen sichern. Der zweite Lithiumproduzent am Atacama-Salzsee ist der Weltmarktführer in dieser Branche, die Rockwood Lithium GmbH mit Sitz in Frankfurt am Main.

Wie früher die Produktion von Salpeter und danach für Jahrzehnte und heute wieder mehrheitlich die von Kupfer ist auch die Förderung des Metalls der Zukunft in der Hand privaten Kapitals. Chile lebt von den Abgaben und Steuern. Die Weiterverarbeitung dieser Rohstoffe und damit die eigentliche Wertschöpfung aber findet nach wie vor in den Industrienationen des Nordens statt.

Kapitel 3

DAS LANGE LEIDEN DER MAPUCHE

Von schweizerischen und deutschen Einwanderern und der Eroberung des Südens. Wie vor über hundert Jahren ein Konflikt entstand, der bis heute andauert.

Der deutsche Einfluss ist in Chile allenthalben spürbar. Eines der beliebtesten Biere kommt aus der Brauerei Kunstmann in Valdivia; das Wort »kuchen«, klein geschrieben wie alle spanischen Substantive, ist Teil der chilenischen Sprache und wird sogar richtig ausgesprochen und nicht – wie es die Schreibweise im Spanischen nahelegen würde – wie »Kutschen«. Dass Deutsche immer auch am äußeren rechten Rand der chilenischen Politik mitgemischt haben, weiß man spätestens seit dem Skandal um die Colonia Dignidad, jener Enklave des deutschen evangelikalen Predigers Paul Schäfer, die in der Zeit der Pinochet-Diktatur als geheimes Folterzentrum diente. Nach Schätzungen der Deutsch-chilenischen Handelskammer leben heute rund eine halbe Million Nachfahren von deutschen Einwanderern im Land; zwischen zwanzigtausend und vierzigtausend sprächen noch immer Deutsch.

Dass zur Zeit der großen Einwanderungswelle Ende des 19. Jahrhunderts auch ähnlich viele Schweizer wie Deutsche nach Chile kamen, ist dagegen weitgehend unbekannt. Dabei haben auch ihre Nachfahren die Politik des Landes mitgestaltet. Die christdemokratischen Präsidenten Eduardo Frei Montalva und sein Sohn Eduardo Frei Ruiz-Tagle waren genauso Nachkommen von Schweizer Einwanderern wie Pinochets Finanzminister Hernán Büchi. Frei Montalva war Staatschef von 1964 bis 1970, sein Sohn von 1994 bis 2000 und dazu unterlegener Präsidentschaftskandidat bei der Wahl von 2009. Büchi sollte nach Pinochets Willen erster Präsident in der Zeit nach der Diktatur werden, wurde aber 1989 von dem Christdemokraten Patricio Aylwin geschlagen.

Viele Chilenen sprechen den Nachnamen Büchi nach spanischen Regeln wie »Butschi« aus und es ist ihnen nicht bewusst, dass die Büchis wie die Freis einst Schweizer Familien waren. Den Namen Werner Luchsinger aber, den verbinden alle, die ihn kennen, mit Schweizer Siedlern im Süden des Landes. Der Fünfundsiebzigjährige starb in der Nacht auf den 4. Januar 2013 in den Flammen seines Hauses in der Nähe des Städtchens Vilcún, gut siebenhundert Kilometer südlich der Hauptstadt Santiago, zusammen mit seiner krebskranken Frau Vivianne Mackay. Ein Brandanschlag. Die beiden waren die ersten und bislang einzigen Siedler, die Todesopfer eines um die Jahrtausendwende aufgeflammten Landkonflikts mit dem indigenen Volk der Mapuche. Die Anfänge dieses Streits aber reichen bis in die 1880er-Jahre zurück.

Es war eine laue Sommernacht, sternenklar. Eine Stunde nach Mitternacht schlich eine Gruppe von jungen Männern, zur Tarnung schwarz gekleidet und schwarz maskiert, auf das Haus von Werner Luchsinger zu. Die Ermittlungen gingen später von bis zu zwanzig Tätern aus. Das Haus steht auf dem 40 Hektar großen Landgut Lumahue, abgeschieden, ein paar Kilometer außerhalb von Vilcún. Man muss es kennen, sonst findet man es nicht. Auf Schotterpisten und Erdwegen mit tief ausgefahrenen Rillen geht es durch flaches Land über Viehweiden, durch Kartoffel- und Weizenfelder und durch Wäldchen. Immer wieder muss man anhalten und Viehgatter öffnen, und nach vielen Kurven und Abzweigungen steht man unvermittelt in einer parkartig angelegten

Idylle mit sauber gezirkelten Blumenrabatten und alten Bäumen, die Schatten spenden. Ein tief in den fruchtbaren Boden geschnittener Fluss kühlt die Luft, und mitten in diesem Park steht heute die Ruine dessen, was früher das Wohnhaus Werner Luchsingers war.

Nur das Erdgeschoss war gemauert, die Wände unter den Giebeln und der Kamin; der Rest war aus Holz gebaut. Die Mauern stehen noch immer weiß in der Sonne, die ausgebrannten Balken und Dielen wurden längst weggeräumt. So wirkt das Gebäude eher wie eine noch unfertige Baustelle und nicht wie eine Ruine. Erst wenn man nahe herantritt, sieht man Einschüsse im Verputz. »Wir wollen es so erhalten, als Mahnmal«, sagt Ewald Luchsinger, ein Neffe der Getöteten. Ein Mahnmal, an dem niemand vorbeikommt außer der Familie der Toten.

Überfälle auf einsame Gehöfte hatte es vorher schon etliche in dieser Gegend gegeben. Üblicherweise dringen die Täter ins Haus ein, wecken die Bewohner und fordern sie mit vorgehaltener Waffe auf, sich ins Freie zu retten. Dann vergießen sie Benzin in den Räumen, zünden es an und ziehen sich schnell in die Nacht zurück. Kleine Kommandos von jungen Männern aus dem Volk der Mapuche kämpfen so um das Land, das ihren Vorfahren vor über hundert Jahren geraubt wurde.

Doch der Überfall der Nacht zum 4. Januar 2013 verlief nicht nach Plan. Werner Luchsinger hatte sich offenbar im Schlafzimmer im Obergeschoss zur Ruhe gelegt und dort wohl Geräusche gehört. Er war aufgestanden, hatte nach seiner Flinte gegriffen und war bereit, sich und seine bettlägerige Frau zu verteidigen. In der Umgebung von Vilcún schlafen viele Siedler mit dem Gewehr unter dem Bett. Einer der Maskierten brach die rückwärtige Tür zur Küche auf. Von dort führte eine Holztreppe hinauf ins Obergeschoss. Oben an der Treppe stand Luchsinger mit dem Gewehr, schoss hinab und verletzte den Eindringling schwer.

Es ist unklar, ob der bereits Benzin verschüttet hatte, ob es ihm erst danach trotz der Schussverletzung noch gelang oder ob andere ihm geholfen haben. Unklar ist auch, wann ein länger andauernder Schusswechsel zwischen Luchsinger und den Angreifern draußen begann – schon vor dem Eindringen ins Untergeschoss oder erst danach. Jedenfalls wurde im hinteren Eingangsbereich gleich unter der Treppe Feuer gelegt. Luchsinger hatte keine Chance, seine bettlägerige Frau hinab ins Freie zu bringen.

Vivianne Mackay hatte während des Schusswechsels ihren in der Nähe wohnenden Sohn Jorge angerufen und nur gesagt: »Komm, sie haben Papa erwischt.« Offenbar hatte auch Werner Luchsinger einen Schuss abbekommen. Eine Viertelstunde später stand der Sohn vor dem lichterloh brennenden Haus, die Angreifer hatten sich zurückgezogen. Er schlug ein Fenster ein und rief nach seinen Eltern. Als er keine Antwort bekam, dachte er zunächst, sie hätten sich noch in Sicherheit bringen können. Die beiden Alten aber waren in ihrem Haus im Qualm des Feuers erstickt.

Im Morgengrauen fand die Polizei in einem Wald ganz in der Nähe einen Verletzten: Celestino Córdoba, ein fünfundzwanzigjähriger Schamane aus einer benachbarten Mapuche-Gemeinde. Die Mitglieder solcher Kommandos würden sich aus Sicherheitsgründen einzeln und auf unterschiedlichen Wegen zurückziehen und sich erst später in einer nahen Gemeinde versammeln, hat Ewald Luchsinger bei eigenen Ermittlungen in der Gegend erfahren. Córdoba war wegen der Schussverletzung wohl zurückgeblieben und man habe sein Fehlen erst zu spät bemerkt. Es habe noch zwei weitere Verletzte gegeben, hat Ewald Luchsinger erfahren. Aber die seien wohl nicht so schwer getroffen worden.

Der Tod des Ehepaars Luchsinger-Mackay schlug in Chile solche Wellen, dass wenige Tage später der damalige rechte Präsident Sebastián Piñera in die nahe gelegene Provinzhauptstadt Temuco flog und dort versprach, er werde gegen den Verhafteten die immer noch geltenden Antiterrorgesetze der Militärdiktatur anwenden lassen. Die sehen vor einer Gerichtsverhandlung eine endlos verlängerbare Untersuchungshaft und im Urteil das doppelte Strafmaß vor. Obwohl nicht nachgewiesen werden konnte, ob und wie Córdoba an dem Überfall beteiligt war – der Angeklagte schwieg bei der Gerichtsverhandlung –, wurde er ein Jahr später zu achtzehn Jahren Haft verurteilt. Mapuche-Organisationen sagen, er habe mit den Tod des alten Ehepaars nichts zu tun.

Im Nachhinein erscheint es fast so, als sei ein Anschlag auf Werner Luchsingers Gut in dieser Nacht in der Luft gelegen. Genau fünf Jahre zuvor, am 3. Januar 2008, war dort der zweiundzwanzigjährige Student Matias Catrileo erschossen worden. Er war an einer Besetzung beteiligt, bei der Mapuche die Rückgabe von Land verlangten. Bei der Räumung wurde er von dem Polizisten Walter Ramírez hinterrücks erschossen. Ramírez wurde danach zwar verhaftet und wegen »ungerechtfertigter Gewalt mit Todesfolge« zu drei Jahren Haft auf Bewährung verurteilt, danach aber wieder in den Polizeidienst aufgenommen. Am Vorabend des nächtlichen Brandanschlags, dem fünften Todestag von Catrileo, hatte es in den Mapuche-Gemeinden der Gegend Demonstrationen und Mahnwachen gegeben. In den folgenden vier Nächten kam es zu weiteren fünf Brandanschlägen, die jedoch ohne Todesopfer blieben.

Armutsmigranten aus der Schweiz

Die Familie Luchsinger war am 3. Dezember 1883 nach Chile gekommen. Sebastian Luchsinger aus Engi im Kanton Glarus hatte am 23. Oktober 1883 bei einer in Basel ansässigen Anwerbeagentur der chilenischen Regierung einen Vertrag unterschrieben. Der sicherte ihm und seiner Familie eine Schiffspassage von Bordeaux zum Hafen Talcahuano bei Concepción zu, mit »guten Betten, gutem Essen etc.«, dazu »vollkommen gratis mehr oder weniger hundert Acres gutes Land für Getreide für das Familienoberhaupt und zusätzlich mehr oder weniger vierzig Acres für jeden Sohn über zehn Jahre«. Umgerechnet sind das gut 40 Hektar allein für das Familienoberhaupt. Die Luchsingers sollten freie Unterkunft »von der Einschiffung bis zur Landübergabe« und dazu ein tägliches Taschengeld von zehn britischen Pence für den Vater und sechs Pence für jedes weitere Familienmitglied erhalten. Für das erste Jahr, in dem noch keine Ernte zu erwarten war, wurde ein monatliches Familiengehalt von drei Pfund pro Monat vereinbart, medizinische Behandlungen samt der nötigen Medikamente sollte es zwei Jahre lang umsonst geben. Dazu »dreihundert Bretter und Balken nebst Nägeln und notwendigem Werkzeug als Baumaterial, ein Joch Ochsen, Saatgut etc., um das Land zu bebauen«.

Die Kosten für die Überfahrt, das Baumaterial, Werkzeug und Saatgut mussten später in fünf jährlichen Raten zurückerstattet werden, wobei die erste Rate erst am Ende des vierten Jahres fällig wurde. Bis dahin mussten ein Haus gebaut und mindestens 10 Hektar Land eingezäunt sein, dann wurde das geschenkte Land endgültig auf den Namen des Siedlers überschrieben.

Für einen armen Mann wie Sebastian Luchsinger, der in der Schweiz seine Familie mehr schlecht als recht ernähren konnte, war dies ein verlockendes Angebot. Heute würde man die Luchsingers Armutsmigranten nennen. So reiste Sebastian (damals 42 Jahre alt) mit seiner Frau Barbara (43), den Töchtern Magdalena (20), Regula (17), Barbara (14) und Elisabeth (9) und den Söhnen Melchior (19), Adam (15), Sebastian (11), Heinrich (7) und Jakob (5) nach Bordeaux und schiffte sich ein.

Die Überfahrt von Bordeaux nach Talcahuano dauerte damals fünfunddreißig Tage. Die chilenische Regierung hatte dafür mit der britischen Reederei Pacific Steam Navigation Company mit Sitz in Valparaíso einen Exklusivvertrag abgeschlossen; alle paar Wochen brachten deren Schiffe eine neue Gruppe von Siedlern ins Land. Zur Anwerbung hatte Chile in Paris eine Generalagentur für die Kolonisierung des Südens eröffnet, mit Unteragenturen im spanischen San Sebastián, im französischen Bordeaux und im schweizerischen Basel, Fribourg und Genf. Der erste Siedlertransport mit Spaniern, Franzosen und drei Italienern erreichte im September 1883 den Hafen von Talcahuano. Schon das zweite Schiff, die »Araucanía«, brachte am 21. Oktober 1883 die ersten Schweizer ins Land. Die Luchsingers kamen mit dem dritten, der »Aconcagua«, am 3. Dezember 1883 an.

Sie wurden zunächst in Concepción für ein paar Tage in einer Militärkaserne untergebracht, dann ging es mit dem Zug weiter nach Angol im Landesinneren. Nach ein paar weiteren Tagen in einer Kaserne wurde die Familie im Ochsenkarren in das Dorf Quechereguas gebracht. Dort bekam sie 74 Hektar Land.

Als vier Jahre später der Pfarrer François Grin aus Fribourg Schweizer Siedler in dieser Gegend besuchte, war er beeindruckt vom Gut der Luchsingers. In seinem Bericht heißt es: »Die Ländereien von Luchsinger sind immens. Weil ein tief eingeschnittener Fluss durch das Gelände geht, hat man ihm ein paar Hektar mehr gegeben. ›Alle Hügel, die ihr seht und die jetzt mit Weizen bestanden sind, waren vor drei Jahren noch ein einziger Wald‹, erzählt uns dieser Siedler. ›Ein so großes Stück Land urbar zu machen, hat viel Arbeit gekostet. Die ersten Jahre waren hart und erst jetzt beginnen wir langsam durchzuatmen.‹ Mit Überraschung sehe ich auf der gegenüberliegenden Seite einen kleinen Rebberg, der vor zwei Jahren angelegt worden ist. Luchsinger ist stolz auf seinen Erfolg und zeigt gerne die Stärke dieser jungen Weinstöcke, die bereits die ersten Trauben haben.«

Sebastian Luchsinger erfüllte die Auflagen seines Siedlervertrags ohne Probleme. Mit dem Dekret 1465 vom 1. Dezember 1893 wurde er nach chilenischem Recht endgültig rechtmäßiger Besitzer des ihm übertragenen Landes.

Die schweizerische Einwanderungswelle dauerte von Ende 1883 bis 1890. In dieser Zeit wurden 22 708 Ankömmlinge aus der Schweiz registriert. Sie wurden ausnahmslos in der Provinz Araucanía angesiedelt. Ein Schweizer Landgut grenzte damals ans andere, ein Teil der Immigranten ließ sich aber auch als Handwerker in den Städten nieder. Die Regierung verfolgte mit der Anwerbung von Europäern verschiedene Ziele. Zum einen sollte die Region landwirtschaftlich erschlossen werden. Chile hatte sich erst kurz zuvor die Salpeterregion in der Atacama-Wüste im Norden einverleibt und stand nun vor dem Problem, sie auch mit Lebensmitteln zu versorgen. Gleichzeitig herrschte an der Küste Kaliforniens ein Goldrausch und die Händler in Valparaíso träumten davon, auch die dort neu entstehenden Städte mit Weizen zu versorgen. Vor allem Schweizer und Deutsche waren damals als Siedler willkommen. Sie hatten den Ruf, fleißig, diszipliniert und effizient zu sein; sie sollten den als eher faul geltenden Chilenen spanischer Abstammung ein Vorbild sein.

Vor dieser von der Regierung geförderten Einwanderung von Armutsmigranten gab es nur wenige Schweizer in Chile. In der ersten Hälfte des 19. Jahrhunderts hatten sich ein paar Kaufleute im Handelshafen von Valparaíso angesiedelt, in den Jahren 1845 bis 1870 kamen – unabhängig von Anwerbeagenturen – ein paar Hundert Kleingewerbetreibende und Bauern, um an der Kolonisierung des Südens teilzunehmen. 1876 versuchte eine Gruppe von siebzig Schweizer Familien unter der Leitung von Albert Conus aus Fribourg, sich ganz im Süden in der Magellanes-Provinz niederzulassen. Die Expedition war schlecht vorbereitet. Das Siedlungsprojekt scheiterte an den widrigen klimatischen Bedingungen und an mangelnder staatlicher Unterstützung. Die meisten Siedler zogen weiter in den Norden und gingen später in der ab 1883 entstehenden Schweizer Kolonie in der Provinz Araucanía auf.

Heute leben rund dreihundertfünfzigtausend Nachfahren schweizerischer Einwanderer in Chile. Rund zweihundertfünfzigtausend von ihnen stammen direkt von den zwischen 1883 und 1890 staatlich angeworbenen Siedlern ab. Die weiteren rund hunderttausend sind Kinder, Enkel und Großenkel von Schweizern, die in den unruhigen und wirtschaftlich schwierigen Jahren während des Ersten und Zweiten Weltkriegs nach Chile kamen. Die meisten von ihnen besitzen neben dem chilenischen noch immer den Schweizer Pass, obwohl nur noch rund jeder zehnte Deutsch oder gar Schweizerdeutsch sprechen kann. Die größte Konzentration von schweizstämmigen Chilenen findet sich nach wie vor in der Provinz Araucanía. In deren Hauptstadt Temuco unterhält die Schweizer Botschaft in Chile seit 2008 ein eigenes Konsulat.

Mapuche, Spanier und die Chilenen

Bevor der erste Schweizer nach Araukanien kam, waren die Mapuche schon länger als zweitausend Jahre dort. Wann und von woher diese Volksgruppe ins Zentrum und den Süden des heutigen

Chile eingewandert ist, liegt im Dunkeln der Geschichte. Es gibt Ethnologen, die glauben, sie seien aus Argentinien über die Anden gekommen; andere gehen davon aus, dass die wenigen heute im Süden von Argentinien lebenden Mapuche erst später dorthin gekommen sind; sie seien vor den Spaniern aus Chile nach Osten über die Berge geflohen. Die frühesten archäologischen Funde, die im Süden Chiles auf die Kultur der Mapuche hinweisen, stammen aus dem 5. und 6. Jahrhundert v. u. Z. Als die Spanier nach der Unterwerfung des Inka-Reichs im heutigen Peru im Jahr 1535 weiter nach Süden vordrangen, lebte dort rund eine Million Menschen. Gut die Hälfte von ihnen gehörte zu drei eng miteinander verwandten Volksgruppen, die alle Mapundungun sprachen: Bis gut zweihundert Kilometer nördlich der heutigen Hauptstadt Santiago lebten die Picunche, weiter im Süden zwischen dem Río Bío-Bío und dem Río Toltén die Mapuche und noch weiter im Süden die Huilliche. Der Oberbegriff Mapuche für alle drei Volksgruppen hat sich erst später eingebürgert. Er kommt aus der Sprache Mapundungun und bedeutet Menschen (che) der Erde (mapu).

Die Mapuche waren Nomaden, kleine und eher gedrungene Menschen mit pechschwarzem struppigem Haar. Sie waren in Familienverbänden von selten mehr als hundert Mitgliedern organisiert und kannten keine Zentralgewalt. Nur zu Verteidigungszwecken schlossen sich mehrere solcher Verbände zusammen. An der Küste lebten sie vom Fischfang und von Algen. Sie hatten Boote mit bis zu dreißig Ruderern und fingen auch Seelöwen, um deren Fell zu nutzen. Im Landesinneren gingen sie auf die Jagd nach Pumas, Lamas und Guanacos, kleinen und grazilen Verwandten der Lamas. Sie hatten dafür abgerichtete Jagdhunde. Im 16. Jahrhundert waren sie gerade dabei, das Jäger- und Sammlerdasein langsam hinter sich zu lassen. Sie hatten Guanacos domestiziert und bauten gelegentlich Kartoffeln an. Wichtigstes Lebensmittel aller Mapuche aber war der Samen der Araukanie, eines hohen Nadelbaums in den damals noch ausgedehnten Wäldern ihres Siedlungsgebiets. Sie sammelten die Samen im Frühjahr und Herbst und wussten eine ganze Palette von Speisen daraus zuzubereiten.

Sie lebten in Rukas, einer Art Laubhütten, die sie einfach stehen ließen, wenn sie weiterzogen.

Die Mapuche lebten im Einklang mit der Natur. Sie verstanden die Welt nicht als etwas ihnen Fremdes, das man sich untertan machen muss, sondern sich selbst als Teil dieser Welt. »Die Alten sagen uns, dass wir, bevor wir einen Baum fällen, den Berg um Erlaubnis fragen müssen, und dass wir, bevor wir trinken, das Wasser um Erlaubnis fragen müssen.« So zitiert eine Studie der staatlichen Universität von Temuco einen alten Mapuche, der Lonko in seiner Gemeinde war. Der Lonko ist so etwas wie der Älteste eines Familienverbandes, geistlicher und politischer Führer zugleich. Ihm zur Seite steht die Machi, eine Art Schamanin, Heilerin und Hebamme, über die das Wissen über die Wirkung von Kräutern und Räucherwerk weitergegeben wird. Die Machi muss nicht zwingend eine Frau des Lonko sein. Ohnehin sind ihre Familienstrukturen nicht am westlichen Muster orientiert: Polygamie ist gang und gäbe. Traditionell bleiben die Söhne im Großfamilienverband, die Töchter heiraten in andere Verbände ein.

Die Inka konnten bei ihrem Versuch, ihr Reich in den Süden auszudehnen, die Mapuche nicht bezwingen. Weiter als bis zum Bío-Bío-Fluss sind sie nie vorgestoßen. Sie waren vor allem an den Gold- und Silberminen im Hinterland nördlich des heutigen Santiago interessiert und schafften es auch, sich dort festzusetzen. Die befestigte Inka-Straße mit ihren Versorgungsstationen aber reichte nie weiter als bis in die Gegend von Santiago. Die vorwiegend an der Küste lebenden Picunche gehörten so verwaltungstechnisch zwar zum Inka-Reich, lebten aber weiterhin meist ungestört ihr traditionelles Leben. Auch ein letzter Versuch des Inka Huayna Cápac (1493–1527), die Mapuche mit einem Feldzug gewaltsam zu unterwerfen, scheiterte an deren Widerstand.

Auch die Spanier, die nach der Eroberung der Inka-Hauptstadt Cuzco im Jahr 1533 dachten, sie könnten den Süden im Handstreich gleich mitnehmen, kamen nie weiter als bis zum Bío-Bío-Fluss. Einen ersten Versuch der Unterwerfung unternahm Diego de Almagro, ein Offizier des Eroberers Francisco Pizarro. Am

3. Juli 1535 brach er mit seinem Heer auf der Suche nach neuen Goldlagern in Cuzco auf und erreichte ein knappes Jahr später die Gegend um die heutige Stadt Copiapó. Er traf nicht, wie er es erwartet hatte, auf eine Hochkultur wie bei den Inka, sondern nur auf kleine Ansammlungen von Laubhütten. Deren Bewohner aber wehrten sich erbittert mit Steinschleudern, Lanzen und Äxten. Nach vielen Scharmützeln entschloss sich Almagro im August 1536 zum Rückzug.

Als Pedro de Valdivia dann 1540 einen zweiten Eroberungszug von Cuzco aus in den Süden unternahm, wusste er, was ihn erwartete. Er ging Schlachten aus dem Weg, rückte schnell bis ins heutige Zentralchile vor und gründete dort am 12. Februar 1541 Santiago. Ein halbes Jahr später wurde die Stadt bei einem Gegenangriff der Mapuche fast vollständig zerstört, konnte sich aber halten. Valdivia gelang es schließlich, die seit der Inka-Zeit an fremde Verwaltung gewohnten Picunche zu unterwerfen. In den folgenden Jahren gründete Valdivia weitere Städte – Valparaíso etwa und La Serena – und versuchte dann ab 1546, weiter in den Süden vorzudringen. Er überschritt den Bío-Bío, gründete weitere Städte und Festungen, die aber schnell allesamt wieder verloren gingen. Valdivia wurde 1553 von den Mapuche gefangen genommen und kurz darauf getötet.

Das Erfolgsrezept der Mapuche war denkbar einfach; man nennt es heute Guerillakrieg. Die Spanier trafen auf keine Städte, die sie hätten erobern können, auf kein ordentliches Heer als Gegner für eine Feldschlacht und auch nicht auf einen König, den man hätte gefangen nehmen können. Mit ihren Pferden kamen sie in den ausgedehnten Wäldern des Südens nur schwer voran und trafen dabei auf eine unüberschaubare Zahl von autonomen Kampfverbänden. Selbst wenn sie eine dieser Gruppen geschlagen hatten – es stand sofort die nächste bereit.

Dieser Kleinkrieg dauerte noch Jahrzehnte an, bis sich die Spanier 1641 im Frieden von Quilín mit den Mapuche auf den Río Bío-Bío als Grenze einigten. Einzig die seit 1640 wiederbesiedelte Stadt Valdivia und die Insel Chiloé wurden an das spanische Kolonialreich abgetreten. Zwar gab es zunächst noch einzelne Überfälle der Mapuche über die Grenze, das ganze 18. Jahrhundert aber lebten Spanier und Indígenas friedlich nebeneinander, respektierten den Bío-Bío und trafen sich regelmäßig zu sogenannten *parlamentos*: ritualisierte Zeremonien mit großen Festessen und dem Austausch von Geschenken. Ende des 18. Jahrhunderts eröffneten die Mapuche sogar eine diplomatische Vertretung in Santiago und entsandten einen Botschafter.

Das friedliche Seit-an-Seit-Leben mit den Spaniern hat die Kultur der Mapuche verändert. Sie trieben regen Handel mit den Nachbarn, verkauften vor allem Stoffe, Leder und Felle. Sie widmeten sich der Viehzucht und dem Ackerbau und wurden mehr und mehr sesshaft. Die Funktion des Lonko wurde erblich, es gab Zusammenschlüsse von mehreren Großfamiliengruppen und so etwas wie die Anfänge einer Verwaltung. Als Chile 1818 nach acht Jahren politischer Wirren und Befreiungskriegen seine Unabhängigkeit von Spanien erklärte, waren die Mapuche in einem Übergangsstadium vom nomadischen Leben zu einer agrarisch geprägten Gesellschaft.

Nach dem Vorbild von Caracas und Buenos Aires hatte sich in Santiago am 18. September 1810 eine Regierungsjunta aus wohlhabenden Bürgern gegründet, allerdings nicht mit dem klaren Ziel der Unabhängigkeit. Anders als die Freiheitskämpfer in den anderen lateinamerikanischen Großstädten waren die Chilenen zunächst noch unentschieden, ob sie die endgültige Loslösung von Spanien wollten oder nur mehr Autonomie. Von 1813 an führten die Getreuen der Krone von Spanien einen Gegenfeldzug, ausgehend von Valdivia und Chiloé, ihren Enklaven im Gebiet der Mapuche. Die Mapuche standen dabei auf der Seite der Königstreuen. Mit den Spaniern hatten sie weit über hundert Jahre in friedlicher Nachbarschaft gelebt, sie hatten Verträge und eine von beiden Seiten respektierte Grenze. Was sie von den Chilenen zu erwarten hatten, wussten sie nicht.

Das Heer der Regierungsjunta von Santiago konnte unter der Führung von Bernardo O'Higgins die Spanier zunächst zwar aufhalten, verlor dann aber im Oktober 1814 die Schlacht bei Roncagua und floh über die Anden nach Mendoza. Der zurückgebliebene Rechtsanwalt und Revolutionär Manuel Rodríguez aber sammelte eine kleine Guerillatruppe um sich, schwächte das spanische Heer in unzähligen Überraschungsangriffen und Hinterhalten und bereitete so den Boden für die Rückkehr von O'Higgins vor. Der baute derweil zusammen mit dem argentinischen General und Freiheitshelden José de San Martín die sogenannte Andenarmee zur Befreiung Chiles auf. Anfang 1817 zogen San Martín und O'Higgins mit ihrem Heer über die Anden und schlugen die Royalisten am 12. Februar wenige Kilometer nördlich von Santiago in der Schlacht von Chacabuco vernichtend.

Die Chilenen boten zunächst dem Argentinier San Martín die Präsidentschaft an. Er aber lehnte ab und so wurde ersatzweise Bernardo O'Higgins ins höchste Staatsamt bestellt. Der rief dann am ersten Jahrestag der Entscheidungsschlacht am 12. Februar 1818 die Unabhängigkeit aus. Zwar versuchten die Königstreuen noch einmal die Hauptstadt zurückzuerobern, wurden aber am 5. April 1818 bei Maipú – heute ein Vorort von Santiago – zurückgeschlagen. Die Garnison auf Chiloé hielt im Schutz der Mapuche am längsten die Treue zu Spanien. Die dortigen Soldaten legten erst im Januar 1826 als letzte Royalisten die Waffen nieder.

In den Augen der neuen Regierung in Santiago aber gehörte nicht nur Chiloé, sondern der gesamte Süden bis hinunter nach Feuerland zum nun unabhängigen Chile. O'Higgins hatte bereits 1819 alle dort lebenden Menschen per Dekret zu chilenischen Staatsbürgern erklärt. Die Mapuche wurden erst gar nicht gefragt, ob sie denn das auch wollten. Die Verträge über die Grenze am Bío-Bío, die sie mit den Spaniern abgeschlossen hatten, interessierten die neuen Herren in Santiago nicht.

Zunächst freilich waren die proklamierten Staatsgrenzen des unabhängigen Chile bares Wunschdenken. In der Realität änderte sich für die Mapuche zunächst nichts. 1823 fand in der Gemeinde Yumbel sogar noch einmal eines dieser *parlamento* genannten diplomatischen Feste statt, bei dem der Bío-Bío als Grenze bestätigt wurde. Ab den 1840er-Jahren aber wurde das Mapuche-Gebiet von Chile bewusst unterwandert.

Es war der deutsche Naturforscher Bernhard Philippi, der den ersten Kolonisierungsplan für den Süden ausgearbeitet und damit die Regierung überzeugt hat. Man wusste inzwischen, dass es dort große Kohlelager gab, und so war die Gegend auch wirtschaftlich interessant. 1845 erließ Präsident Manuel Bulnes ein Kolonisierungsgesetz und ermächtige Philippi, ab 1848 als offizieller chilenischer Einwanderungsagent, dreitausend Deutsche anzuwerben. Und weil Zentralchile seit der Kolonialzeit innerhalb der nun unabhängigen chilenischen Elite der Großgrundbesitzer aufgeteilt war, sollten sie ausschließlich im Mapuche-Gebiet im Süden angesiedelt werden.

Schon mit der Ankunft der ersten Siedler kam es zu gewalttätigen Auseinandersetzungen mit den Ureinwohnern. So wurde 1859 im chilenischen Parlament zum ersten Mal über ein Vorhaben diskutiert, das bis heute in der offiziellen Geschichtsschreibung »die Befriedung von Araukanien« genannt wird, tatsächlich aber ein geplanter Völkermord war. Seit 1862 schob die chilenische Armee befestigte Vorposten immer weiter ins Mapuche-Land vor. 1866 wurde alles Land dort zu Staatsland erklärt, für das nicht eine mindestens einjährige kontinuierliche und effektive Nutzung nachgewiesen werden konnte. Abgesehen davon, dass die Mapuche keinen Anlass sahen, diesen Nachweis zu erbringen – sie hätten es als noch immer halbe Nomaden auch nicht gekonnt. Zudem kennen die Mapuche keinen persönlichen Landbesitz. Der Boden gehört nach ihrer Vorstellung allen und niemandem.

Ab 1869 arteten die Scharmützel zwischen Siedlern und Armeeposten auf der einen und den Mapuche auf der anderen Seite in einen regelrechten Vernichtungsfeldzug des chilenischen Heeres aus, der nur durch den Salpeterkrieg von 1879 bis 1884 unterbrochen wurde. Diese Ablenkung der Armee durch ihr Engagement im Norden nutzten die Mapuche 1881 zu einer letzten großen Volkserhebung, die dann um so blutiger niedergeschlagen wurde: Dörfer wurden niedergebrannt, Frauen vergewaltigt, Kinder geraubt. Die Mapuche flohen Hals über Kopf in die Hochlagen der Anden, nur ein paar Krieger blieben zurück. Als Ende dieser »Befriedung« gilt die Neugründung von Villarica im Jahr 1883. Die Stadt war schon einmal von den Spaniern gegründet, 1554 aber unter dem Ansturm der Mapuche aufgegeben worden.

Von vorher rund einer Million Mapuche waren nach diesem Völkermord nur noch hunderttausend am Leben. Sie wurden in Reservate gepfercht, die zusammengenommen gerade noch knapp eine halbe Million Hektar groß waren. Vorher lebten sie auf einer Fläche, die mehr als zehnmal so groß war. Die Halbnomaden wurden unter Zwang sesshaft gemacht und sollten dabei so wenig Land besitzen, dass ein Großteil von ihnen gezwungen war, sich als Lohnarbeiter auf den neu entstehenden großen Gütern zu verdingen. Denn der Boden, der den Mapuche in diesem Krieg geraubt worden war, wurde entweder an in Europa angeworbene Siedler übergeben oder in Santiago versteigert. Den Erlös dieser Versteigerungen bekamen selbstredend nicht die Mapuche, er floss in die Staatskasse.

Die Eroberung des Südens hatte letztlich das Ziel, die Salpetergebiete im Norden mit Lebensmitteln zu versorgen und die Überschüsse von Weizen und Mehl in die USA und nach Europa zu exportieren. Der Krieg gegen die Mapuche war so gesehen die gewaltsame Eingliederung eines indigenen Gebiets in globale kapitalistische Verwertungsketten.

Der dafür begangene Völkermord wird bis heute geleugnet. Nach der offiziellen Geschichtsklitterung gab es bei der »Befriedung von Araukanien« keine Toten; Siedler, Soldaten und Mapuche lebten danach von Anfang an friedlich beieinander. Ein Denkmal auf dem zentralen Platz in der Provinzhauptstadt Temuco feiert noch heute diese damals angeblich entstandene neue Kultur des friedlichen Zusammenlebens und gegenseitigen Befruchtens. Da stehen, pyramidenförmig aufgebaut, ganz oben eine Machi in religiöser Verzückung, eine Stufe tiefer ein chilenischer Soldat und ganz unten ein spanischer Ritter, ein Mapuche-Krieger und ein säender Siedler mit europäischen Gesichtszügen. Auch die

Schweizer Einwanderer pflegen das Trugbild eines harmonischen Zusammentreffens. Auf der Plaza Suiza hat der Schweizer Club von Temuco 2007 eine Gedenktafel anbringen lassen, auf der die Nachkommen der Einwanderer ihr »Verschmelzen mit chilenischen Siedlern und dem tapferen Volk der Mapuche« feiern.

Es erscheint fast zynisch, dass das epische Gedicht *La Araucana*, das der Spanier Alonso de Ercilla in der zweite Hälfte des 16. Jahrhunderts geschrieben hat, zu so etwas wie dem Nationalepos des unabhängigen Chile wurde. Ercilla hatte am gescheiterten Eroberungszug von Pedro de Valdivia teilgenommen und beschreibt in vielen Strophen die Aufrichtigkeit und Tapferkeit der Mapuche. Die dabei erwähnten Heerführer Lautaro, Fresia, Colo Colo und Caupolicán wurden zu Volkshelden des neuen Chile verklärt. Colo Colo wurde 1925 zum Namensgeber eines der beliebtesten und besten Fußballclubs des Landes. Seine Anhänger feuern die Mannschaft mit dem Schlachtruf an: »Colo Colo ist Chile!« Und ganz besonders absurd: Die Armee bezieht sich bis heute auf eine angebliche Tradition, die zurück zu den Mapuche reiche; die chilenischen Soldaten von heute seien genauso unbeugsam und unbesiegbar wie dieses Volk.

Die Deutschen kommen

Die in Europa angeworbenen Siedler sollten nach der militärischen Eroberung des Südens das Land urbar und möglichst schnell produktiv zu machen. Zudem sollten sie es gegen eventuelle Rückeroberungsversuche der Mapuche absichern. Als die erste größere Siedlergruppe kam, herrschten dort, wo sie leben sollte, noch die Mapuche. Es waren sechshundert Deutsche, die Bernhard Philippi, der Kolonisationsbeauftragte der Regierung in Santiago, Ende 1848 angeworben hatte. Er sollte katholische Bauern- und Handwerkerfamilien bringen, dazu zwei Priester, zwei Lehrer und einen Arzt. Die Bedingungen waren ähnlich günstig wie die der Schweizer eine Generation später. Philippi erfüllte den Auftrag bis auf einen Punkt: Er brachte fast ausschließlich Protestanten und also waren auch keine katholischen Priester nötig. Sie wurden südlich des Kerngebiets der Mapuche angesiedelt, in der Gegend zwischen den Städten Valdivia, Osorno und Puerto Montt.

Vorher, schon im Jahr 1540, hatte der Nürnberger Schreiner Barthelmäs Blumenthal als erster urkundlich erwähnter Deutscher Chile gesehen. Er war Händler in der Karibik gewesen, hatte dort seinen Namen ins spanische Bartolomé Flores geändert und nahm dann als Kleinfinancier am Eroberungsfeldzug von Pedro de Valdivia teil. Blumenthal zog aber nicht mit den Spaniern ins Mapuche-Gebiet, sondern siedelte sich in dem Städtchen Talagante vor den Toren Santiagos an und blieb dort bis zu seinem Tod.

Während der Kolonialzeit gab es nur sehr wenige Deutsche im Land. Erst nach der Unabhängigkeit von 1818 kamen etliche deutsche Kaufleute in die Hafenstadt Valparaíso; dort wurde 1838 der Deutsche Verein gegründet. Die von Philippi gebrachten Siedler prägten dann vor allem den Süden des Landes, nicht nur in der Architektur. 1851 gründete Carl Anwandter aus Luckenwalde im damaligen Preußen in Valdivia die erste Brauerei Chiles. Er war damit so erfolgreich, dass er als Sponsor der Stadt 1852 die bis heute bestehende Freiwillige Feuerwehr Germania aufbaute und 1858 die erste deutsche Schule Chiles eröffnete. Es gibt sie noch heute; sie heißt Instituto Alemán Carlos Anwandter.

Erst nach der Unterwerfung der Mapuche wurden Deutsche in ihrem Kerngebiet angesiedelt. Ähnlich wie bei den Schweizern legte die Regierung in Santiago Wert darauf, dass Familien, die aus derselben Gegend stammten, auch in ihrer neuen Heimat zusammenblieben. So entstanden rund um die Stadt Temuco neue, rein schweizerische und rein deutsche Siedlungen. Die Stadt selbst mit heute rund dreihunderttausend Einwohnern ist von beiden Landsmannschaften gleichermaßen geprägt. Die erfolgreichen Siedler schickten ihre Söhne zum Studieren nach Santiago, und die gründeten dort schon 1896 die Burschenschaft Araucanía, die erste deutsche Studentenverbindung in Lateinamerika.

Auch das Militär wurde von Deutschen geprägt. Nach dem Salpeterkrieg holte die chilenische Regierung Militärberater aus

Preußen ins Land. Der preußische Offizier Emil Körner war sogar von 1900 bis 1910 Chefkommandant des chilenischen Heers. Heute sind viele Straßen nach ihm benannt. Körner schuf für die vorher chaotisch organisierte Armee neue Strukturen und Befehlsketten, die bis in die Gegenwart bestehen. Auch das Mausgrau der preußischen Uniformen haben die Militärs übernommen, und noch heute verwenden sie bei Zeremonien die preußische Pickelhaube und den preußischen Stahlhelm.

Auch Nazis gab es zuhauf in Chile. 1931 gründeten rund tausend Deutschstämmige eine NSDAP-Auslandsorganisation. Zwei Jahre später, nach der Machtübernahme Adolf Hitlers, setzte dann eine andere Einwanderungswelle ein: Bis 1941 gelangten rund fünfzehntausend deutsche Juden auf ihrer Flucht nach Chile. Sie ließen sich vor allem in den großen Städten im Zentrum des Landes nieder. Ihnen folgten nach der deutschen Niederlage im Zweiten Weltkrieg wiederum viele Nazis auf der Flucht vor den Besatzungsmächten. Sie suchten vor allem die Nähe der früheren deutschen Einwanderer im Süden des Landes.

Die Kolonie der Folter

Dieses Umfeld war ideal für den evangelikalen Prediger Paul Schäfer, der 1961 zusammen mit einer kleinen Gruppe von Anhängern auf der Flucht vor einer Klage wegen sexuellen Missbrauchs von Minderjährigen nach Chile kam. Seiner Gemeinde hatte er »ein urchristliches Leben im gelobten Land« versprochen.

Schäfer war eine im Grund gescheiterte Existenz aus Troisdorf bei Bonn, der als junger Mann gerne am Zweiten Weltkrieg teilgenommen hätte. Weil er aber als Kind ein Auge verloren hatte und seither ein Glasauge trug, war er ausgemustert worden und brachte es nur zum freiwilligen Sanitätshelfer. Nach dem Krieg arbeitete er als Jugendpfleger bei einer Abspaltung der Evangelischen Kirche, wurde aber 1950 entlassen, weil es Klagen über Kindesmisshandlungen und sexuellen Missbrauch gegeben hatte. Eine Anzeige aber wurde damals nicht erstattet, die Vorfälle wurden zunächst unter den Teppich gekehrt.

Schäfer machte sich als Prediger selbständig und arbeitete mit einem Baptisten zusammen. Gemeinsam hielten die beiden Endzeitsermone und verunsicherten ihre Anhänger mit Schreckensszenarien von einer angeblich unmittelbar bevorstehenden gottlosen sowjetischen Invasion. Sie verlangten von den Mitgliedern ihrer Gemeinde zunächst nur den Zehnten, ließen sich später aber deren gesamtes Vermögen inklusive Erbschaften, Lebensversicherungen und Rentenansprüchen überschreiben. Sie bauten mit diesem Geld Gemeinschaftshäuser für ihre Anhänger und betrieben auch ein staatlich anerkanntes Jugendheim. Als dort weitere Fälle von sexuellem Missbrauch bekannt wurden und die Staatsanwaltschaft ermittelte, floh Schäfer nach Chile.

In den nächsten Monaten folgten ihm über zweihundert seiner Anhänger. Er baute in der Ortschaft Parral, rund 350 Kilometer südlich von Santiago, ein Landgut auf, das zunächst Sociedad Benefactora y Educacional Dignidad (Wohlfahrts- und Erziehungsgesellschaft Würde) hieß und später als Colonia Dignidad berühmt wurde.

Die Einrichtung begann als Erziehungsheim, seit 1966 wurde auch Landwirtschaft betrieben. Werbefilme von glücklichen Menschen vermittelten ein freundliches Bild nach außen: Die Männer arbeiten in der Landwirtschaft, Frauen und Mädchen sticken und stampfen Butter. Auch in der Nachbarschaft war die Kolonie zunächst beliebt, weil die Kinder dort umsonst zur Schule gehen konnten. Erst Mitte der 80er-Jahre wurden die wahren Zustände in der abgeschlossenen Gemeinschaft bekannt. Ein Mitglied floh nach Deutschland und berichtete vom Schreckensregime Schäfers. Eltern wurden von ihren Kindern getrennt und die wussten nicht, wer ihre Geschwister waren. Erwachsene und Kinder wurden nach Geschlechtern getrennt in unterschiedlichen Häusern untergebracht, sexuelle Beziehungen waren verboten. Nur Schäfer verging sich an den Jungen. Leistete ein Kind Widerstand, galt es als »besessen« und wurde von der Kolonieärztin mit Elektroschocks und Beruhigungsmitteln behandelt.

Trotz dieser Enthüllungen geschah lange nichts; Diktator Augusto Pinochet hielt seine schützende Hand über die Colonia Dignidad. Der Juraprofessor Jaime Guzmán, der im Auftrag Pinochets eine neue Verfassung für Chile schrieb, nutzte die abgeschiedene Einrichtung gerne für Seminare mit ultrarechten Ideologen, der Geheimdienst richtete dort ein geheimes Gefängnis und Folterlager ein. Der 2004 veröffentlichte Bericht der staatlich beauftragten und nach ihrem Vorsitzenden benannten Valech-Kommission über politische Gefangene und Folter während der Diktatur beschreibt, wie es dort zuging: Es gab kleine unterirdische Zellen, die lärmisoliert waren und in denen die Gefangenen – Männer wie Frauen – nackt auf ein Eisengitter geschnallt und mit Elektroschocks gequält wurden. Die Verhöre fanden über Mikrofon und Lautsprecher statt, die Folterknechte waren selbst nicht in der Zelle. Während der oft Stunden dauernden Sitzungen wurden große Ventilatoren eingeschaltet, die einen ohrenbetäubenden Lärm machten und die Zellen so herunterkühlten, dass die Gefolterten froren. Die Gefangenen wurden geschlagen, man entzog ihnen den Schlaf, sie waren lange in Isolierhaft. Viele wurden an Händen und Füßen aufgehängt, und auch das sogenannte Waterboarding, bei dem der Kopf bis kurz vor dem Erstickungstod unter Wasser gedrückt wird, war gängige Praxis. Es gab fingierte Erschießungen und Vergewaltigungen, begangen von Männern und von Hunden, die auf weibliche und männliche Sexualorgane abgerichtet waren. Die Colonia Dignidad war in dieser Zeit festungsartig ausgebaut, mit hohen Zäunen, Wachtürmen, Stolperfallen und bewaffneten Posten.

Auch die bundesdeutsche Regierung unterstützte die Kolonie. Der damalige bayerische Ministerpräsident Franz Josef Strauß hat das Folterlager Ende der 70er- und Anfang der 80er-Jahre mehrmals besucht, mit der Hilfe des Bundesnachrichtendienstes wurden auf dem Gelände Bunker, Tunnels, eine Landepiste und ein Krankenhaus gebaut. Offenbar fürchteten die deutschen Spione damals genauso wie ihre Kollegen vom US-Geheimdienst CIA einen kommunistischen Umsturz in Lateinamerika. Es wurden Teile für Schusswaffen hergestellt und es gab Pläne zur Produktion von chemischen und biologischen Waffen. Man dachte über Sarin-Bomben nach und erwog sogar, langfristig dort Atombomben zu bauen. Später wurden auf dem Gelände Container voller Waffen gefunden, bestens erhalten und gepflegt: Maschinenpistolen, Sturmgewehre, Granatwerfer samt Granaten, Munition, Sprengstoff und Bestandteile von chemischen Waffen. Auch Spielzeug für Geheimagenten war dabei, etwa Kugelschreiber, Spazierstöcke und Fotokameras, mit denen man schießen kann. Wer alles am Aufbau dieses Kriegsarsenals beteiligt war, ist letztlich nicht geklärt. Schäfers enge Zusammenarbeit mit Pinochets Geheimdiensten ist bekannt. Ihre Zusammenarbeit mit ausländischen Diensten ist wahrscheinlich, kann aber nicht belegt werden.

Die erste demokratisch gewählte Regierung nach der Diktatur entzog der Colonia Dignidad 1991 zwar die Gemeinnützigkeit und damit das Recht auf Steuerfreiheit. Es dauerte jedoch noch ein gutes Jahrzehnt, bis gegen Schäfer ermittelt wurde. Er setzte sich nach Argentinien ab, wurde dort aber im März 2005 verhaftet und an Chile ausgeliefert. Erst im Juni darauf wurde die Kolonie zur Beweissicherung durchsucht. Ein Jahr später wurde Schäfer wegen Verstoßes gegen das Kriegswaffenkontrollgesetz zu sieben Jahren Haft verurteilt und starb 2010 im Gefängnis.

Mit der Verhaftung Schäfers und auch seines Stellvertreters Gerd Seewald waren die Bewohner der Kolonie zwar das Joch ihrer Führer los, aber nur wenige kehrten zurück nach Deutschland. Die anderen entschuldigten sich 2006 in einem offenen Brief an die Regierung für Kindesmissbrauch und Folter, schoben aber alle Schuld auf Schäfer. Rund fünfhundert Koloniemitglieder wohnen noch heute auf dem Anwesen. Sie benannten es um in Villa Bavaria, betreiben Landwirtschaft auf den dazugehörenden 30 000 Hektar und haben ein Hotel und ein Restaurant für Feriengäste eröffnet.

Die zweite und dritte Landnahme

In der Gegend, in der heute die Villa Bavaria liegt, gab es bei der Ankunft Paul Schäfers schon lange keine Mapuche-Gemeinden mehr. Der Landraub war auch nach dem Vernichtungsfeldzug weitergegangen, sogar mitten in ihrem Kerngebiet rund um Temuco. Deutsche und schweizerische Siedler eigneten sich dort Stück für Stück Flächen aus den Reservaten an. Zum Teil machten sie den Lonko eines Reservats betrunken und luchsten ihm dann einen Kaufvertrag ab, andere kamen mit gefälschten Besitzurkunden und setzten ihre angeblichen Ansprüche dann – oft mithilfe der Polizei – mit Gewalt durch. So verlor das auf knapp eine halbe Million Hektar zusammengepferchte Volk noch einmal ein Drittel des ihm verbliebenen Bodens. Auch die Familie Luchsinger war an dieser zweiten Landnahme beteiligt.

Vater Sebastian hat irgendwann das ihm von der Regierung übertragene Landgut verkauft. Wann und unter welchen Umständen, das lässt sich heute nicht mehr rekonstruieren. Jedenfalls zog sein Sohn Adam 1906 in die Nähe des Städtchens Vilcún und kaufte dort von einem deutschen Siedler 60 Hektar Land. Adam und sein Sohn Konrad haben dieses Gut in den kommenden Jahren auf über 1200 Hektar erweitert.

Wie das vonstatten ging, hat der Mapuche Moisés Quidel aufgezeichnet. Sein Großvater hat es ihm so erzählt: »Erst war da Adam Luchsinger und dann Konrad. Damals war diese Gegend sehr arm, die Leute hatten nichts und es gab keine Zäune. Aber die Luchsingers hatten Geld und stellten Zäune auf, wo immer es ihnen beliebte. Danach kamen dann die Vermesser und haben das eingezäunte Land in Dokumente aufgenommen. Nach der Kolonisierung waren viele Mapuche bitterarm und hatten keine Tiere mehr. Selbst ihre Ernte und ihr Saatgut hatte man ihnen genommen, sie konnten nicht einmal mehr säen. Vor allem im November und Dezember gab es immer viel Hunger und viele Leute starben. Konrad Luchsinger aber hatte einen Kaufladen. Wer zu ihm kam, weil er Hunger hatte und Weizen suchte, den ließ er anschreiben. Als dann die Zeit des Bezahlens kam, ging er mit Polizisten von Siedlung zu Siedlung und sagte: Du schuldest mir soundso viel und wenn du kein Geld hast, bezahlst du mich mit Land. So machte er es in allen Gemeinden und verleibte sich mehr und mehr Boden ein.«

Die Güter der Luchsingers sind heute in einem weitverzweigten Familienclan aufgeteilt. Sie sind umgeben von zehn Mapuche-Gemeinden. Ein großer Teil des Familienbesitzes gehörte früher zu deren Reservaten. Nur einmal, während der Landreform in der Zeit der Linksregierung unter Salvador Allende, musste ein Enkel von Adam Luchsinger 56 Hektar an verschiedene Mapuche-Gemeinden zurückgeben. Er hat sie nach dem Militärputsch Pinochets wieder zurückbekommen.

Das Einpferchen in Reservate sollte die Mapuche zu sesshaften Kleinbauern auf Minifundien machen oder zu Landarbeitern auf den Gütern der Siedler. Ihre Kultur sollte darüber verloren gehen. Tatsächlich mussten sich viele als Lohnarbeiter verdingen – unter Bedingungen, die an Sklaverei erinnern. Aufmüpfigen Mapuche schnitten ihre Dienstherren einen Teil des Ohrs ab, um sie zu markieren. 1913 kam es in dem Städtchen Nuevo Imperial zu einem besonders krassen Fall: Ein Siedler markierte den Mapuche Juan Painemal mit dem Brandeisen für sein Vieh. Die Empörung darüber war so groß, dass der Vorfall Ausgangspunkt einer neuen Mapuche-Bewegung wurde.

Statt – wie von der Regierung in Santiago erwünscht – ihre Kultur zu verlieren und zu richtigen Chilenen zu werden, entwickelten sie eine Art Kultur des Widerstands. Sie besannen sich auf ihre Traditionen und Bräuche, halten bis heute an der in Chile gesetzeswidrigen Polygamie fest, trafen sich zu kultischen Zeremonien und pflegten wieder ihre eigene Sprache. Es gab Versammlungen von bis zu tausend Mapuche, sakrale Orte wurden zurückerobert, Überfälle und Brandanschläge auf Güter von Siedlern häuften sich. In den 1930er-Jahren wurde sogar einmal eine »República indígena« ausgerufen – was jedoch ein rein symbolischer Akt blieb und faktisch keine Folgen hatte.

In den drei Jahren der Unidad Popular (1970–1973) kam es dann zu einer regelrechten Welle gewaltsamer Landbesetzungen. Allerdings nicht nur durch Mapuche, sondern durch landlose Bauern im Allgemeinen. Die Linksregierung in Santiago unterstützte diese Aktionen, sah dabei in den Mapuche aber nur die ärmste und am stärksten diskriminierte Gruppe des unterdrückten Landproletariats. Als ethnische Minderheit mit kultureller Eigenart wurden sie nicht wahrgenommen. Immerhin erließ die Regierung ein Gesetz zur Erhaltung des Gemeinschaftsbesitzes in Mapuche-Gemeinden. Aber auch das hatte weniger mit der Rücksichtnahme auf alte Traditionen zu tun; es passte einfach in die Politik der Kollektivierung des Bodens.

In der Zeit der Pinochet-Diktatur wurde das alles wieder gewaltsam rückgängig gemacht. Mapuche-Führer verschwanden zu Dutzenden in den Gefängnissen des Geheimdienstes und sind nie wieder aufgetaucht. Per Gesetz wurde das kollektive Eigentum der Gemeinden 1979 in kleine private Parzellen aufgeteilt. Verarmte Mapuche wanderten zu Tausenden in die Städte ab und verkauften ihr Land. Andere wurden auf hergebrachte Art um ihren Grund und Boden betrogen. Die schon geschrumpfte Fläche der 1883 eingerichteten Reservate wurde so noch einmal rund 100 000 Hektar kleiner.

Selbst die Existenz der Mapuche wurde geleugnet. In der Ideologie der Militärherrscher gab es in Chile nur ein einziges homogenes Volk mit europäischen Wurzeln. Landwirtschaftsminister Alfonso Márquez de la Plata fasste diese Haltung 1978 in zwei knappen Sätzen zusammen: »In Chile gibt es keine Indígenas. Wir sind alle Chilenen.« Die Mapuche ließen sich davon nicht einschüchtern. Nach sechs Jahren der Friedhofsruhe nach dem Putsch löste das Gesetz über die Privatisierung von Gemeineigentum eine neue Welle von Demonstrationen aus, die durch eine zusätzliche neue Bedrohung noch verstärkt wurde: In den Jahren der Diktatur breiteten sich Forstbetriebe im ursprünglichen Mapuche-Land explosionsartig aus.

In den Jahrzehnten nach dem Eroberungskrieg Ende des 19. Jahrhunderts waren dort 4,6 Millionen Hektar Wald für die Landwirtschaft gerodet worden, mehr als dann tatsächlich bebaut wurde. Auf dem Brachland siedelten sich ab den 20er-Jahren erste kleine Forstbetriebe an. Sie pflanzten schnell wachsende Pinien, die vorher in dieser Gegend nicht üblich waren. Die dazugehörenden Sägereien waren keine Industrie-, sondern eher kleine Handwerksbetriebe. Pinochets Wirtschaftsberater aber wollten Forstwirtschaft im ganz großen Stil, um mit Zellulose und Papier auf dem Weltmarkt konkurrenzfähig zu sein. Ab Mitte der 70er-Jahre wurde die Holzindustrie staatlich gefördert. Sie fraß das Land viel schneller, als es die Siedler neunzig Jahre zuvor vermocht hätten. Und sie waren eine größere Bedrohung für die Mapuche.

Mit den Siedlern lagen die Ureinwohner zwar ständig im Streit. Irgendwie aber konnte man sich wenigstens immer auf Wegerechte einigen, sodass Mapuche-Land, das von landwirtschaftlichen Gütern umgeben war, trotzdem noch zugänglich blieb. Die großen Forstbetriebe waren da ganz andere Nachbarn. Die Besitzer wohnten in Santiago, vor Ort sah man nur lange, exakt gerade Reihen von Bäumen hinter hohen Zäunen und Türmen mit bewaffneten Wächtern. Mit denen ließ sich nicht über Wegerechte verhandeln. Neben Pinien wurde mehr und mehr der aus Australien stammende Eukalyptus angebaut. Die Bäume wachsen noch schneller, verbrauchen dabei aber so viel Wasser, dass die Brunnen der Mapuche-Gemeinden vertrockneten.

Innerhalb von zwei Jahrzehnten eigneten sich die Holzunternehmen 1,5 Millionen Hektar Land an. Allein die Branchenführer Mininco und Arauco – beide gehören zu chilenischen Unternehmensgruppen – herrschen zusammen über mehr als eine Million Hektar. Der größte Teil ihrer Plantagen liegt im ehemaligen Gebiet der Mapuche. 70 Prozent der Indígena-Gemeinden werden heute von Holzfirmen bedrängt.

Weiteres Land ging entlang des Bío-Bío-Flusses durch ein ganzes System von Staudämmen verloren. Die meisten wurden noch während der Militärdiktatur geplant und um die Jahrtausendwende gebaut, um dort aus Wasserkraft Strom zu gewinnen. Allein der Ralco-Stausee mit seinem hundertfünfzig Meter hohen Damm am oberen Bío-Bío hat beim Fluten 3400 Hektar Land verschluckt. Ein Dutzend Mapuche-Gemeinden wurden trotz zum Teil heftigen Widerstands umgesiedelt.

Vom Mapuche-Problem zum Mapuche-Konflikt

Wenn man von Santiago auf der Panamerikanischen Straße nach Süden fährt und die Plantagen mit Spalierobst und die endlosen Weingüter des Valle Central hinter sich gelassen hat, sieht man nach gut vierhundert Kilometern rund um die Stadt Chillán die ersten Vorboten der Holzwirtschaft: riesige Sägewerke und lange Güterzüge, beladen mit Stämmen. Die Häuser dieser Gegend sind fast ausschließlich aus Holz gebaut und erinnern ein bisschen an den Schwarzwald, die vorher ebene Landschaft wird langsam hügelig.

Rund fünfzig Kilometer weiter beginnen die ersten Plantagen; Baumschulen mit Setzlingen in Reih und Glied, noch jugendliche Pflanzungen mit fast exakt gleich hohen Pinien oder Eukalyptusbäumen und solche, die fast schon reif sind für die Ernte. Dazwischen immer wieder freie Flächen, auf denen das Holz schon geschlagen wurde. Im chilenischen Sommer wirken die älteren Eukalyptusplantagen wie verdorrt. Nur noch ganz unten am Stamm haben die Bäume die in der Sonne silbrig-grün glitzernden schlanken Blätter. Nach oben hin werden sie erst gelb und an der Spitze rostrot. Das ist kein Zeichen von Wassermangel, sondern eine Eigenart der hier angebauten Sorte: Dieser Eukalyptus trocknet im Alter von oben nach unten aus, am Ende bleibt nur der Stamm. Die Holzfirmen sparen so die Kosten des Entastens.

Fast zweihundert Kilometer geht es durch solche künstlichen Wälder. Ab und zu traben frei laufende Pferde zwischen den Baumreihen. Erst wenn man auf Temuco zufährt, werden die Holzplantagen mehr und mehr von Weiden und Weizen- und Kartoffelfeldern abgelöst.

Eine knappe Stunde vor der Provinzhauptstadt liegt ein paar Kilometer rechts von der Panamericana Traiguén. Das verschlafene Städtchen ist eingekreist von Holzplantagen und großen Landgütern und war einst ein Zentrum der Schweizer Siedler. Die Hauptstraße heißt noch immer Avenida Suiza und ein paar Villen zeugen vom einstigen Glanz. Die wohlhabenden Siedler aber sind längst weggezogen, in die Landhäuser auf ihren Gütern und in die dazugehörende Stadtwohnung im viel größeren und lebhafteren

Temuco. Die meisten Häuser in Traiguén sind aus Holz gebaut und in einem bedauernswerten Zustand. An jedem dritten hängt ein Schild: »Zu verkaufen«. Um die Mittagszeit bekommt man den Eindruck, der Ort sei nur von ein paar Alten und von Straßenkötern bewohnt. Einst lebten hier zwanzigtausend Menschen, doch seit Jahren ziehen jeden Monat ein paar weg. Traiguén ist eine der ärmsten Gemeinden Chiles. 90 Prozent seiner Einwohner sind Mapuche.

Ein schlichtes eingeschossiges Holzhaus in der Avenida Suiza ist der Sitz der Asociación Mapuche, der rechtlich als Verein organisierten Vertretung des Volks. Galvarino Raimán, einer der führenden Köpfe des Vereins, ist ein typischer Mapuche: klein, vielleicht ein Meter sechzig groß, mit olivbrauner Haut und pechschwarzem glattem Haar, dicht und störrisch. Er hat Lachfalten um die Augen und ist guter Dinge, trotz allem. Es gehe wieder aufwärts mit der Sache der Mapuche. »Hier gibt es noch die Machi, und der Lonko wird respektiert«, sagt er. Zu spirituellen Riten kämen bis zu tausend Menschen. »Wir hatten das schon fast verloren.« Es seien vor allem die jungen Leute, die die Kultur wieder aufleben ließen. Viele, die weggezogen waren in die Stadt, nach Temuco oder gleich nach Santiago, kämen nun zurück aufs Land. »Das alte Prinzip der gegenseitigen Hilfe lebt wieder auf, es gibt eine sich zurückbesinnende Erneuerung des Denkens und der Kultur. Selbstbestimmung wurde zu einem zentralen Begriff.«

Nach der Militärdiktatur hat der chilenische Staat zumindest die Existenz verschiedener Ethnien anerkannt – und damit auch die der Mapuche, die mit inzwischen wieder rund einer Million Menschen die bei weitem größte ethnische Minderheit Chiles sind. In keinem offiziellen Dokument aber ist von »indigenen Völkern« die Rede, denn das würde die Anerkennung verschiedener Nationen auf dem Staatsgebiet bedeuten.

Die vorsichtige Annäherung des Staats an das »Mapuche-Problem« begann 1993 mit einer Erklärung des ersten nach der Diktatur gewählten Präsidenten Patricio Aylwin, in der er eine »historische Schuld« gegenüber diesem Volk eingestand. Im selben Jahr verabschiedete das Parlament das sogenannte Indígena-Gesetz, in dem die Mapuche erstmals offiziell als Ethnie anerkannt wurden. Auf der Grundlage dieses Gesetzes wurde die Nationale Behörde für indigene Entwicklung (Corporación Nacional de Desarrollo Indígena, Conadi) geschaffen, die ein Mitspracherecht der Mapuche in allen sie betreffenden Belangen garantieren soll. Tatsächlich aber hatten die Regierungsvertreter im Conadi-Direktorium immer die Mehrheit und selbst ein Minderheitenvotum der Indígenas war nicht erwünscht. Als es zum Beispiel Ende der 90er-Jahre um die Baugenehmigung der Staudämme am oberen Río Bío-Bío ging und sich die indianischen Vertreter dagegen aussprachen, wurden sie vom damaligen Präsidenten Eduardo Frei entlassen und durch willfährige Nichtindigene ersetzt.

Wichtigste Aufgabe von Conadi ist die Rückgabe von Land an Mapuche-Gemeinden. Es ging dabei nie um das gesamte ursprüngliche Siedlungsgebiet, sondern nur um die Reservate von 1883, deren Fläche seither durch weiteren Landraub halbiert worden war. Juristisch ist das kein einfacher Vorgang: Die Siedler und die Holzbetriebe verfügen in der Regel über inzwischen rechtlich einwandfreie Besitzurkunden. Das Indígena-Gesetz sieht deshalb vor, dass Mapuche-Gemeinden ihr Land mit der Hilfe eines staatlichen Kreditprogramms einfach zurückkaufen können. Sie sind dabei jedoch auf verkaufswillige Besitzer angewiesen. Nur im Konfliktfall greift der Staat selbst ein, kauft das Land auf und übergibt es als Gemeineigentum den Mapuche. Die können es dann weder verpachten noch verkaufen.

Das Programm stand zunächst nur auf dem Papier, passiert ist lange nichts. »Wir haben unsere Rechte eingefordert, wurden aber meist nicht einmal zur Kenntnis genommen«, erzählt Galvarino Raimán. »Das führte zu Frustrationen und letztlich zur Rebellion.« Am 13. Oktober 1997 kam es zur ersten Landbesetzung nach der Diktatur. Rund hundert Mapuche drangen in ein Gut des Forstbetriebs Arauco ein, wurden aber schon am Tag darauf von der Polizei gewaltsam vertrieben. 37 Besetzer wurden verhaftet. Man wandte gegen sie die Antiterrorgesetze der Pinochet-Zeit an, die eine weniger strikte Beweisführung verlangen und das doppelte Strafmaß vorsehen. Polizei und Militär besetzte die Gegend, die Medien spekulierten über ultralinke bewaffnete Gruppen, die angeblich die Mapuche unterwandert hätten.

Einen Monat nach der Räumung wurden drei Lastwagen der Firma Arauco angezündet. Die Holzunternehmen schlossen sich zusammen und stellten aus ihren Wachmannschaften die paramilitärische Truppe Frente Común por la Defensa de las Tierras (Gemeinsame Front für die Verteidigung der Ländereien) zusammen, der Konflikt weitete sich auf die gesamte Region aus. Innerhalb von weniger als einem Jahr war aus dem »Mapuche-Problem« der »Mapuche-Konflikt« geworden.

Dieser Konflikt schaukelte sich in den kommenden Jahren in Wellen von Landbesetzungen auf, der Staat reagierte meist nur mit Repression. »Es gibt heute mehr gefangene Mapuche als unter Pinochet«, sagt Raimán. »Und es sind mehr Mapuche in den Untergrund abgetaucht als zur Zeit der Diktatur.« Zunächst richteten sich Besetzungen und Brandanschläge nur gegen die großen Forstbetriebe, in den vergangenen Jahren dann aber verstärkt auch gegen den Großgrundbesitz der Siedler. Und trotz aller Repression und aller gerichtlichen Verfolgung hatten die Mapuche durchaus Erfolg. Bis 2014 wurden von Conadi über hundert Millionen US-Dollar in Landkäufe investiert, rund 50 000 Hektar wurden Mapuche-Gemeinden zurückgegeben.

Das hat ihre Not kaum gelindert. Die auf dem wiedererlangten Land entstandenen Höfe sind ärmlich, bestehen meist nur aus zusammengezimmerten Hütten. Die allermeisten haben keinen Wasseranschluss; die Bewohner müssen oft Kilometer zur nächsten Quelle gehen. Die Güter sind klein – kaum eine Familie verfügt über mehr als 15 Hektar Land –, der Boden ist nach Jahren intensiver Nutzung durch die Siedler ausgelaugt und wegen der Forstbetriebe in der Umgebung vertrocknet. Da bleibt nur in wenigen Ausnahmefällen Geld für Landmaschinen übrig.

Die größte Herausforderung sei heute die eigene Entwicklung, sagt Raimán, das größte Hindernis dabei die Trägheit. In den Reservaten, wo das Land für jede Familie zu klein war, um davon leben zu können, habe sich über die Generationen eine Mentalität des Bettelns entwickelt. Auch Alkoholismus sei ein großes Problem. »Wir müssen wieder lernen, unsere eigenen traditionellen Produkte anzubauen: Getreide, Gemüse, Früchte. Wir müssen bei der Versorgung unserer Gemeinden mit Lebensmitteln unabhängig werden. Und wir müssen eigene Vermarktungsnetze schaffen.«

Voraussetzung dafür aber sei die Kontrolle über das eigene Territorium. »Das fängt damit an, dass wir bestimmen, wo eine Straße gebaut wird und wo nicht. Dass wir über die Wasserrechte entscheiden und auch über die Bodenschätze. Wir müssen bestimmen, welche Schulen wir wollen, welche Lehrpläne und welche Lehrer.« Von einem eigenen unabhängigen Staat aber will Raimán nicht reden. »Dafür sind derzeit die Bedingungen ganz offensichtlich nicht gegeben.«

Er träumt davon, irgendwann in seinem Leben nicht mehr in einem Holzhaus, sondern wie seine Vorfahren wieder in einer Ruka zu wohnen. »Sie ist im Sommer schön kühl und im Winter warm.« Beim Bau braucht man für das Gerüst die Äste eines Baums, den die Mapuche *hualle* nennen, eine Unterart der Eiche. Wände und Dach werden aus dem Stroh eines hohen und kräftigen Grases konstruiert, das früher auf sumpfigen Wiesen wuchs. Man hat das Stroh geräuchert, um es widerstandsfähig zu machen gegen Regen, Schnee und Insektenbefall. Rukas waren rund oder oval, ihr Eingang lag meist gegenüber einem Schatten spendenden Baum. Der Haupteingang war zum Sonnenaufgang hin ausgerichtet, ein zweiter kleinerer Eingang zum Sonnenuntergang. So wurde gewährleistet, dass die Kräfte der Sonne ins Innere kamen, um sich dort mit den Kräften des Feuers in der Mitte der Ruka zu vereinen. »Es gibt heute keine *hualle* mehr«, sagt Raimán. Und auch das kräftige hohe Gras ist verschwunden. Seit die Forstbetriebe mit ihren durstigen Eukalyptusplantagen kamen, ist der Grundwasserspiegel gesunken und die sumpfigen Wiesen sind vertrocknet.

Iquique (oben) war eine wichtige Hafenstadt, um den Reichtum der Atacama-Wüste zu exportieren. Noch immer liegt viel Salpeter im Boden der Wüste (unten), nur lohnt sich der Abbau meist nicht mehr.

Die Salpetermine Chacabuco (oben) ist längst eine Geisterstadt.
Zur Zeit der Pinochet-Diktatur war sie Lager für politische Gefangene.
Manche haben ihre Zellen liebevoll ausgestaltet (unten).

Die Kupfermine Chuquicamata (oben) ist das größte von Menschen gemachte Loch der Welt. Die frühere Arbeiterstadt daneben wurde von den Abraumhalden (unten) verschluckt.

Züge bringen die Kupferplatten aus Chuquicamata zum Hafen
bei Antofagasta (oben). Nach Osten hin reicht die Hochebene der Wüste
bis zur schneebedeckten Kette der Anden (unten).

Aus dem Salzsee von Atacama (oben) wird Lithium, das weiße Gold der Zukunft, gewonnen. Zwei Flugstunden weiter im Süden liegt das moderne Seebad Viña del Mar am Pazifik (unten).

An der Plaza de Armas in Santiago spiegelt sich koloniale Vergangenheit in Moderne (oben). Gleich hinter dem Regierungspalast Moneda steht heute wieder Salvador Allende (rechts).

MINISTER
SALVADOR
ALLENDE
GOSSENS
(1908-1973)
"TENGO FE EN CHILE Y SU DESTINO".
11 DE SEPTIEMBRE DE 1973

Mitten im ursprünglichen Siedlungsgebiet der Mapuche liegen der Vulkan Villarica und der gleichnamige See (oben). Weiter südlich das Valle de los Exploradores in der Region Aysén (unten).

Das Tal des Río Ibáñez in der Region Aysén. In dieser Gegend
sollte ein riesiges System von Stauseen und Wasserkraftwerken entstehen.

In der Region Aysén wird die Panamerikanische Straße zur Schotterpiste und hört dann einfach auf (links). Die toten Bäume am Río Ibáñez zeugen von einem Ausbruch des Vulkans Hudson (oben).

In Aysén beginnt die Zone des ewigen Eises: der Ausläufer eines Gletschers im St.-Valentin-Eisfeld.

Die Frauenrechtlerin Claudia Dides (links) und Alberto Mayol, Soziologe an der Universität von Santiago (oben), haben bei Tomás Moulian (unten) studiert. Moulian hat eine ganze Generation von Soziologen geprägt.

Der Mapuche Galvarino Raimán (oben) kämpft um das Land seiner Vorfahren, der Studentenführer Takuri Tapia (rechts) um eine Bildungsreform, die diesen Namen verdient.

¡DE VUELTA A LAS CALLES!
EL PUEBLO AYUDA AL PUEBLO
CHILE SE PONE PANTALONES LARGOS
POR LAS GRANDES ALAMEDAS

Ewald Luchsinger vor der Ruine des Hauses, in dem sein Onkel Werner Luchsinger und dessen Frau Vivianne Mackay bei einem Brandanschlag ums Leben kamen.

Toni Keppeler

Büro Vallejo

Büro Vallejo

Toni Keppeler

Camila Vallejo bei Studentendemonstrationen im Jahr 2011
und als Parlamentsabgeordnete der Kommunistischen Partei heute.

Die Menschenrechtsanwältin Carmen Hertz war die erste Frau, die in Chile Klage gegen den ehemaligen Diktator Augusto Pinochet erhoben hat.

Alfonso Ugarte kehrt zum ersten Mal zurück ins Nationalstadion, wo er 1973 gefangen war (oben). Zu Hause kann er inzwischen von diesem Trauma erzählen (unten).

Man nennt ihn den »Schindler von Chile«: Jorge Schindler hat während der Diktatur Regimegegner in Arbeit und Brot gesetzt.

Haroldo Quinteros, geboren 1914, kann erzählen, wie es damals war.
Er ist der älteste noch lebende Arbeiter, der Jahre in der Atacama-Wüste
in einer Salpetermine gearbeitet hat.

Produktives Land oder Territorium

Auch die Siedler klagen über das immer weniger werdende Wasser. Ihre Brunnen müssen alle paar Jahre ein paar Meter tiefer gebohrt werden. Ewald Luchsingers Kartoffel- und Weizenfelder werden schon lange bewässert, nur die Viehweiden kommen noch ohne solche Anlagen aus. Zusammen mit seinem Bruder verwaltet er das Gut Santa Margarita, das sein Urgroßvater Adam einst einem deutschen Siedler abgekauft und dann Stück für Stück bis auf 1200 Hektar erweitert hat. Die Ländereien wurden in der Großfamilie aufgeteilt, Ewald und sein Bruder sind Herren über 290 Hektar Wiesen und Felder.

Santa Margarita liegt ein paar Kilometer abseits der Straße von Temuco nach Vilcún. Auf Feldwegen fährt man an armseligen Mapuche-Höfen vorbei, bei einem Dutzend Kreuzungen muss man wissen, in welche Richtung abzubiegen ist. Wegweiser gibt es nicht. Dann, nach einer Biegung, steht man unvermittelt vor einem versteckt hinter den Hecken liegenden gepflegten Landhaus aus dunklem Holz, davor englisch gestutzter Rasen, unterbrochen von akkurat eingefassten rot blühenden Rabatten. Große Wachhunde schlagen an. »Wir protzen nicht mit dem, was wir haben«, sagt Ewald Luchsinger. »Wir haben die schweizerische Art und sind nach innen gewandt. Wir wollen ein schönes Heim schaffen, mit eisernem Willen und harter Arbeit.«

Ewald Luchsinger ist 55 Jahre alt, trägt eine braune Joppe aus grobem Stoff, ein kariertes Hemd, Jeans und Stiefel. Er wirkt ein bisschen wie ein englischer Landadeliger, ein bisschen aber auch wie ein Cowboy. Er spricht fast akzentfreies Deutsch und sogar ein bisschen Schweizerdeutsch; er ist in Temuco an die deutsche Schule gegangen. Natürlich hat er neben dem chilenischen auch einen Schweizer Pass. Er war mehrmals in der Heimat seiner Vorfahren, geschäftlich. Außer der Landwirtschaft betreibt er in Temuco eine Agentur, die schweizerische und französische Unternehmen vertritt und Maschinen für die Textilindustrie vertreibt. Hier in Santa Margarita ist er aufgewachsen, hier ist er zur Grundschule gegangen – »zusammen mit den Kindern der Mapuche, sie waren meine Freunde«. Nein, er habe nichts gegen dieses Volk. »Wir haben von ihrer Kultur viel gelernt und haben immer in guter Nachbarschaft mit ihnen gelebt.«

So sei das von Anfang an gewesen. Auch Luchsinger redet von der »Befriedung von Araukanien« und dass dabei kein Blut geflossen sei. »Das war unwirtliches Land hier, der Wilde Westen. Wir waren die Speerspitze der Chilenen. Dieses Land musste unterworfen und entwickelt werden, und das haben wir für die Chilenen getan.« Mit den Mapuche habe es dabei kaum Probleme gegeben. Man habe mit ihnen Übereinkünfte getroffen, und die seien meist auch eingehalten worden. »Aber es gab auch viele Banditen, die aus Argentinien über die Anden gekommen waren und die hier Zuflucht gesucht hatten.« Tatsächlich war Araukanien unter der Herrschaft der Mapuche lange Zeit so etwas wie Mexiko für die Banditen des Wilden Westens der USA: Wenn sie es über die Grenze geschafft hatten, waren sie vor Strafverfolgung sicher.

Diese zur Idylle verklärte Vergangenheit, in der Siedler und Mapuche so friedlich beieinander waren wie ihre Figuren im Denkmal auf dem zentralen Platz in Temuco, sei 2001 schlagartig vorbei gewesen. Damals wurde das Haus von Ewalds Urgroßvater Adam niedergebrannt. Es war nicht mehr bewohnt, diente nur noch als Ort für Familientreffen. Aber gerade deshalb »war es ein symbolisches Attentat gegen uns alle«. Seither hat es jedes Jahr neue Anschläge gegeben. Sein Onkel Jorge wurde bedroht. Erst wurden seine Autos abgebrannt, dann Schuppen und Getreidespeicher, und das, obwohl auch Jorge in der Darstellung seines Neffen nichts gegen die Mapuche hat. »Er hat sogar einmal freiwillig fünfzig Hektar Land zurückgegeben. Er hatte es gekauft und wusste nicht, dass er dabei betrogen worden war und dass das Land den Mapuche gehörte.« Tatsächlich aber war Jorge Luchsinger ein Raubein unter den Siedlern, war öffentlich über »Mapuche-Terroristen« hergezogen und hatte das ganze Volk als »faules Pack« beschimpft.

Ewald Luchsinger ist da viel ruhiger. Ja, sagt er, es gebe in den Mapuche-Gemeinden rund um sein Land »schwierige, sehr extreme Leute«. Es gebe kleine bewaffnete Überfallkommandos, die in

Ausbildungslagern in Nicaragua Guerillataktiken trainiert hätten. Nicht alle seien Mapuche; es seien auch Holländer dabei, Franzosen und Basken und es gebe gute Verbindungen zur Farc-Guerilla in Kolumbien. Rechte Medien kolportieren immer wieder solche Verschwörungstheorien, bewiesen wurde nie etwas. Ewald Luchsinger aber ist überzeugt: Die Mapuche würden »aufgehetzt von internationalen Nichtregierungsorganisationen«. Und wenn dann einmal die Polizei auf der Suche nach Delinquenten in eine Mapuche-Gemeinde eindringe und diese durchkämme, »reden sie gleich von Repression und Menschenrechtsverletzungen«.

Auch auf Ewald Luchsingers Gütern gibt es regelmäßig Anschläge. Zwei seiner schweren Landmaschinen wurden schon angezündet, in einem Schuppen mit dreitausend Sack Saatkartoffeln wurde Feuer gelegt. Die Flammen erstickten, bevor sie größeren Schaden anrichten konnten. Aber die Hütte des Wächters, die ein paar Meter entfernt stand, wurde genauso ein Opfer der Flammen wie dessen Auto. Der Mann und seine Familie waren vorher gewarnt worden. Zäune wurden schon niedergerissen, Vieh gestohlen, und während der Erntezeit würden so gut wie jede Nacht die Reifen von ein paar Landmaschinen aufgeschlitzt. Luchsinger lässt sie deshalb nicht mehr auf dem Feld, sondern stellt sie bei einem Polizeiposten ab, der 2006 vom Staat auf seinem Landgut eingerichtet worden ist. Er ist Tag und Nacht besetzt. Die jungen Carabineros, die dort ihren Dienst tun, tragen Tag und Nacht schusssichere Westen.

Sein Onkel Jorge hat nach vielen Anschlägen zermürbt aufgegeben und sein Land an Conadi verkauft. Man schätzt den Kaufpreis auf über 5 Millionen US-Dollar. Die Güter wurden an Mapuche-Gemeinden verteilt, Jorge Luchsinger lebt heute in Santiago. Für seinen Neffen Ewald sind solche Landübergaben »die Umwandlung von produktivem in unproduktives Land«. Das sei nicht die Schuld der Mapuche. Sie bekämen nur Land, aber keine Ausbildung, keine Beratung, keine Maschinen und kein Saatgut. Allerdings seien sie auch gar nicht »an der kommerziellen Nutzung des Landes interessiert«, es gehe ihnen nur um ihr Territorium.

Ewald Luchsinger sieht sein eigenes Gut als ihr nächstes Ziel. Seit sein Onkel Jorge verkauft hat, ist Santa Margarita von Mapuche-Land umgeben. »Wenn sie ihr Territorium ausweiten wollen, dann trifft es als Ersten mich«, sagt er. Rund eine halbe Million US-Dollar Sachschaden habe er schon zu beklagen. Trotzdem ist er nicht – wie heute die meisten Siedler – bewaffnet. »Zuletzt habe ich als Jugendlicher geschossen, mit einem Luftgewehr auf Vögel. Ich habe gemerkt: das ist nichts für mich.«

Der Konflikt mit den Mapuche begann für Luchsinger nicht mit dem Vernichtungsfeldzug der chilenischen Armee, sondern erst gut hundert Jahre später mit den großen Forstbetrieben. »Die haben das Monster geweckt.« Mit den Siedlern habe es immer freies Wegerecht gegeben. Die Forstbetriebe aber stellten Zäune mit Wächtern auf, verboten die Jagd in den Wäldern und gestatteten den Mapuche kein Weiderecht auf Brachflächen. »Ihr relativ freies Leben war schlagartig vorbei.«

Dass nach den Forstbetrieben auch die Siedler Angriffsziel wurden, sei Schuld der Regierung. Das Indígena-Gesetz von 1993 sei geradezu eine Einladung gewesen, Streit vom Zaun zu brechen. Warum sollten die Mapuche Kredite aufnehmen, um Land zu kaufen, wenn der Staat es ihnen im Konfliktfall schenkt? »Mit dem Indígena-Gesetz ist ein doppelter Rechtsstandard entstanden«, der durch die kurz zuvor von Chile ratifizierte Konvention 169 der Arbeitsorganisation der UNO über die Rechte indigener Völker zementiert worden sei. Die Mapuche berufen sich auf das Indígena-Gesetz und die UN-Konvention. »Aber auch wir haben unsere Rechte. Wir haben ganz legale Besitzurkunden für unser Land. Wir wollen, dass das respektiert wird.« Luchsinger fühlt sich alleingelassen. Der Staat habe den Konflikt mit den sich widersprechenden Rechtsstandards erst ermöglicht. Lösen aber wolle er ihn nicht.

Kapitel 4

DREI CHAOTISCHE JAHRE DER HOFFNUNG

Von Salvador Allende zum Putsch. Die Geschichte der Unidad Popular, der US-Einmischung und der chilenische Schindler.

Auch Jorge Schindler hat Schweizer Vorfahren. Sein Großvater stammt ebenfalls aus dem Kanton Glarus, aus Mollis. Das Dorf liegt keine zwanzig Kilometer entfernt von Engi, dem Heimatdorf der Luchsingers. Und doch ist Schindlers Geschichte eine ganz andere. August Schindler, ein Volksschullehrer für Deutsch, war kein guter Familienvater. Er ließ 1880 seine Frau und seine fünf Kinder sitzen und machte sich davon nach Buenos Aires. Argentinien warb damals wie Chile europäische Einwanderer an. Ob August Schindlers Reise wie drei Jahre später die der Luchsingers von einer Anwerbeagentur organisiert und finanziert worden ist oder ob er einfach auf eigene Faust in die neue Welt gezogen ist, lässt sich heute kaum mehr rekonstruieren. August Schindler hat mit seinen Kindern nie darüber gesprochen.

Von Buenos Aires ist er dann zu Fuß und mit dem Pferd über die Anden weitergewandert nach Chile und hat in dem Küstenstädtchen Lebú Arbeit gefunden, wieder als Volksschullehrer. Lebú, über dessen Hafen Weizen und Holz exportiert wurde, liegt knapp hundertfünfzig Kilometer südlich von Concepción. Die Gegend ist ebenfalls traditionelles Mapuche-Land; doch der Krieg zur Unterwerfung von Araukanien war in Lebú schon vorbei. Es gab kaum mehr Mapuche in der Stadt und im näheren Umkreis keine Reservate. Die nächste große Schweizer Kolonie lag gut hundertfünfzig Kilometer südwestlich von Lebú, rund um das Städtchen Traiguén.

Der alte Schindler mied den Kontakt zu den Siedlern, wohl, weil er eine Geschichte zu verbergen hatte. Er hatte, ohne in der Schweiz geschieden worden zu sein, in Chile noch einmal geheiratet. Mit den drei Kindern aus dieser Ehe sprach er immer nur Spanisch. Julio, sein Jüngster, folgte dem Vater im Beruf: Auch er war Volksschullehrer und unterrichtete die Fächer Handarbeit und Schönschrift. Jorge, der zweite Sohn von Julio, ist heute bekannt als der »chilenische Schindler« – in Anlehnung an Oskar Schindler, jenen deutschen Unternehmer, der im Zweiten Weltkrieg in seiner Fabrik tausendzweihundert jüdische Zwangsarbeiter vor dem Tod in Vernichtungslagern gerettet hat. Jorge Schindler betrieb in den ersten Jahren der Pinochet-Diktatur eine kleine Kette aus bis zu fünf Apotheken, in der Dutzende von Kommunisten, Sozialisten und Gewerkschaftern Unterschlupf fanden und ihren Lebensunterhalt verdienten.

Man sieht Jorge Schindler die europäischen Wurzeln an. Er ist klein, gedrungen, hat große blaue Augen. Das weiße Haar auf seinem runden Schädel ist wenige Millimeter kurz geschoren. Er trägt eine Schiebermütze, die klassische Kopfbedeckung der Arbeiter; das Hemd trägt er locker über der Hose. Er ist 1939 in Lebú geboren und dort aufgewachsen, bis er dreizehn Jahre alt war. Dann zog die Familie nach Santiago, wegen seiner Gesundheit. Er litt an einer chronischen rheumatischen Endokarditis, einer Art Herzrheuma. Der Arzt sagte, in den langen feuchtkalten Wintern von Lebú werde er diese Krankheit wohl nicht mehr los. Auch in Santiago arbeitete der Vater als Lehrer, Jorge ging nach der Schule 1958 an die Universität. Er wollte Chemiker werden.

Gerade sechs Monate dauerte sein Studium, dann brach er seine akademische Karriere wegen Geldsorgen in der Familie ab. »Wir waren arm«, sagt er heute. »Zu Hause fehlte es an allem.« Volksschullehrer können bis heute in Chile mit ihrem Gehalt kaum eine Familie ernähren. Jorge wurde Vertreter für Krämerwaren. Vier Jahre lang reiste der junge Mann für eine Großhandelsfirma von einem Tante-Emma-Laden zum nächsten, nahm Bestellungen auf, lieferte Waren ab und trieb offene Rechnungen ein. Drei Jahre lang ging er schon mit derselben Freundin, da schlug ihm deren Vater vor, doch Teilhaber in seiner Apotheke zu werden.

Cristóbal Alcoholado war ein schroffer Mann. Ein guter Pharmazeutiker zwar, aber ohne Gespür für das Geschäft. Er legte keinen Wert auf Äußerlichkeiten, bei sich selbst nicht und auch nicht in seiner Apotheke. Seine Kunden behandelte er mürrisch, sein Personal schlecht, und schlecht gingen auch die Geschäfte. Und das, obwohl die Apotheke die einzige weit und breit war, im Mittelklasse-Stadtteil Ñuñoa, ganz in der Nähe des Nationalstadions. So war die Arbeitsteilung zwischen ihm und Schindler von Anfang an klar: Der Alte ist der Fachmann, der Junge der Verkäufer.

Jorge Schindler heiratete Mirna Alcoholado, aber er kam nicht nur als Schwiegersohn ins Geschäft, er brachte auch Geld mit. »Der Faktor Glück hat in meinem Leben immer eine Rolle gespielt«, sagt er heute und schmunzelt. Damals, es war 1962, fuhr er eines Abends zusammen mit seiner Frau und einem befreundeten Paar ins Zentrum von Santiago, um ins Kino zu gehen. Damals gab es noch keine Fußgängerzone rund um die Plaza de Armas, »man konnte seinen Wagen überall einfach auf der Straße stehen lassen«. Er parkte seinen Ford 35, vom Aussehen ein bisschen wie ein Kleinformat der klassischen Gangsterlimousinen aus dem Chicago Al Capones. Gleich daneben auf dem Gehsteig verkaufte ein Alter Lose. Jorge Schindler kaufte sich eines – und gewann. Der Geldsegen reichte für ein Einfamilienhäuschen in Ñuñoa und es blieb sogar noch etliches übrig, um die Apotheke von Alcoholado komplett mit Medikamenten auszustatten.

»Bei meinem Schwiegervater habe ich gelernt, wie eine Apotheke funktioniert«, erzählt er heute. Und der Schwiegervater hat gelernt, wie man Geschäfte macht. Nach vier Jahren als Vertreter stellte Jorge Schindler fest, dass er ein begnadeter Verkäufer war.

»Der Apotheke ging es täglich besser, aber meiner Ehe ging es täglich schlechter.« 1969 trennte er sich von Mirna Alcoholado und stieg aus dem Geschäft des Schwiegervaters aus. Mit seinem Anteil kaufte er die älteste Apotheke in Lebú und zog zurück in den Süden. Die Apotheke war dort nur eines seiner zwei Standbeine.

Noch in Santiago hatte ihm ein Vertreter des Chemie- und Pharmakonzerns Bayer erzählt, die Firma suche einen Außendienstmann für den Süden. Schindler stellte sich vor. »Dass ich selbst eine Apotheke besaß, hat sie ein bisschen gestört.« Aber er erzählte ihnen, dass er von Beruf Vertreter und Verkäufer sei. Seine Apotheke sei eine Investition und werde von einem Pharmazeuten geleitet. Er bekam den Job, zog nach Concepción und verkaufte fortan Aspirin und andere Bayer-Produkte an Krankenhäuser und Apotheken, nicht nur in der Provinz Concepción, sondern auch in den Nachbarprovinzen Bío-Bío, Malleco und Arauco. »Innerhalb kürzester Zeit war ich der erfolgreichste Bayer-Vertreter in Chile, ich habe gutes Geld verdient.«

In Concepción begann auch Schindlers politische Karriere. »Ich war immer links und von Anfang an ein Sympathisant des MIR; beinahe wäre ich auch eingetreten.« Der Movimiento de Izquierda Revolucionaria (Bewegung der revolutionären Linken) war 1965 an der Universität von Concepción von Leuten des linken Flügels der Sozialistischen Partei, von Trotzkisten und unabhängigen Linken gegründet worden und zunächst eine von Studenten geprägte eher akademische Bewegung. Nach den Statuten handelte es sich um eine marxistisch-leninistische Partei, in der Praxis aber war sie eher am Voluntarismus eines Ernesto Ché Guevara orientiert. »Ich hatte viele Freunde im MIR, alles gute Genossen.« Letztlich hat ihn dann aber sein um ein Jahr älterer Bruder Julio von der Kommunistischen Partei überzeugt. Der war schon als Jugendlicher dort eingetreten und auch Jorge »wollte in eine Partei, die besser organisiert und disziplinierter war als der MIR«. 1969 trat er der KP bei. »Ich war einfach ein Mitglied mehr unter vielen.«

Wie die USA Allende verhindern wollten

Das Jahr 1969 war für Chile ein Jahr der Wende. Nach vierzig Jahren bürgerlicher Vorherrschaft – zunächst unter der Radikalen Partei, dann unter den Christdemokraten – schien zum ersten Mal eine Linksregierung möglich. Der Sozialist Salvador Allende war schon dreimal für die Präsidentschaft angetreten und dreimal unterlegen. 1952, bei seinem ersten Versuch, war er abgeschlagen auf dem vierten Platz gelandet. 1958 unterlag er nur knapp dem von den rechten Parteien unterstützten Unternehmer Jorge Alessandri. 1966 wurde er wieder Zweiter, ziemlich deutlich hinter dem Christdemokraten Eduardo Frei Montalva. Hinterher ist dann herausgekommen, dass dessen Wahlkampf vom US-Geheimdienst CIA mit drei Millionen US-Dollar finanziert worden war, um eben einen Wahlsieg Allendes zu verhindern. Auch die Rechtsparteien unterstützten deshalb am Ende den gemäßigt progressiven Frei Montalva. Er war ihnen im Vergleich zu Allende das deutlich kleinere Übel.

Als Präsident verfolgte Frei Montalva die damals von den USA gewünschte Politik vorsichtiger Sozialreformen, mit der eine zweite Revolution wie die seit 1959 in Kuba in Lateinamerika unterbunden werden sollte. Für Geheimprojekte bekam der Präsident weitere zwei Millionen US-Dollar von der CIA, zum Beispiel zur Förderung von Dissidentengruppen in der kommunistisch dominierten Gewerkschaftsbewegung. Die USA waren zufrieden mit ihm, in Chile jedoch machte er es keinem recht. Seine nur schleppend vorankommende Landreform und die langsame Nationalisierung der Kupferindustrie über den staatlichen Ankauf von Firmenanteilen an den Minengesellschaften ging der Rechten viel zu weit und war der Linken viel zu wenig. Die Rechte formierte sich im 1966 gegründeten Partido Nacional (Nationale Partei, PN). Die vorher traditionell zerstrittenen Konservativen und Wirtschaftsliberalen arbeiteten in diesem neuen Sammelbecken zusammen mit nationalistischen Offizieren, die offen antidemokratische und antikommunistische Positionen bezogen. Der linke Flügel der Christdemokraten trennte sich von der Partei und näherte sich als Movimiento de Acción Popular Unitaria (Bewegung der vereinten Volksaktion, MAPU) den Kommunisten und Sozialisten. Der eben gegründete MIR organisierte erste Landbesetzungen und trainierte den bewaffneten Kampf.

Im Vorfeld der Präsidentschaftswahl vom 4. September 1970 sah es zunächst so aus, als wäre die Linke heillos zersplittert. Allende wurde zum vierten Mal von den Sozialisten zum Kandidaten nominiert, die Kommunistische Partei wollte mit dem Dichter und späteren Literaturnobelpreisträger Pablo Neruda ins Rennen, der MAPU hob den Soziologen Jacques Chonchol auf den Schild. Zu allem Überfluss versuchten auch noch die Christdemokraten mit ihrem Kandidaten, dem Politveteranen Radomiro Tomic vom linken Flügel der Partei, im Wählerpotenzial von Kommunisten und Sozialisten zu fischen.

Letztlich aber einigten sich die Linksparteien doch noch und gründeten am 17. Dezember 1969 die Unidad Popular (Einheit des Volks). Im Grund war diese Volksfront nicht viel mehr als ein Wahlbündnis aus Sozialisten, Kommunisten, MAPU, MIR und einem halben Dutzend weiterer Kleinparteien – eine Erweiterung der seit 1956 bestehenden Frente de Acción Popular (Front der Volksaktion), für die Allende 1958 und 1964 als Präsidentschaftskandidat angetreten war. Ein Streit zwischen dem eher institutionell-legalistischen Teil dieser Einheit um die Kommunistische Partei und Teile der Sozialisten und einem sozialrevolutionären Flügel um MIR, MAPU und linksradikale Zirkel der Sozialisten war von vornherein angelegt.

Im vierten Anlauf gewann Salvador Allende. Da aber keiner der drei Kandidaten mehr als 50 Prozent der Stimmen erhalten hatte, griff eine Bestimmung des damaligen chilenischen Wahlrechts: Nicht das Volk, sondern das Parlament musste in einer Stichwahl zwischen den beiden Erstplatzierten entscheiden. Es gehörte zur Gepflogenheit, dass der Kandidat mit den meisten Stimmen der Volkswahl diese Abstimmung gewann. Die Christdemokraten waren bereit, Allende ihre Stimme zu geben. Die rechten Nationalisten aber wollten das mit allen Mitteln verhindern, auch mit illegalen. Sie hatten in den USA einen starken Verbündeten.

Aus inzwischen deklassifizierten Dokumenten der CIA und des US-Außenministeriums weiß man, dass die Putschvorbereitungen gegen Allende begannen, bevor dieser seinen Amtseid ablegte. Am 4. September hatte er die Wahl knapp gewonnen, am 9. September flog Agustín Edwards, der einflussreiche Besitzer des Medienimperiums um die rechte Tageszeitung *El Mercurio* und einer der reichsten Chilenen, nach Washington. Der damalige Präsident Richard Nixon hatte mehrfach gesagt, er wolle die US-Wirtschaftsinteressen im Ausland verteidigen, den Kommunismus bekämpfen und jeden Angriff auf die Vorherrschaft der Vereinigten Staaten in der westlichen Hemisphäre niederschlagen. Edwards wollte ihm klarmachen: In Chile könne er alle drei Ziele auf einmal erreichen. Am 15. September 1970, nachmittags um 15 Uhr, wurde er im Oval Office des Weißen Hauses empfangen. Außer Nixon nahmen an diesem Treffen unter anderen der damalige nationale Sicherheitsberater Henry Kissinger und CIA-Chef Richard Helms teil.

Nach den Notizen von Helms sagte Nixon, um Allendes Wahl im Parlament zu verhindern, seien »zehn Millionen Dollar verfügbar, wenn nötig auch mehr«. Er sei bereit, »die besten Leute, die wir haben«, zu schicken. Die CIA wurde angewiesen, innerhalb von 48 Stunden einen Aktionsplan vorzulegen.

Der sah zunächst recht harmlos aus. Unter dem Decknamen »Gleis 1« wurde eine Verleumdungskampagne gegen Allende inszeniert, mit der die Christdemokraten davon überzeugt werden sollten, bei der Stichwahl für Alessandri zu stimmen. Doch alles deutete darauf hin, dass die christdemokratische Fraktion nicht mitspielen würde. So wurde »Gleis 2« des CIA-Plans ausgelöst. Die entsprechenden Anweisungen fasste das Hauptquartier des Geheimdienstes in Langley im Bundesstaat Virginia in einer Depesche an die US-Spione in Chile so zusammen: »Kurz: Wir wollen, dass Sie eine militärische Aktion fördern, für die eine Atmosphäre größtmöglicher wirtschaftlicher und politischer Ungewissheit die günstigsten Bedingungen bieten würde.«

Edward Korry, der US-Botschafter in Santiago, warnte ganz unverhohlen Sergio Ossa, den christdemokratischen Verteidigungsminister der demnächst scheidenden Regierung Frei Montalva: »Wir werden alles in unserer Macht Stehende tun, um das chilenische Volk zu äußerster Not und Armut zu verdammen.« Allende sollte weggeputscht werden, bevor er überhaupt ins Amt kam. Sicherheitsberater Kissinger rechtfertigte das damit, dass »ich nicht einsehe, warum wir untätig dabeistehen und zusehen sollen, wie ein Land wegen der Verantwortungslosigkeit seines eigenen Volks kommunistisch wird«.

In der CIA wurde in aller Eile eine Chile-Arbeitsgruppe eingerichtet, die die Operation unter dem Decknamen »Fubelt« koordinieren sollte. Direktor war David Atlee Phillips, ein erfahrener Agent, der schon 1954 in Guatemala am Sturz der Reformregierung unter dem Sozialdemokraten Jacobo Arbenz mitgearbeitet hatte. Er kabelte an seine Agenten in Santiago, sie sollten »drei Instrumente« einsetzen: »ökonomische Kriegsführung, politische Kriegsführung, psychologische Kriegsführung«. Damit sollten sie ein »günstiges Klima für einen Staatsstreich« und einen »Vorwand beziehungsweise Auslöser für Aktionen« schaffen. Und weiter: »Machen Sie zwingend klar, dass ein Putsch des Militärs die einzige Lösung darstellt. [...] Der Schlüssel ist der psychologische Krieg in Chile. [...] Der Propagandakrieg muss schärfer werden. [...] Wenn es uns gelingt, durch die drei oben genannten Methoden die Spannung zu verschärfen, wird sich aller Wahrscheinlichkeit nach der Vorwand von selbst ergeben.« Die Agenten aus Santiago kabelten zurück: »Sie haben uns aufgefordert, in Chile Chaos heraufzubeschwören. Wir liefern Ihnen ein Rezept für Chaos, das mit Sicherheit nicht wirkungslos bleiben wird.«

CIA-Chef Helms setzte vor allem auf die Strangulierung der chilenischen Wirtschaft. »Eine plötzliche katastrophale ökonomische Situation wäre der geeignetste Vorwand für ein Eingreifen der Militärs«, schrieb er an Kissinger. Die chilenische Armee, glaubten die Agenten, sei ohnehin auf ihrer Seite. Seit 1950 waren fast viertausend chilenische Offiziere auf US-Stützpunkten geschult worden. Die meisten waren in der Kanalzone von Panamá in der Kriegsführung gegen Guerillas ausgebildet worden, zu der Foltermethoden genauso gehörten wie eine Doktrin, die Marxismus mit Landesverrat gleichsetzte. Zudem war Chile einer der größten Empfänger von US-Militärhilfe auf dem Kontinent. Nur das viel größere Brasilien, wo seit 1964 eine Militärdiktatur herrschte, bekam noch mehr Waffen und Geld.

Doch es gab da ein Problem: General René Schneider, der Oberbefehlshaber der Armee, war ein loyaler Soldat und strikt gegen eine Einmischung der Militärs in die Politik. US-Botschafter Korry kabelte hilfesuchend nach Washington: »General Schneider müsste kaltgestellt werden, notfalls durch seine Entlassung.«

Die Antwort kam am 21. Oktober 1970. Die CIA schickte im Diplomatengepäck für die Botschaft in Santiago drei Maschinenpistolen, Munition und Tränengasgranaten. Am 22. Oktober traf sich der US-Militärattaché Oberst Paul Wimert frühmorgens um zwei in einer menschenleeren Straße von Santiago mit einem Kommando der rechtsextremen Terrororganisation Patria y Libertad (Vaterland und Freiheit) und übergab das kleine Waffenarsenal. Die Gruppe war von der CIA schon vorher mit Geldzuwendungen aufgepäppelt worden.

Das Kriegsgerät aus den USA war nicht wirklich nötig. Die Waffen waren wohl eher eine Geste, die zeigen sollte: Wir stehen hinter euch, egal, wie weit ihr geht. Als General Schneiders Jeep sechs Stunden später angehalten wurde, hatten die Männer von Patria y Libertad ihre eigenen Waffen dabei. Hinter dem Steuer des Jeeps war ein Chauffeur, Schneider saß auf der Rückbank. Einer der Attentäter zertrümmerte mit einem Vorschlaghammer die Rückscheibe. Es ist unklar, ob Schneider noch versuchte, seine Dienstwaffe zu ziehen, um sich zu verteidigen. Genauso bleibt unklar, ob es sich bei dem Überfall um einen aus dem Ruder gelaufenen Entführungsversuch handelte oder ob der Armeechef gezielt ermordet werden sollte. Jedenfalls eröffneten die Angreifer das Feuer, Schneider gab keinen Schuss ab. Er wurde von drei Kugeln getroffen. Die Attentäter flohen, der Chauffeur brachte den schwer verletzten Armeechef ins Krankenhaus, wo er zwei Tage später starb.

Der Anschlag löste nicht die gewünschten Unruhen aus, die Allende feindlich gesonnenen Offizieren als Vorwand für einen Putsch hätten dienen können. Im Gegenteil; Militärs und Politiker rückten zusammen. Am 24. Oktober wurde Allende im Parlament mit den Stimmen der Unidad Popular und der Christdemokraten zum Präsidenten von Chile gewählt und am 4. November vereidigt. Bei der CIA in Longley wurde ein neuer Plan mit der Überschrift »Allende nach der Amtseinführung« ausgearbeitet. Das Ziel blieb dasselbe: Das Land sollte ins Chaos gestürzt werden, um dem Militär einen Vorwand für einen Putsch zu liefern.

Allende: Dandy und Sozialist

Wer war dieser Salvador Allende, den Nixon und Kissinger so sehr fürchteten? Geboren wurde er am 26. Juni 1908, nach seiner eigenen Darstellung in Valparaíso. Vielleicht ist der Geburtsort aber auch nur eine geschickt gestreute Legende, die ihm 1945 helfen sollte, für den dortigen Wahlkreis zum Senator gewählt zu werden. Es gibt auch biografische Dokumente, die darauf hinweisen, dass Allende in Santiago zur Welt kam.

Väterlicherseits stammte er von baskischen Einwanderern ab, die schnell zu den besten Familien gehörten. Der bekannteste seiner Vorfahren war sein Großvater Ramón Allende, ein Freimaurer und prominenter Politiker der Radikalen Partei, den man wegen seiner scharfen Reden zu sozialen Problemen El Rojo nannte – den Roten. Auch sein Vater, ein Notar und öffentlicher Bediensteter, der ebenfalls den Vornamen Salvador trug, war Freimaurer und in der Radikalen Partei. Seine Mutter Laura Gossens war Tochter eines belgischen Einwanderers, der sich mit einer großbürgerlichen Dame aus Concepción verheiratet hatte. Salvador Allende hatte zwei Brüder und drei Schwestern, wobei ein Bruder und eine Schwester bereits im Kindesalter starben.

Er wuchs in gutbürgerlichen Verhältnissen auf, immer dort, wohin der öffentliche Dienst den Vater gerade versetzt hatte: in

Valparaíso, Santiago, Iquique und Tacna, das seit dem Salpeterkrieg zu Chile gehörte, 1925 aber an Peru zurückgegeben wurde. Nach seinem Militärdienst in Tacna begann er 1926 an der staatlichen Universität von Chile in Santiago mit einem Medizinstudium. Er war sich zunächst nicht sicher, ob er nicht lieber Jura studieren wollte, um Anwalt zu werden, zog dann aber seine Arztausbildung durch bis zur abgeschlossenen Promotion. Den Beruf jedoch übte er nur wenige Jahre aus.

Schon an der Universität von Chile hat sich Allende politisch engagiert, wurde zum Vizepräsidenten ihrer Studentenschaft gewählt und nahm an Protesten gegen die damalige Militärdiktatur unter Oberst Carlos Ibáñez teil. Einmal wurde er in diesem Zusammenhang verhaftet, kam aber nach wenigen Tagen wieder frei. 1933 war er Mitgründer der Sozialistischen Partei und wurde ihr Sekretär in der Region Valparaíso.

Seine großbürgerliche Herkunft hat Allende nie verleugnet. Er war ein Dandy, der viel Wert auf gute Kleidung und ein gepflegtes Äußeres legte. Er war ein Frauenschwarm und er liebte die Frauen. Seit 1940 war er mit der ebenfalls aus gutbürgerlichen Verhältnissen stammenden Hortensia Bussi verheiratet und hatte zusammen mit ihr drei Töchter. Isabel, die jüngste, war in den Jahren 2003 und 2004 Präsidentin des chilenischen Parlaments und wurde im April 2015 zur Vorsitzenden der Sozialistischen Partei gewählt (nicht zu verwechseln mit der gleichnamigen Schriftstellerin, der Tochter eines Vetters von Salvador Allende).

Neben seiner Frau hatte er – wohl mit deren Wissen – stets Verhältnisse und unterhielt in Santiago eine kleine Wohnung für seine amourösen Treffen. In seinen letzten Jahren war seine um zwanzig Jahre jüngere Privatsekretärin seine ständige Geliebte. Sie, und nicht Hortensia Bussi, war am Tag des Putschs mit ihm zusammen im Regierungspalast Moneda. So gesehen war Salvador Allende ein typischer lateinamerikanischer Macho der alten Schule. Am 6. August 1952 war er einer der beiden Kontrahenten im letzten bekannt gewordenen Ehrenduell der chilenischen Geschichte. Sein Gegner war Raúl Rettig, ein Senator der Radikalen

Partei. Die beiden waren im Parlament wegen einer Belanglosigkeit aneinandergeraten, hatten sich wüst beschimpft und wollten schon tätlich werden, wurden aber von anderen Parlamentariern getrennt. Rettig bestand danach auf einer Entschuldigung Allendes oder auf einem Duell. Man traf sich im Morgengrauen mit Pistolen. Beide schossen daneben.

Die Episode war ein nationaler Skandal, zumal Allende Präsidentschaftskandidat des Linksbündnisses Frente Nacional del Pueblo (Nationale Front des Volkes) bei der Wahl vier Wochen später war. Er landete mit peinlichen 5,45 Prozent der Stimmen auf dem vierten, dem letzten Platz.

In Allendes politischer Laufbahn war diese Niederlage nicht mehr als ein erster Versuch. Er hatte seine Karriere seit seinen Studententagen geplant. 1929 ist er wie schon der Vater und der Großvater den Freimaurern beigetreten. Im selben Jahr wurde er Mitglied des Grupo Avance, einer Art Lions Club von Chile. Beide Männernetzwerke sollten seinem politischen Aufstieg nützlich sein.

1937 wurde er zum ersten Mal Parlamentsabgeordneter für die Sozialistische Partei, 1938 als gerade Dreißigjähriger Gesundheitsminister in der Regierung von Präsident Pedro Aguirre von der Radikalen Partei. Als dessen Mitte-links-Koalition Frente Popular (Volksfront) zwei Jahre später zerbrach, schied Allende aus dem Kabinett aus, wurde aber schon 1945 mit großem Vorsprung für den Wahlkreis Valparaíso in den Senat gewählt. Als Senator traf er 1949 zum ersten Mal mit Augusto Pinochet zusammen. Im Januar 1948 war die Kommunistische Partei verboten worden, Kommunisten durften keine öffentlichen Ämter mehr einnehmen. Parteifunktionäre wurden verhaftet und in einem Lager in Pisagua in der Atacama-Wüste im Norden Chiles eingesperrt. Der Senator Allende besuchte dieses Lager, um sich davon zu überzeugen, dass die politischen Gefangenen ordentlich behandelt wurden. Pinochet war damals Lagerkommandant.

1958 trat Allende zum zweiten Mal als Präsidentschaftskandidat an, diesmal für das 1956 gegründete Parteienbündnis Frente de Acción Popular (Front der Volksaktion, FRAP), dem außer der Sozialistischen und der Kommunistischen Partei ein paar kleine linksbürgerliche und linke Splittergruppen angehörten. Ihr Programm war »antiimperialistisch, antioligarchisch und antifeudal«. Allende verlor die Wahl nur knapp mit 28,8 Prozent der Stimmen gegen den konservativen Unternehmer Jorge Alessandri mit 31,6 Prozent. In der Stichwahl im Parlament wurde entsprechend der Gepflogenheiten Alessandri zum Präsidenten bestimmt.

Bei der nächsten Wahl sechs Jahre später unterlag Allende deutlich. Der Christdemokrat Eduardo Frei Montalva bekam 55,7 Prozent der Stimmen; eine Stichwahl im Parlament war deshalb nicht nötig. Allende kam mit 39,9 Prozent auf den zweiten Platz und konnte damit immerhin seinen Stimmenanteil gegenüber 1958 deutlich ausbauen.

Spätestens seit der Gründung der Sozialistischen Partei verstand sich Allende als Marxist. Gleichzeitig war er in seiner progressiv-bürgerlichen Familientradition ein Demokrat, der an Wahlen und Parlamente glaubte. Eine Regierung, die sich vornahm, ein sozialistisches Land aufzubauen, brauchte nach seiner Überzeugung eine demokratische Legitimation. Wahrscheinlich machte ihn das für die Antikommunisten Nixon und Kissinger noch viel gefährlicher: dass Allende am 4. und 24. September vom Volk und vom Parlament ein konstitutionelles Mandat für den Aufbau eines sozialistischen Chile erhalten hatte.

Landreform und Verstaatlichungen

Programmatisch unterschied sich Allende zumindest in der Rhetorik kaum von seinen beiden Vorgängern. Sowohl Jorge Alessandri als auch Eduardo Frei Montalva waren mit ihm darin einig, dass das wesentliche Problem Chiles das sei, was man damals »die soziale Frage« nannte: die riesige Kluft zwischen den vielen Armen und den wenigen Reichen, oder anders gesagt: der Widerspruch zwischen Kapital und Arbeit. Der konservative Alessandri hatte dies bisweilen noch viel schärfer angesprochen als der Sozialist Allende.

Bei Alessandri freilich waren sozialrevolutionäre Reden reine Attitüde geblieben, Taten folgten nicht. Frei Montalva hatte immerhin konkrete Pläne vorgelegt. Die aber waren – wie bei der Nationalisierung der Kupferindustrie – nur halbherzig, oder sie blieben – im Fall der Landreform – weit hinter den gesteckten Zielen zurück. Frei Montalva dachte nicht an eine Verstaatlichung der Kupferminen. Er wollte nur den chilenischen Anteil und damit den Einfluss der Regierung stärken und kaufte so lange Aktien der vor allem von US-amerikanischen Konzernen betriebenen Minen auf, bis der Staat überall 51 Prozent der Anteile hielt. Mehr wäre durchaus möglich gewesen: Als am 11. Juli 1971 das Parlament die vollständige Verstaatlichung der Kupferindustrie beschloss, war das Votum einstimmig; selbst die rechte Opposition war dafür.

Alessandri hatte zwar eine Landreform angekündigt. Zum Ende seiner Amtszeit aber hatte sich bei der Verteilung des bebaubaren Bodens seit der Unabhängigkeit nichts verändert. 5,3 Prozent der Güter waren Großgrundbesitz; sie verfügten über 86,8 Prozent der nutzbaren Flächen. 85,2 Prozent waren Minifundien mit zusammen gerade 5,8 Prozent des Bodens. Dazwischen lagen die wenigen mittleren Betriebe. Die Bedingungen für die Landwirtschaft waren vor allem im Zentrum des Landes so günstig, dass Chile mit seinen damals knapp zehn Millionen Einwohnern theoretisch dreißig Millionen Menschen hätte ernähren können. Doch die Großgrundbesitzer hielten ihren Boden mehr aus Prestigegründen und verdienten ihr Geld vor allem im Handel und mit Banken. Die Landwirtschaft war so unproduktiv, dass Lebensmittel importiert werden mussten.

Die Landreform der Regierung Frei Montalva sah vor, dass Betriebe mit über 80 Hektar bewässertem Land in der fruchtbaren Provinz Santiago enteignet werden sollten. Die Enteignungsgrenze steigerte sich auf 500 Hektar Weideland im südlichen Chile, in der Vorandenkette gar auf bis zu 7000 Hektar. Brach liegende Latifundien konnten unabhängig von ihrer Größe enteignet und umverteilt werden. Die Besitzer wurden nach dem Fiskalwert entschädigt, der in aller Regel von ihnen selbst zur Steuerersparnis möglichst niedrig angesetzt worden war. Das Regelwerk also hatte schon Frei Montalva geschaffen. Aber unter seiner Regierung waren gerade einmal 18 Prozent der Nutzfläche umverteilt worden. Erst unter Allende wurde die Landreform beschleunigt. Ende 1972 gab es in Chile keinen Großgrundbesitz mehr, bis zum September 1973 wurden 6,4 Millionen Hektar enteignet.

Auch in anderen Wirtschaftszweigen hat die Unidad Popular im Grund nur die von den Christdemokraten begonnene Reformpolitik beschleunigt, vertieft und radikalisiert. Die Eisenerzgewinnung und die letzten Salpeterminen wurden durch Aufkäufe sozialisiert. Die staatliche Corporación de Fomento de la Producción (Corfo) hatte seit 1939 nicht nur in Infrastruktur, Energie und Kohleminen investiert, sondern auch – zum Beispiel bei Textilien und im Pharmabereich – einen staatlichen Industriesektor aufgebaut, dessen Anteil an der gesamten nationalen Produktion bei der Amtsübernahme Allendes in Lateinamerika nur noch von dem des revolutionären Kuba übertroffen wurde. Rund 40 Prozent der Industrie waren schon vor der Regierung der Unidad Popular staatlich.

In der Zeit der Unidad Popular wurden dann auch die Banken und der Außenhandel verstaatlicht. Dazu galten nach einem seit 1931 existierenden, aber so gut wie nie angewandten Gesetz alle Produktionseinrichtungen für enteignungsfähig, in denen Güter des Grundbedarfs hergestellt wurden. Bis zum September 1973 wurden auf dieser rechtlichen Grundlage über fünfhundert Unternehmen verstaatlicht oder unter staatliche Verwaltung gestellt, indem man die Geschäftsführung der Entscheidungsmacht eines sogenannten Interventors unterstellte. Nicht immer waren solche Verstaatlichungen mit Konflikten verbunden. Mit den meisten Unternehmen der Lebensmittel-, Unterhaltungs-, Elektronik- und Textilindustrie konnte sich die Regierung gütlich einigen. Der staatliche Anteil an der nationalen Produktion wuchs so innerhalb von drei Jahren von 40 auf 80 Prozent.

Allerdings liefen sowohl die Landreform, als auch die Verstaatlichung von Handel und Industrie nicht immer planmäßig ab. Innerhalb der Unidad Popular gab es kein von allen an der Regierung beteiligten Parteien unterstütztes Konzept über einen chilenischen Weg zum Sozialismus. Die Kommunistische und große Teile der Sozialistischen Partei bevorzugten einen legalistischen Weg über die demokratischen Institutionen, in denen die Volksfront freilich keine Mehrheit besaß. Der linke Flügel der Sozialisten, der MIR und der MAPU dagegen ließen sich vom revolutionären Kuba inspirieren und wollten Wirtschaft, Staat und Gesellschaft zur Not auch mit Gewalt umkrempeln. Allende versuchte, beide Strömungen zusammenzuhalten. Einerseits favorisierte er persönlich den legalistischen Weg, andererseits akzeptierte er an sich illegale Landbesetzungen durch revolutionäre Gruppen und die Verstaatlichung von Industriebetrieben ohne gesetzliche Grundlage. In den Außenvierteln Santiagos und anderer Großstädte entstanden in diesen Jahren sogenannte *cordones industriales*, ganze Industriegebiete, in denen die Betriebe von organisierten Arbeitern übernommen und in Selbstverwaltung weitergeführt wurden.

So war die Unidad Popular nach dem Urteil des marxistischen Soziologen Tomás Moulian »eine Mischung aus dem obsessiven Willen, das Unmögliche zu tun, und einem Realismus ohne theoretisches Fundament«. Ihre Politik schwankte ständig zwischen revolutionärem Fortschritt und Verhandlungen um politische Stabilität. Auf eine klassische Revolution, so Moulian, war die Regierung Allende nicht vorbereitet. »Sie scheute davor zurück, revolutionäre Gewalt anzuwenden, und verwandelte sich so immer mehr in eine rhetorische Illusion, in einen romantischen Traum von entwaffneten Propheten.«

Trotzdem war sie zunächst sehr erfolgreich. Trotz sinkender Kupferpreise auf dem Weltmarkt wuchs die Wirtschaft 1971 um 9 Prozent, die Kaufkraft der Arbeiter nahm zu. Die Preise für Mieten und Grundnahrungsmittel wurden staatlich festgesetzt, Gesundheitsversorgung und Bildung waren gratis. Vor allem die Armen und deren Kinder profitierten davon. Fidel Castro war von der Politik der Unidad Popular so angetan, dass er dem Land den wohl längsten Staatsbesuch der jüngeren Geschichte widmete. Ende 1971 reiste er zusammen mit Allende drei Wochen lang quer durchs Land.

Doch der Aufschwung war fast ausschließlich auf staatliche Sozialprogramme und eine Ausweitung der Geldmenge zur Stimulierung der Nachfrage aufgebaut. Die Warenproduktion hielt da nicht mit. Privatunternehmer investierten aus Furcht vor Verstaatlichungen nicht mehr. Unkoordinierte Landbesetzungen ließen die Lebensmittelproduktion sinken, ab Mitte 1972 mussten die wichtigsten Grundnahrungsmittel rationiert werden. Auch andere Waren wurden knapp, ein Schwarzmarkt entstand. In den Stadtvierteln organisierte die Basis der Unidad Popular sogenannte Juntas de Abastecimiento y Control de Precios (JAP): Gruppen von engagierten Mitgliedern linker Parteien und deren Sympathisanten, die über die Einhaltung der staatlich festgesetzten Preise wachten und Händler anzeigten, die Waren vom Markt nahmen und in geheimen Lagern horteten. Die Inflation explodierte. Beim Amtsantritt Allendes hatte sie 29 Prozent betragen. Bis 1972 stieg sie auf 160 Prozent, kurz vor dem Putsch überschritt sie die 600-Prozent-Marke.

Schindlers Weg durch die Wirren der Politik

Viel von dem, was damals an der Basis entstand, war nicht von der Regierung koordiniert, sondern entsprang oft einfach nur der Initiative von ein paar Enthusiasten. Jorge Schindler, Vertreter von Bayer-Arzneimitteln und Besitzer einer Kleinstadtapotheke, hatte damals zusammen mit zwei Gewerkschaftern einer staatlichen Pharmafabrik die Idee, in einem Armenviertel von Concepción eine Volksapotheke aufzubauen. Sie sollte an allen sieben Tagen in der Woche 24 Stunden geöffnet und alle nötigen Medikamente als billige Generika vorrätig haben. »So etwas gab es in Concepción noch nicht«, erzählt er. »Aber es war bitter nötig: In den Armenvierteln der Stadt lebten die Arbeiter der nahen Kohleminen und konnten mit ihren Löhnen ihre Familien kaum über die Runden bringen. Teure Markenmedikamente, wie sie in den privaten Apotheken angeboten wurden, konnten die sich nicht leisten.«

Ein Lokal war schnell gefunden. Was fehlte, war das Startkapital. Schindler und seine zwei Freunde beantragten Geld und eine Genehmigung beim Gesundheitsministerium, mussten dort aber die Funktionäre erst einmal von ihrer Idee überzeugen. »Es war ein langes Hin und Her. Wir hatten die Idee schon 1971 und erst ein Jahr später konnten wir die Apotheke eröffnen.« Als Verkäufer wurden Absolventen des pharmazeutischen Studiengangs der Universität von Concepción angestellt. Die meisten waren beim MIR organisiert. Ihre Arbeit war mehr ein Sozialdienst als ein Brotberuf. Die Apotheke wurde im Stadtteil begeistert angenommen. Gewinne abgeworfen hat sie nie. »Aber das war auch nicht der Sinn der Sache«, sagt Schindler. »Das sollte nie ein Geschäft für uns werden.«

Die politische Situation in Concepción war damals verworren. Die örtliche Sektion der Sozialistischen Partei stand in linker Opposition zur Parteiführung in Santiago und zur Regierung Allende und hatte sich mit dem MIR verbündet. Die Jugendorganisation der Allende-treuen Kommunistischen Partei lieferte sich immer wieder harte Straßenschlachten mit der Nachwuchsorganisation des MIR, es gab Verletzte und einmal auch einen Toten. Die Stadt hatte den Ruf, Hochburg der revolutionären Linken zu sein, aber auch die ultrarechte Terrororganisation Patria y Libertad zog hier ihre wichtigsten Kader zusammen – eben um den MIR zu bekämpfen.

Am 29. August 1972 gab es im Zentrum der Stadt gleich drei Demonstrationen: Die Kommunisten und Minenarbeiter demonstrierten zur Unterstützung Allendes, die Christdemokraten marschierten gegen ihn, der MIR und die örtliche Sektion der Sozialisten griffen die Regierung von links an. Die Carabineros achteten darauf, dass sich die drei Aufmärsche nicht in die Quere kamen. Nur kurz gab es eine Auseinandersetzung zwischen Christdemokraten und MIR, die von der Polizei in Schwaden von Tränengas schnell erstickt wurde. Die Carabineros von Concepción standen damals noch auf der Seite Allendes. »Aber man wusste, dass es auch drei Offiziere gab, die bei Patria y Libertad waren«, sagt Jorge Schindler. Er selbst marschierte im Zug der Kommunisten und Bergleute mit.

Die Demonstrationen lösten sich schon auf, Schindler war zusammen mit einem Genossen in seinem blauen Fiat 600 auf dem Weg nach Hause. Im Zentrum stockte der Verkehr. Einer der ultrarechten Offiziere hatte seine Einheit zum Lokal der Sozialistischen Partei geführt, eine Provokation. Schindler steckte im Stau und sah, wie einer der Carabineros zusammenbrach und ein anderer sich über den Gestürzten beugte. »Ich habe reagiert, wie wohl jeder reagiert hätte, der ein bisschen Menschlichkeit in sich hat. Ich bin ausgestiegen und habe angeboten, den Verletzten mit meinem Wagen ins Krankenhaus zu bringen.« Der Mann wurde in den Fiat gezwängt, »hinterher war die Rückbank voller Blut«. Der Carabinero war angeschossen worden und erlag in derselben Nacht seinen Verletzungen.

Als Schindler das Krankenhaus verließ, wurde sein Kleinwagen von vier Polizeiautos blockiert. Er dachte schon, sie seien gekommen, um ihn zu verhaften. Aber sie wollten sich nur bedanken.

Tags darauf verbreitete die lokale Zeitung unter der Schlagzeile »Mord an einem Polizisten« die offizielle Version der Carabineros zu den Geschehnissen, und die hatte mit Schindlers Beobachtungen nichts zu tun. Danach wurde der Polizist aus der Parteizentrale der Sozialisten heraus erschossen. An dem Ort, an dem Schindler den Mann zusammenbrechen sah, war das nicht möglich. Der Schütze hätte um die Ecke eines Gebäudes schießen müssen. Die Zeitung berichtete weiter, dass der Angeschossene von einem Privatmann in einem Fiat 600 ins Krankenhaus gebracht worden sei. So weit war das richtig. Nur die Farbe stimmte nicht. Nach der Version der Carabineros war der Fiat rot und nicht blau.

Schindler gab noch am selben Tag einem lokalen Fernsehsender ein Interview, in dem er die Version der Carabineros zerpflückte. »Ich war gut vorbereitet, mit einer genauen Skizze des Orts.« Er ist bis heute davon überzeugt, dass der Polizist von einem ultrarechten Scharfschützen von einem Dach herunter erschossen worden ist und dass die Carabineros mit diesem den Sozialisten in die Schuhe geschobenen Attentat auf die Seite der rechten Opposition gezogen werden sollten.

Vor dem Fernsehinterview war Schindler ein einfaches, in der Öffentlichkeit unbekanntes Mitglied der Kommunistischen Partei gewesen. Danach war er in Concepción bekannt wie ein bunter Hund. Er wurde von einem Kommando von Patria y Libertad beschattet. »Vier Männer in einem Ford Falcon verfolgten mich auf Schritt und Tritt, ich musste untertauchen.« Es gelang ihm, seine Verfolger in der Nacht abzuschütteln. Danach reiste er von einem Versteck der Kommunistischen Partei ins nächste, von Concepción bis ins gut fünfhundert Kilometer entfernte Santiago. Nach zehn Tagen glaubte er, die Lage habe sich beruhigt. Er kehrte zurück.

Doch nichts war mehr, wie es vorher war. Konservative Apotheker hatten ihn bei Bayer angeschwärzt, sein Chef bestellte ihn ein. »Er sagte, er sei mit meiner Arbeit sehr zufrieden, aber wichtige Kunden seien gegen mich.« Schindler wusste, dass seine Zeit als Pharmavertreter zu Ende war. »Ich fragte ihn, wie viel er für meine Kündigung zu bezahlen bereit sei, und nahm dann einen ordentlichen Koffer voll Geld mit nach Hause. Er hat mich immer anständig behandelt.«

Im November 1972 zog Schindler zum zweiten Mal nach Santiago. Dort hatte ihm ein sozialistischer Freund einen Job vermittelt, bei Corfo, zu einem Drittel seines vorigen Gehalts. »Das lief nicht über die Beziehungen der Kommunistischen Partei«, sagt er. »Aber natürlich habe ich die Genossen informiert.« Die staatliche Institution, einst gegründet zum Aufbau einer nationalen Industrie, kümmerte sich in dieser chaotischen Zeit vor allem darum, dass die Wirtschaft und die Versorgung der Bevölkerung nicht vollends zusammenbrachen. Schindler wurde Chef des Vertriebs im pharmazeutischen Komitee von Corfo. Als solcher war er zuständig für die Verteilung der immer knapper werdenden Devisen an lokale Arzneifabriken, damit diese im Ausland die für die Produktion nötigen Rohstoffe einkaufen konnten. »Das war nicht sehr konfliktträchtig«, sagt er. Die Generikaproduzenten waren ohnehin staatlich; beim größten, dem Laboratorio de Chile, saß er als Corfo-Mann mit in der Geschäftsleitung. Die chilenischen Niederlassungen der internationalen Pharmakonzerne hielten sich weitgehend aus der Politik heraus. »Denen ging es nur ums Geschäft, da gab es keinen Boykott.«

Aber auch Hygieneartikel fielen in seine Zuständigkeit, und da gab es große Probleme. Seife, Shampoo, Zahnpasta und Deo waren zeitweise ganz vom Markt verschwunden. »Viele Händler waren einfach nur Spekulanten. Sie kauften die Ware und hielten sie zurück, um sie später mit der rasenden Inflation zu sehr viel höheren Preisen zu verkaufen.« Anderen aber ging es darum, die Unidad Popular unbeliebt zu machen. »Sie horteten die Ware, um immer längere Warteschlangen vor den Läden zu provozieren und damit Allende zu schaden.«

Mehrmals ist es Schindler und seinen Leuten gelungen, ganze Lagerhallen voller Zahnpasta und Deo auszuheben, vor allem in der Gegend um den Zentralbahnhof. In diesem alten Arbeiterviertel reihen sich einfache Wohnhäuser neben Handwerksbetrieben und kleine Fabriken. »Wir waren auf die Mitarbeit der Bevölkerung angewiesen«, erzählt er. »Die Leute sahen ja, wo Lastwagen entladen wurden und wohin die Waren dann verschwanden.«

Der Weg zum Putsch

Die politische Rechte hatte die Regierung Allende schon vor der Amtsübernahme mit illegalen Mitteln zu verhindern versucht. Sie blieb bei dieser Obstruktionspolitik. Nur ein einziges Mal stimmte sie im Parlament mit der Unidad Popular: am 11. Juli 1971, als es um die Verstaatlichung der Kupferindustrie ging. Zwar profitierte sie selbst nicht davon, dafür aber die Streitkräfte. Die bekommen bis heute 10 Prozent der staatlichen Kupfergewinne – außerhalb des Wehretats und ohne über die Verwendung Rechenschaft ablegen zu müssen. Es gab enge Verbindungen der oppositionellen rechten Nationalen Partei zur ultrarechten Terrororganisation Patria y Libertad, und seit dem Staatsbesuch von Fidel Castro Ende

1971 ging die Oberschicht auch auf die Straße. Noch während Castros Besuch gab es die ersten Demonstrationen von Damen aus den guten Wohngegenden Santiagos. Begleitet von ihren Hausangestellten schlugen sie mit Kochlöffeln auf Töpfe, um gegen die angeblich schlechte, tatsächlich aber noch akzeptable Versorgungslage zu protestieren.

Wirtschaftlich gesehen repräsentierten sie die schmale Oberschicht, weit weniger als 10 Prozent der Bevölkerung. Bei Wahlen aber kam die Rechte seit Jahren auf rund ein Drittel der Stimmen, immer in etwa genau so viel wie die Linke und das Zentrum, das zunächst von der Radikalen Partei, dann von den Christdemokraten dominiert wurde. Der Schwenk der Christdemokraten weg von einer Tolerierung der Linksregierung und ihre Annäherung an die Rechte war deshalb für die Unidad Popular fatal.

Auslöser dieses Richtungswechsels war ein Mordanschlag auf den christdemokratischen Politiker Edmundo Pérez Zujovic, der unter Präsident Frei Montalva Bau- und Innenminister gewesen war. Sein Mercedes wurde am 8. Juni 1971 in Providencia, dem Geschäftsviertel von Santiago, von Bewaffneten angehalten – einem Kommando der kleinen linksextremen Guerilla Vanguardia Organizada del Pueblo (Organisierte Avantgarde des Volkes, VOP). Einer der Männer eröffnete mit einer Maschinenpistole sofort das Feuer. Pérez Zujovic wurde von neun Kugeln getroffen und starb. In seine Zeit als Innenminister fällt die schwerste Bluttat staatlicher Sicherheitskräfte der Regierung Frei Montalva: Am 9. März 1969 war in Puerto Montt im Süden des Landes ein von armen Leuten besetztes Gelände von Carabineros gewaltsam geräumt worden. Zehn Besetzer kamen dabei ums Leben, darunter ein neun Monate altes Kleinkind. Weitere siebzig wurden verletzt. Der Räumungsbefehl war zwar von einer lokalen Behörde erteilt worden, Pérez Zujovic aber übernahm als Innenminister die politische Verantwortung und galt in der extremen Linken seither als Mörder.

Obwohl die Attentäter schnell gefasst und drei bei der Verhaftung erschossen wurden, betrieb die Christdemokratische Partei nach dem gewaltsamen Tod von Pérez Zujovic offene Opposition gegen Allende. Sie hatte mit der Hilfe der CIA-Gelder großen Einfluss auf die Gewerkschaften der Kupferindustrie gewonnen und trieb diese immer wieder in Streiks. Den Minen ging es ohnehin nicht gut, nicht nur wegen der damals niedrigen Preise auf dem Weltmarkt. Nach der Verstaatlichung hatten viele chilenische Techniker und Manager gekündigt und waren von den internationalen Bergbaukonzernen in anderen Ländern unter Vertrag genommen worden. Die USA lieferten keine Ersatzteile für die Wartung der Maschinen. Die wichtigste Einnahmequelle der Regierung sprudelte nicht mehr wie gewohnt. Es gab zwar kein formelles Wirtschaftsembargo der USA gegen Chile. Der Geheimdienst CIA aber hatte die wichtigsten US-Unternehmen in einer informellen Gruppe unter der Führung des von Allende enteigneten Telefonkonzerns ITT zusammengebracht. Deren Handelsblockade kam faktisch einem Embargo gleich.

Auch unter den Bauern gab es einen großen Sektor, der den Christdemokraten nahestand; vor allem diejenigen, die von der kleinen Landreform von Frei Montalva profitiert hatten. Der wenige damals verteilte Boden war fast ausschließlich an Kooperativen vergeben worden, deren Mitglieder schon vorher kleine Grundbesitzer gewesen waren. Landlose Landarbeiter blieben außen vor. Die Landreform der Unidad Popular berücksichtige auch die Landlosen. Allerdings bevorzugte sie große staatliche Betriebe im Stil der sowjetischen Sowchosen, die mangels Erfahrung zum Teil nur schlecht verwaltet wurden. Einfache Landarbeiter blieben auf diesen Gütern einfache Landarbeiter, wer vorher ein Stückchen eigenes Land besessen hatte, empfand diese Landreform als sozialen Abstieg. Die Christdemokraten nutzten das geschickt und schürten Unruhen und Streiks auf dem Land. Dazu kamen zahllose illegale Landbesetzungen durch linksradikale Gruppen. Die Lebensmittelproduktion brach ein, Rationierungen waren die Folge.

Am verheerendsten aber wirkten sich zwei große politische Streiks der Fuhrunternehmer im Oktober 1972 und im Juli 1973 aus. Die Kornkammer Chiles liegt im Süden von Santiago. Der

Rest des schmalen und über viertausend Kilometer langen Landes muss mit Lastwagen versorgt werden. Die beiden Streiks sorgten vom äußersten Süden bis in den hohen Norden für leere Regale in den Läden. Hamsterkäufe beim wenigen, was es noch gab, Spekulation mit gehorteten Waren, Schwarzmarkt und Inflation nahmen ein vorher ungeahntes Ausmaß an. Dazu kamen Sabotageakte der Ultrarechten. In den knapp drei Jahren der Unidad Popular gab es über sechshundert Anschläge auf Eisenbahnlinien, Brücken, Hochspannungsmasten und Pipelines.

Die radikale Linke fürchtete schon früh einen Militärputsch und forderte die Auflösung des Militärs. Statt dessen wollte sie Volksmilizen aufbauen. MIR und MAPU versuchten, in der Kriegsmarine eine Meuterei anzustiften. Es gab Attentate gegen Armeeangehörige.

Trotz der verheerenden wirtschaftlichen Lage und der mehr als gespannten politischen Situation erreichte die Unidad Popular bei der Parlamentswahl im März 1973 mit 44 Prozent das beste Ergebnis ihrer kurzen Geschichte. Die Christdemokraten und die Nationale Partei hatten sich zur Wahlplattform Confederación de la Democracia (Konföderation der Demokratie, CODE) zusammengeschlossen. Ihr Ziel war eine Zweidrittelmehrheit, mit der sie dann ein Amtsenthebungsverfahren gegen Allende hätte einleiten können. Mit 55 Prozent der Stimmen blieb sie weit hinter ihren Erwartungen zurück, hatte aber weiterhin eine klare Mehrheit im Parlament.

Allende versuchte die Stituation zu entspannen, indem er seit Ende 1972 hochrangige Militärs und Carabineros in die Regierung aufnahm. Der wichtigste und prominenteste von ihnen war Heereschef General Carlos Prats, der Nachfolger des 1970 ermordeten Generals Schneider. Er wurde im November 1972 Innenminister und überließ die Heeresführung seinem Stellvertreter General Augusto Pinochet, den er für einen loyalen Soldaten hielt.

Seine wichtigste Rolle spielte Prats am 29. Juni 1973. An diesem Tag fuhren morgens um neun sechzehn Panzer des zweiten Panzerregiments unter der Führung von Oberstleutnant Roberto Souper vor dem Regierungspalast Moneda und dem daneben liegenden Verteidigungsministerium im Zentrum von Santiago auf und eröffneten das Feuer aus Maschinengewehren. Ein Panzer rammte das Eingangstor des Verteidigungsministeriums. Der als »Tanquetazo« (von *tanque,* dem spanischen Wort für Panzer) bekannte Putschversuch war schlecht vorbereitet und mit kaum jemand in der Armee abgesprochen. Die Aktion wirkte alles andere als entschlossen. Als die Kolonne von der Kaserne aufs Stadtzentrum zugerollt war, hatte sie sogar rote Verkehrsampeln respektiert und angehalten. Ein Panzer machte halt an einer Tankstelle; der Fahrer füllte Treibstoff nach und bezahlte. Vor dem Regierungspalast konnten die Kanonen der Panzer nicht eingesetzt werden, weil das den Rückstoß der Schüsse abfedernde Öl nicht nachgefüllt worden war.

General Prats kreiste die Putschisten mit loyalen Armeeeinheiten ein. Die Drohgebärde reichte. Souper gab auf und floh mit seinem Panzer in den Süden der Hauptstadt, seine Waffenbrüder folgten ihm. Nach zwei Stunden war der Tanquetazo vorbei.

Im Nachhinein mag dieser Umsturzversuch wie ein abgeschmacktes und schlecht inszeniertes Theaterstück wirken. In der angespannten politischen Situation von Mitte 1973 aber war er ein einschüchternder Warnschuss. In diesen Tagen gab es in Santiago täglich Demonstrationen, von der Unidad Popular genauso wie von der Opposition. Beide brachten bis zu einer Million Menschen auf die Straße.

Wegen seines Eingreifens beim Tanquetazo wurde Prats von Allende am 9. August zum Verteidigungsminister berufen. Den anderen Generälen aber gefiel diese Nähe ihres Chefs zum linken Präsidenten gar nicht. Doch sie blieben still und schickten zunächst nur ihre Ehefrauen vor. Die hielten am 22. August – Prats lag mit Fieber im Bett – vor dem Privathaus des Heereschefs und Verteidigungsministers eine lautstarke Protestkundgebung ab. Pinochet tauchte dort auf, um seinen Chef zu verteidigen. Er wurde ausgebuht. Prats verlangte daraufhin von seinen Generälen eine Loyalitätsbezeugung. Sie wurde ihm von der Mehrheit verweigert.

Am 23. August trat er deshalb als Verteidigungsminister und Heereschef zurück. Als seinen Nachfolger im Amt des Heereschefs empfahl er seinen bisherigen Stellvertreter Pinochet und Allende folgte dem Rat.

Am Tag vor dem Rücktritt seines Verteidigungsministers hatte die rechte Mehrheit des Parlaments Allende das Misstrauen ausgesprochen. Formal gesehen war das nicht mehr als eine symbolische Geste; die damalige Verfassung sah kein Misstrauensvotum gegen den Präsidenten vor. Allende aber wusste: So konnte er nicht mehr weiterregieren. Am 10. September bot er an, das Volk in einem Referendum über seinen Verbleib im Amt abstimmen zu lassen. Dazu ist es nicht mehr gekommen. Am nächsten Morgen putschte das Militär. Und dieses Mal war der Putsch gut vorbereitet.

Henry Kissinger, der Sicherheitsberater von US-Präsident Richard Nixon, reagierte wie ein ertapptes Kind, als er von Journalisten auf den Putsch in Chile angesprochen wurde: »Wir sind es nicht gewesen.« Das war mindestens eine halbe Lüge. Was dem Geheimdienst CIA vor der Amtseinsetzung Allendes nicht gelungen war – das Land ins Chaos zu stürzen, um einen Militärputsch zu provozieren –, das wurde danach um so verbissener angestrebt. Kaum war der marxistische Präsident vereidigt, stellten die Import-Export-Bank und USAID, die beiden wichtigsten US-Institutionen für die Auslandshilfe, die Zusammenarbeit mit Chile ein. Die US-Repräsentanten in der Interamerikanischen Entwicklungsbank und in der Weltbank blockierten alle Kreditanträge, die aus Santiago eingereicht wurden. Das Land war in der Zeit der Unidad Popular von den internationalen Kreditmärkten so gut wie abgeschnitten.

Gleichzeitig stellte die US-Regierung 3,5 Millionen Dollar für Oppositionsparteien und ihnen nahestehende Organisationen zur Verfügung. Zwei Millionen waren für eine Propagandakampagne, die in erster Linie über die Tageszeitung *El Mercurio* geführt wurde. Dass Agustín Edwards, der Besitzer des Blatts, Nixon und Kissinger besucht hatte, zahlte sich also doch noch aus. Die restlichen 1,5 Millionen Dollar flossen in die Unterwanderung wirtschaftlicher, gewerkschaftlicher und bürgerrechtlicher Organisationen und in die Kassen von paramilitärischen Gruppen wie Patria y Libertad.

Die Großunternehmen der USA mit Filialen in Chile bildeten einen gemeinsamen Ausschuss, in dem die Firmenpolitik gegenüber der Unidad Popular abgestimmt wurde. Viele ihrer Büros in Santiago wurden geschlossen, Kredite abgelehnt, Zahlungen hinausgeschoben und Lieferungen verzögert. Innerhalb von zwei Jahren standen in Chile ein Drittel aller Busse und jedes fünfte Taxi still, weil Ersatzteile aus den USA nicht mehr eintrafen.

Am 20. Januar 1973, dem Tag, an dem Nixon für seine zweite Amtszeit vereidigt wurde, kabelte die CIA-Zentrale in Langley an ihr Büro in Santiago: »Wir sollten uns bemühen, so viele Militärs wie möglich – wenn nicht alle – zum Einschreiten und zur Absetzung der Regierung Allende zu bewegen. [...] Um das Militär dazu zu bringen, sich ernsthaft dem Gedanken an eine Intervention anzuschließen, müssen wir es erneut schaffen, eine Atmosphäre des politischen Aufruhrs und eine gezielte Krisenstimmung zu erzeugen.«

Das Problem war dasselbe wie drei Jahre zuvor: Wie damals General Schneider stand jetzt General Prats als Oberbefehlshaber des Heeres den Plänen aus Washington im Weg. Die CIA-Agenten in Santiago sahen nur zwei Möglichkeiten: »Der einzige Weg, Prats aus dem Weg zu räumen, wäre, ihn zu entführen oder zu ermorden«, schrieben sie an ihre Vorgesetzten. Zu allem Übel machte Allende im Sommer 1973 Prats auch noch zu seinem Innenminister. Doch die Spione hatten eine Idee, die im Vergleich zu den vorher diskutierten brachialen Methoden fast schon elegant erscheint: Sie zielten auf das Ehrgefühl von Carlos Prats und stifteten die Ehefrauen der mit ihnen konspirierenden Offiziere zu jener Protestkundgebung vor dem Privathaus des Innenministers und Heereschefs an, die letztlich zu dessen Rücktritt führte.

Als Pinochet das Amt des Oberkommandierenden des Heeres übernommen hatte, berichtete das CIA-Büro in Santiago zufrieden nach Langley: »Das Heer steht geschlossen hinter einem Putsch.« Und am 9. September setzte der Agent Jack Devine seine Vorgesetzten mit einem Telegramm ins Bild: »Am 11. September startet ein Putschversuch.«

»Wir waren kühn! Wir waren verrückt!«

Durch den Putsch verlor Jorge Schindler seine Arbeit. Bis zum 14. September blieb er zu Hause, dann wollte er wieder in sein Büro bei Corfo. Das Gebäude war von Soldaten bewacht. »Sie ließen mich nicht rein, sondern schickten mich in den Hauptsitz«, im Zentrum, ganz in der Nähe des ausgebombten Regierungspalasts. »Dort bekam ich meinen Lohn bis zum 15. November ausbezahlt und wurde arbeitslos nach Hause geschickt.« Immerhin wurde er freundlich behandelt; es ist ihm nichts passiert. Sein letzter direkter Vorgesetzter Alberto Bachelet, ein Allende-treuer Luftwaffengeneral, wurde verhaftet. Der Vater der späteren Präsidentin Michelle Bachelet kam ins Gefängnis, wurde dort von früheren Untergebenen aus der Luftwaffe verhört und gefoltert und starb ein halbes Jahr später an den Folgen der Qualen.

Spätestens seit dem Tanquetazo hatte Schindler mit einem Militärputsch gerechnet. »Ich dachte, wir seien vorbereitet. Aber da hatten wir uns etwas vorgemacht.« Niemand in der Kommunistischen Partei habe eine so extreme Brutalität erwartet. Nur ein paar Genossen vom MIR hätten versucht, die eine oder andere besetzte Fabrik mit der Waffe in der Hand zu verteidigen. Keiner hat diesen Versuch überlebt. »Es gab keinen Widerstand«, sagt Schindler. »Es gab nur Ohnmacht.«

Schindler ist kein Mann, der mit verschränkten Armen dasitzen kann und darauf wartet, dass etwas passiert. Zusammen mit einem ebenfalls entlassenen Kollegen aus dem Pharmakomitee von Corfo suchte er eine Apotheke, die zum Verkauf stand. Er fand eine in Maipú, damals ein fast noch ländlich wirkender Arbeitervorort von Santiago. Heute erreicht man Maipú mit der Metro. Es ist eines dieser gesichtslosen Unterzentren einer Metropole, mit viel Beton in der Mitte und Siedlungen mit Einfamilienhäusern an der Peripherie. Ende 1973 übernahmen Schindler und sein Kompagnon die Apotheke; es gibt sie noch heute.

»Ich kannte mich ja aus im Gewerbe«, erzählt Schindler. Und man kannte ihn. »Ich bekam in den Fabriken die Medikamente immer auf Kredit und so konnten wir mit der riesigen Inflation spekulieren.« Was billig auf Kredit eingekauft wurde, konnte nach dem nächsten Preisschub erheblich teurer verkauft werden und so blieb nach der Tilgung der Schulden immer ein ordentlicher Gewinn. Schon im Frühjahr 1974 kaufte Schindler die nächste Apotheke und dann noch eine und noch eine. Am Ende waren es fünf. Sein Kompagnon trennte sich von ihm und ließ sich ausbezahlen. »Für ihn war das immer nur ein Geschäft.« Für Schindler war es mehr.

Im Lauf der Jahre stellte Schindler in seiner kleinen pharmazeutischen Kette mehr als fünf Dutzend Männer und Frauen ein – ausschließlich Kommunisten, Sozialisten oder Gewerkschafter. Alles Leute, die meist keine Ahnung von Medikamenten hatten, aber vom Militär gesucht wurden und irgendwie überleben mussten. Für ihre fachliche Schnellbleiche sorgte Alsino García, ein Tierarzt von der Kommunistischen Partei. In der Zeit der Unidad Popular hatte er an einem Forschungsinstitut über Medikamente gegen Geflügelkrankheiten geforscht und war mit dem Putsch entlassen worden. Die rechtliche Seite des Geschäfts wurde von dem Anwalt Hugo Pavez betreut, dem Verteidiger des inhaftierten Vorsitzenden der Kommunistischen Partei Luis Corvalán. Es ist ihm gelungen, den prominentesten politischen Gefangenen des Militärregimes freizubekommen: Am 18. Dezember 1976 wurde Corvalán auf dem Flughafen von Zürich in aller Heimlichkeit gegen den sowjetischen Dissidenten Vladimir Bukowski ausgetauscht. Corvalán ging nach Moskau ins Exil.

Quintín Romero, ein Polizist aus der Leibwache Allendes, arbeitete genauso bei Schindler wie José Muñoz, der Chef der Präsidentengarde. Beide waren am 11. September im Regierungspalast Moneda, hatten den Präsidenten zunächst mit der Waffe gegen die Putschisten verteidigt, waren dann aber von Allende überredet worden, sich zu ergeben. Sie haben überlebt, weil sie von den Soldaten für normale Polizisten gehalten wurden. Romero leitet noch heute die erste Apotheke aus Schindlers kleinem Imperium. Die Läden dienten nicht nur als Unterschlupf und für den Broterwerb von Linken, sie waren auch »toter Briefkasten« für das Verschieben von Nachrichten und Geld zwischen den verschiedenen Zellen der Kommunistischen Partei im Untergrund.

Wie kann man nur so etwas machen, als bekannter Kommunist, mitten in der schlimmsten Repression? Muss man da nicht ein bisschen verrückt sein? Schindlers blaue Augen strahlen. Er steht auf aus dem tiefen Sofa, hüpft durchs Zimmer und schüttelt sich vor Lachen. »Verrückt«, gluckst er, »verrückt! Kühn waren wir! Nur Verrückte können die Welt verändern.« Und als er sich wieder beruhigt, sagt er: »Natürlich waren wir immer gefährdet. Aber der Geheimdienst war damals noch nicht so vernetzt wie heute. Nach dem Putsch hat man mich in Concepción gesucht, in Santiago wollte niemand etwas von mir.«

Die ständige Anspannung blieb nicht ohne Folgen. Nach fünf Jahren begann Schindler zu trinken, war immer weniger fähig, sich zu konzentrieren. Er übergab die Apotheken an García, den Tierarzt, und beschloss, eine Auszeit zu nehmen. 1979 reiste er über Holland und Deutschland nach Bulgarien, wo sein Bruder im Exil lebte. Es ging ihm nicht gut, er konnte kaum mehr Essen, hatte brennende Schmerzen beim Trinken. Sein Bruder schickte ihn zum Arzt und der diagnostizierte ein Karzinom in Schindlers Oberlippe. Er wurde operiert, bekam eine Strahlentherapie gegen den Krebs. »Danach stand ich da, ohne Hemd und Hose«, sagt er. »Alles, was ich besessen hatte, hatte ich in Chile zurückgelassen. Ich hatte nichts mehr.«

Ein Parteifreund riet ihm, nach Frankfurt zu reisen und dort politisches Asyl zu beantragen. Der Repräsentant der Kommunistischen Partei Chiles in der DDR besorgte ihm einen Anwalt von der Deutschen Kommunistischen Partei. Anfang 1980 wurde Schindler Asyl gewährt, ein Jahr später kamen seine zweite Frau und die beiden gemeinsamen Kinder aus Chile nach. Schindler fand eine Halbtagsstelle als Hausmeister inklusive Dienstwohnung in einem evangelischen Gemeindezentrum in einem Außenviertel von Frankfurt. Er wohnt noch heute in dieser Wohnung.

Kaum in Deutschland, war Schindler wieder politisch aktiv. Er trat nicht nur bei unzähligen Solidaritätsveranstaltungen mit Chile auf. Er spielte auch mit der Gefahr. »Dieses Haus war ein Sicherheitshaus der Partei« – ein Unterschlupf, in dem gesuchte Leute versteckt wurden. »Heute kann man es ja sagen«, erzählt er: »Drei Tage nachdem Sergio Buschmann aus dem Gefängnis in Valparaíso ausgebrochen war, war er hier in dieser Wohnung versteckt. Der Pfarrer wusste von nichts.« Buschmann war ein führender Kopf der Frente Patriótico Manuel Rodríguez, jener kleinen kommunistischen Guerilla, die 1986 ein Attentat auf Pinochet verübt hatte. Buschmann, der für die Logistik zuständig war, wurde gefasst. Am 7. August 1987 ist er zusammen mit zwei weiteren Häftlingen in einer spektakulären Flucht über die Dächer aus dem Gefängnis entkommen. Erst nach dem Ende der Diktatur kehrte er nach Chile zurück. Er starb am 10. April 2014 in Viña del Mar.

Neben seiner Arbeit als Hausmeister und in der Partei stieg Schindler in die Tourismusbranche ein. Zunächst verkaufte er über seine Kontakte in der Solidaritätsszene im Auftrag einer Reiseagentur Flugtickets nach Chile. Bald wurde daraus sein eigenes kleines Reisebüro, in bester Lage in Frankfurt, zwischen Hauptbahnhof und Römer, spezialisiert auf Individualreisen nach Chile, Argentinien und Peru. Aus der Parteiarbeit hat er sich 1993 zurückgezogen. Nach dem Ende der Diktatur »gab es logistisch hier nichts mehr zu tun und ich musste mich um mein Reisebüro kümmern«.

Jetzt, da sein Sohn in das Familiengeschäft eingestiegen ist, verbringt er die Hälfte des Jahres wieder in Chile. Zusammen mit alten Freunden hat er dort die Corporación Memorias del Bío-Bío gegründet, einen Geschichtsverein, der sich um die Aufarbeitung der Diktatur in Concepción und Umgebung kümmert. Er selbst ist der Vorsitzende. »In Deutschland habe ich gelernt, wie wichtig es ist, die Verbrechen einer Diktatur im nationalen Gedächtnis zu behalten«, sagt er. »In Chile stehen wir mit dieser Arbeit erst am Anfang.« Zusammen mit einem kleinen Team arbeitet er an einem Dokumentarfilm über den Tod von vier Gewerkschaftern in Concepción. Sie waren am 22. Oktober 1973 ohne Gerichtsverfahren erschossen worden. Zwei der vier waren Freunde von Schindler.

»Ich aber hatte immer Glück und es ging mir fast immer gut.« Es klingt fast ein bisschen entschuldigend. Schindler wird nachdenklich. »Menschen sind einfach widersprüchlich«, sagt er. »Irgendwie war ich immer ein Unternehmer, auch wenn das überhaupt nicht zu meiner Partei passt.«

Kapitel 5

DAS STADION IST EIN FEINDLICHER ORT

Der Putsch vom 11. September 1973, die Gewalt und die neoliberale Revolution. Die Geschichte des politischen Gefangenen Alfonso Ugarte und die des Augusto Pinochet.

Der 11. September 1973 war einer der ersten schönen Tage des beginnenden chilenischen Frühlings. Die Sonne wärmte schon, aber nachts war es noch empfindlich kalt. Alfonso Ugarte, damals 33 Jahre alt, war wie gewohnt bei der Arbeit. Er war Personalchef bei der Industria Chilena de Soldadura, kurz Indura, einer gut zweihundert Mitarbeiter zählenden Fabrik am Rand von Santiago. Sie war spezialisiert auf das Zusammenschweißen großer Metallstrukturen, und weil dazu viel flüssiger Sauerstoff gebraucht wird, wurde auch der dort hergestellt. Gleich neben der Fabrik lag die inzwischen aufgelöste Luftwaffenbasis von Cerillos.

Flüssiger Sauerstoff war in den Krisenjahren für die Regierung der Unidad Popular ein strategisch wichtiges Produkt. Er wurde nicht nur zum Schweißen verwendet, sondern auch in den öffentlichen Krankenhäusern des Landes gebraucht. Alfonso Ugarte arbeitete eng mit Corfo zusammen, jener staatlichen Behörde, die damals unter anderem dafür zuständig war, Engpässe in der Versorgung mit lebenswichtigen Gütern nach Möglichkeit zu vermeiden. Der Produktionschef von Indura war als strammer, politisch rechts gerichteter Mann bekannt und Corfo wollte sicher sein, dass der Nachschub an flüssigem Sauerstoff gewährleistet ist. Ugarte war der Gewährsmann dafür, er war Sozialist. Er hatte die Belegschaft der Firma organisiert, »rund die Hälfte war auf unserer Seite«. Er hatte zusammen mit Gewerkschaftern einen Plan zur Verteidigung der Fabrik erarbeitet, für den Fall, dass das Militär die Produktionsstätte übernehmen wollte. Er selbst hat die Endfassung dieses Plans geschrieben, auf seiner mechanischen Schreibmaschine. Es gab sechs Exemplare davon; das Original und fünf Durchschläge mit Blaupapier, der letzte kaum noch entzifferbar. »Ich war der Einzige, der wusste, wie man so einen Plan aufstellt. Das habe ich beim Militär gelernt.« Bis heute ist Ugarte stolz auf seine soldatische Karriere und auf seinen Dienstgrad. Er ist Hauptmann im Ruhestand.

Alfonso Ugarte wurde in einem Dorf bei Puerto Montt im Süden des Landes geboren. Sein Vater war dort Verwalter auf einem kleinen Landgut. Eigentlich wollte Alfonso Architektur studieren, doch seine Familie konnte sich das nicht leisten. So ging er zum Militär. Bei der Armee war das Studium gratis. Aber Architekten waren in den Kasernen nicht gefragt, und so wurde Ugarte Luftfahrtingenieur. Nach dem Studium wurde er dem Militärflughafen Cerillos zugeteilt. Als die chilenische Luftwaffe in den 60er-Jahren in Britannien neue Jagdbomber vom Typ Hawker Hunter einkaufte, schickte man den jungen Hauptmann nach London. Ein Jahr lang wurde er dort im Flugsimulator ausgebildet, um später die chilenischen Piloten einweisen zu können. Er selbst durfte nicht fliegen; er braucht von Kind an eine Brille. So war er zuständig für die Wartung der Hawker Hunter. »Ich könnte so ein Flugzeug noch heute blind auseinandernehmen und wieder zusammenbauen«, sagt er.

Seine militärische Karriere endete 1969, ein Jahr vor dem Wahlsieg Salvador Allendes. Sein Kommandant war damals zum Rücktritt gezwungen worden, weil er seinem Sohn erlaubt hatte, ein Stipendium zum Studium in der Sowjetunion anzunehmen. Ugarte, der damals noch mit den Christdemokraten sympathisierte (»Ich bin religiös erzogen worden«), fand das empörend und ging zusammen mit seinem Vorgesetzten. Für einen Hauptmann war es damals nicht schwer, einen anderen Job zu bekommen. Offiziere waren gefragt in der Privatwirtschaft, und so musste er nur die Straßenseite wechseln. Erst als er bei Indura war, trat er in die Sozialistische Partei ein.

Am Morgen des 11. September 1973 gab es ein paar diffuse Nachrichten im Radio. Ein Putsch lag seit Tagen in der Luft und es gab Gerüchte über Truppenbewegungen. Doch das war üblich in diesen Tagen: Am 18. September sollte der Unabhängigkeitstag mit einer großen Militärparade in Santiago begangen werden. Erst gegen 11 Uhr erfuhr Ugarte vom Putsch. »Ich bin dann mit ein paar Genossen zur Luftwaffenbasis Cerillos hinübergefahren, um zu sehen, ob sie schon in Alarmbereitschaft waren. Ich wusste ja, wie so etwas aussieht.« Er konnte nichts Ungewöhnliches feststellen. »Die Mannschaft rückte gerade erst ein.« Später stiegen ein paar Hawker Hunter auf; auch das an sich nichts Besonderes auf einer Luftwaffenbasis. Ugarte blieb gelassen. »In einer solchen Situation musst du Ruhe bewahren, das habe ich beim Militär gelernt.« Er ging wie üblich mit seinen Kollegen aus der Geschäftsleitung zum Mittagessen. Sie redeten über Belanglosigkeiten. Politische Themen wurden in dieser Runde immer vermieden. Auch der Nachmittag verlief wie jeder andere. »Ich habe dann abends noch die Waffen aus dem Panzerschrank geholt und an das Wachpersonal verteilt. Das gehörte zu meinen Obliegenheiten als Personalchef.« Dann ist er nach Hause gefahren. Erst dort erfuhr er aus den Nachrichten Einzelheiten über den Putsch.

Eigentlich wollte er am nächsten Morgen wieder zur Arbeit, um zu sehen, was sich dort tat und ob die Fabrik verteidigt werden musste. Aber dann wurden in den Frühnachrichten Listen mit den Namen derer verlesen, die sich den neuen Machthabern stellen sollten. Der zweite Name auf der Liste: Alfonso Ugarte. »Ich war wie versteinert«, erinnert er sich. »Was sollte mein Name da zwischen lauter Ministern Allendes und hohen sozialistischen und kommunistischen Parteifunktionären?« Erst viel später stellte sich heraus, dass es sich um eine Verwechslung gehandelt hatte.

Gemeint war nicht er, sondern ein prominenter Journalist, der seine harschen Kommentare gegen das Militär stets mit einem Pseudonym gezeichnet hatte: mit seinem Namen. Ugarte rief ein paar Genossen von der Sozialistischen Partei an und ein paar Familienangehörige. Dann packte er ein paar Kleider zusammen und fuhr zu einem guten Freund aus der Schulzeit. »Der war für seine rechte politische Einstellung bekannt; ich dachte, dass ich da sicher sein werde.«

Nach allem, was bislang bekannt ist, gab es nur eine sehr kurze Vorbereitungsphase für diesen Staatsstreich. Erst am 8. September legten Admiral José Toribio Merino, der Chef der Kriegsmarine, und Luftwaffenchef General Gustavo Leigh den 11. September als Tag des Putsches fest. General Augusto Pinochet als Oberkommandierender der Landstreitkräfte wurde einen Tag später, am 9. September, ins Vertrauen gezogen. Als Nachfolger und langjähriger Stellvertreter des Allende-treuen Generals Carlos Prats galt er als unsicherer Kantonist.

Am Abend des 10. September erarbeiteten die Oberbefehlshaber der drei Waffengattungen zusammen mit General César Mendoza, dem Chef der Carabineros, eine Proklamation: Es gehe ihnen »um die Bewahrung der historisch-kulturellen Identität des Vaterlands«. Die nötigen Truppenbewegungen wurden mit Vorbereitungen auf die Parade am Unabhängigkeitstag getarnt.

Pinochet schickte am Vorabend des Putschs seine Frau und seine Kinder in ein Landhaus nahe der Grenze zu Argentinien, damit sie sich, sollte das Unternehmen scheitern, schnell ins Nachbarland absetzen könnten. Auch er selbst stand am 11. September nicht in der ersten Reihe. Er dirigierte seine Truppen per Telefon in einem Versteck am Stadtrand Santiagos.

Zuerst schlug die Marine zu und nahm in den frühen Morgenstunden Valparaíso ein. Kurz darauf besetzte das Heer die Stadt Concepción, die als Hochburg der extremen Linken galt. Um 6 Uhr 20 wurde Allende von seinen Sicherheitsleuten darüber informiert. Er versuchte zunächst, Pinochet als Oberbefehlshaber der Streitkräfte zu erreichen, doch der meldete sich nicht am Telefon.

Allende fuhr dann ins Zentrum von Santiago zum Regierungspalast Moneda und traf sich dort mit seinem Kabinett, persönlichen Freunden und ein paar Familienangehörigen. Seine Leibwache war da, sein Arzt, zwei seiner Töchter und auch seine Privatsekretärin und langjährige Geliebte Miria Contreras. Nur Verteidigungsminister Orlando Letelier fehlte. Er war bereits von den Putschisten festgenommen worden.

Um 8 Uhr waren die meisten Radiostationen entweder von der Luftwaffe bombardiert oder vom Heer eingenommen. Statt Nachrichten wurde die vorbereitete Proklamation der Verschwörer verlesen, die sich bereits als »Militärregierung« bezeichneten. Erst da war Allende klar, dass auch Pinochet zu den Putschisten gehörte. Kurz darauf ging ein Anruf von ihnen in der Moneda ein: Wenn der Präsident sofort zurücktrete, würden er und seine Familie in ein Land seiner Wahl ausgeflogen. Allende lehnte kategorisch ab. Stattdessen hielt er seine letzte Radioansprache, verbreitet in schlechter Qualität über die wenigen Sender, die noch nicht in der Hand der Militärs waren. Ihm und allen, die ihn hörten, war klar, dass die Putschisten nicht mehr aufzuhalten waren:

»Mit Sicherheit ist dies die letzte Gelegenheit, mich an euch zu wenden. [...] Mir bleibt nichts anderes, als den Arbeitern zu sagen: Ich werde nicht aufgeben! In diesem historischen Moment werde ich die Treue zum Volk mit meinem Leben bezahlen. [...] Sie haben die Macht, sie können uns überwältigen, aber sie können die gesellschaftlichen Prozesse nicht durch Verbrechen und nicht durch Gewalt aufhalten. Die Geschichte gehört uns und sie wird durch die Völker geschrieben. Arbeiter meiner Heimat: Ich möchte euch für eure Treue danken. [...] Es lebe Chile! Es lebe das Volk! Es leben die Arbeiter! Dies sind meine letzten Worte und ich bin sicher, dass mein Opfer nicht umsonst sein wird. Ich bin sicher, dass es wenigstens ein symbolisches Zeichen ist gegen den Betrug, die Feigheit und den Verrat.«

Damit hatten die Putschisten nicht gerechnet: dass Allende bereit war zum Kampf bis zum letzten Blutstropfen. Die Kontrolle drohte ihnen zu entgleiten. Nicht einmal die Panzer, die vor der

Moneda aufgefahren waren, schienen Wirkung zu zeigen. Was sollten sie tun mit einem Präsidenten, der nicht zurücktreten wollte und sich stattdessen mitten in der Hauptstadt im Präsidentenpalast verschanzte? Um 9 Uhr 30 drohten sie damit, den Palast zu bombardieren. Allende schickte daraufhin die Palastgarde und alle Unbewaffneten aus dem Gebäude. Nur er, seine persönliche Leibwache und ein paar enge Vertraute blieben zurück.

Kurz vor Mittag bombardierten Hawker Hunter die Moneda. Sie waren in der Luftwaffenbasis Cerillos gestartet. Alfonso Ugarte hatte sie aufsteigen sehen und sich dabei gedacht, das seien nur die üblichen Übungsflüge. Er kannte die Piloten persönlich; er hatte sie selbst ausgebildet. Sie warfen Bomben auf den Palast. Doch Allende hielt aus.

Gegen 14 Uhr rückte dann die Armee auf das Gebäude zu. Es kam zu einem kurzen Feuergefecht. Auch Allende griff zu einem Sturmgewehr – eine Kalaschnikow AK-47 – und schoss aus einem Fenster auf die vorrückenden Soldaten. Schnell sah er ein, dass die Verteidigung sinnlos war und in einem Massaker enden würde. Er forderte seine Getreuen auf, den Palast mit erhobenen Händen zu verlassen. Nur er selbst blieb zurück, im Saal der Unabhängigkeit. Dort nahm er sich mit zwei Schüssen aus seiner Kalaschnikow das Leben.

Sein Suizid ist danach oft angezweifelt worden. Immer wieder wurde behauptet, Allende sei, als die Armee die Moneda übernahm, von Soldaten erschossen worden. Die Legende hielt sich so hartnäckig, dass seine Reste 2011 exhumiert und von Gerichtsmedizinern untersucht wurden. Nach ihrem Urteil kann ein Selbstmord nun als zweifelsfrei gelten.

Die Putschisten sind an diesem Tag nicht auf den Widerstand gestoßen, den sie erwartet hatten. Sie hatten sich bürgerkriegsähnliche Auseinandersetzungen mit gut organisierten Kämpfern vom MIR und von der Kommunistischen Partei ausgemalt, die – so glaubten sie – bis an die Zähne bewaffnet waren. Sie hatten es aber nur in Santiago mit ein paar Heckenschützen zu tun. Im Rest des Landes blieb es ruhig. Die organisierte Linke war wie gelähmt.

Offenbar hatte niemand mit dieser Brutalität gerechnet. Allein am 11. September wurden 2131 Menschen verhaftet, bis zum Jahresende wurden es 13 364.

Im Nationalstadion

Drei Tage hielt sich Alfonso Ugarte bei seinem Schulfreund versteckt. Genossen von der Kommunistischen Partei ließen ihm zukommen, sie könnten ihn heimlich nach Argentinien bringen. Er schlug das Angebot aus. »Mit meiner militärischen Mentalität habe ich gedacht: Ich habe nichts getan, also wird mir auch nichts passieren.« Am Abend des dritten Tages ging er nach Hause und fuhr am nächsten Morgen hinaus zur Fabrik. Er hatte sich warm angezogen und nahm den Parka mit – nur für den Fall, dass er doch noch verhaftet würde. Dann wollte er vorbereitet sein für eine kalte Nacht.

Indura war geschlossen. Ugarte parkte seinen Wagen und ging ins Gebäude; als Personalchef hatte er einen Schlüssel. Er fand nur den Produktionsschef. »Der sagte mir, er warte auf militärische Anweisungen.« Ugarte sah, dass für ihn hier nichts zu tun war; er ging wieder. Auf der Straße vor der Fabrik kam zufällig ein Freund mit seinen Wagen vorbei. Er hielt an und stieg aus. Die beiden Männer unterhielten sich.

Das hat wohl der Produktionschef gesehen und dann auf der Luftwaffenbasis angerufen. Kurz darauf kam ein Offizier mit ein paar Untergebenen vorbei. »Ich kannte ihn, wir begrüßten uns freundlich, aber es hat mir nichts genutzt.« Ugarte wurde verhaftet und sein Freund gleich mit. Auf der Pritsche eines Lieferwagens wurden sie zunächst zur Luftwaffenbasis gebracht. »Aber dort wusste niemand, was man mit uns machen sollte.« Man brachte sie zum Verteidigungsministerium gleich neben der ausgebombten Moneda und von dort dann weiter ins Nationalstadion.

Die Sportarena ist ein schlichter Bau aus Beton, der heute bunt angestrichen ist. Sie liegt am Rand einer sechsspurigen Stadtautobahn, auf der anderen Straßenseite beginnt ein Mittelklasseviertel des Stadtteils Ñuñoa: Einfamilienhäuschen mit gepflegten

Gärtchen. An klaren Tagen, wenn die Dunstglocke über Santiago nicht zu dicht ist, sieht man im Hintergrund die mit Schnee bedeckte Gipfelkette der fast siebentausend Meter hohen Anden. Nach dem Putsch wurden hier Tausende inhaftiert. Alfonso Ugarte war seither nur noch einmal hier, bei einer Demonstration auf dem kleinen Platz davor. Nach vierzig Jahren geht er zum ersten Mal wieder hinein, steigt vorsichtig die Ränge hinauf, traut sich kaum, das Geländer anzufassen. Lange blickt er hinab aufs Fußballfeld, dann sagt er: »Es ist viel größer, als ich es in Erinnerung hatte.«

Ugarte ist heute ein rüstiger Rentner, klein und drahtig. Die aschblonden schütteren Haare trägt er nach hinten gekämmt, sein Schnauz ist akkurat gestutzt; die Brille mit den tropfenförmigen Gläsern wirkt etwas zu groß geraten für das schmale Gesicht. Er spricht nachdenklich, leise, mit hoher, fast sanfter Stimme. Er will eine Weile alleine sein. Erst dann ist er bereit zum Gang durch die dunklen Gänge unter der Tribüne. Immer wieder bleibt er stehen, sieht sich um, zunächst etwas unsicher. Er spricht erst, wenn er Vertrauen gefasst hat in seine Erinnerung: »Hier wurden wir registriert«, sagt er in einem hallenartigen Bereich gleich hinter der Treppe. »Sie haben uns unsere Dokumente, Schnürsenkel und Gürtel weggenommen.« Irgendwie hat Ugarte bei dieser Prozedur der Teufel geritten. »Ich habe mich an meine militärische Ausbildung erinnert und den Soldaten im Befehlston angeblafft: Meine Dokumente bitte! Dann habe ich einfach meinen Personalausweis wieder genommen. Ich hatte ihn, bis sie mich nach Chacabuco gebracht haben.«

Im anschließenden Gang ist er in der ersten Nacht zusammen mit vielen anderen gestanden; das Gesicht zur Wand, die Hände über dem Kopf, die Beine gespreizt. Jeder wurde von einem Soldaten bewacht. »Alle paar Minuten kam ein Befehl und die Soldaten schlugen uns mit dem Kolben ihrer Karabiner in die Rippen.« Er aber wurde nicht geschlagen. Der für ihn zuständige Wachsoldat tat nur so als ob. »Kurz vor meinem Körper hat er den Kolben abgestoppt.« Die anderen schrien vor Schmerz, er nicht. Da habe ihm der Soldat zugeflüstert: »Schrei doch, du Dummkopf.« Dann habe auch er nach jedem Befehl geschrien.

Die Zelle, in die er am folgenden Tag gebracht wurde, musste er mit dreißig weiteren Gefangenen teilen. Heute ist dort eine Umkleidekabine; keine von diesen luxurösen, die den Profifußballclubs vorbehalten sind, mit Duschen und in den Boden eingelassenem Entspannungsbecken. Eher die Minimalausstattung für Schulen: Spinde an den Wänden, in der Mitte eine lange Bank. Damals gab es nicht einmal das. Nur ein Loch im Boden, abgetrennt mit einer Decke. Das diente als Toilette. »Wir hatten feste Zeiten vereinbart, wann Frauen dort hindürfen und wann Männer.« Es war so eng in der Zelle, dass sich nicht alle auf einmal ausstrecken konnten. Während die eine Hälfte schlief, hockte die andere zusammengekauert am Rand. Nach drei Tagen wurden sie zum ersten Mal vom Roten Kreuz mit Lebensmitteln versorgt; sie bekamen ein bisschen Brot und jeder einen Becher Milch.

In einem Saal unter der Tribüne, der heute schummrig, leer und staubig ist und nicht genutzt zu werden scheint, wurde Ugarte vernommen. Damals standen ein paar Schreibtische dort, mit mechanischen Schreibmaschinen darauf und dahinter je ein Soldat. Der Stuhl vor den Tischchen war für die Gefangenen. »Der Offizier, der mich vernommen hat, war sehr vulgär. Er redete nur in Schimpfworten.« Während des Verhörs fuhrwerkte ein Militärfriseur mit Schere und Kamm in seinen Haaren herum. »Ein furchtbarer Schnitt! Er sollte uns wohl entstellen, um uns zu demütigen.« Man warf ihm vor, er habe einen Kleinlaster gestohlen und das Personal bei Indura an Waffen ausgebildet; am Tag vor dem Putsch habe man ihn dort in Armeeuniform gesehen. »Dabei habe ich seit meinem Ausscheiden aus der Luftwaffe nie wieder eine Uniform getragen.« Am Ende habe man ihm ein nichtssagendes Protokoll vorgelegt, kaum eine halbe Seite lang. Er sollte am unteren Rand des Blatts unterschreiben. »Nein, habe ich gesagt, ich unterschreibe gleich unter dem Text. Da haben sie mich zusammengeschlagen.«

Als aber ein höherer Offizier vorbeikam, Einhalt gebot und ihn mit »Hauptmann Ugarte« ansprach, wurde der Ton sofort freundlich. Man kannte sich von der Militärakademie. Der Friseur habe sogar noch versucht, das Beste aus dem verhunzten Haarschnitt zu machen, und ihn nur noch *mi capitán* genannt – mein Hauptmann, die beim chilenischen Militär übliche unterwürfige Anrede eines Höherrangigen.

Ugarte legt immer wieder Wert darauf, dass er als ehemaliger Militär fast so etwas wie privilegiert war unter den politischen Gefangenen. Nein, sagt er, gefoltert worden sei er nicht. Er meint damit nur, dass er nicht auf dieses Gestell aus Metall geschnallt und mit Stromstößen gequält wurde, dass man ihn nicht aufgehängt hat an Händen oder Füßen und dass er nicht vergewaltigt wurde. Einmal, erzählt er, sei er nach einem fruchtlosen Verhör gezwungen worden, drei Tage lang mit verbundenen Augen auf der unteren Pritsche eines Stockbetts zu sitzen, sodass er sich nie aufrichten und strecken konnte. Aber Schlafentzug, Prügel oder Quälereien wie diese, das lässt er nicht als Folter gelten. Trotzdem ist er im 2004 veröffentlichten Valech-Bericht über politische Haft und Folter während der Militärdiktatur als Opfer erwähnt. Er bekommt heute deshalb eine kleine Rente.

»Einzig die Tatsache, dass wir überhaupt nicht wussten, wie lange das dauern und was noch kommen würde, das war für mich so etwas wie Folter«, sagt er. »Wir wussten noch nicht einmal, wie viele wir waren.« Das sei ihm erst klar geworden, als alle Gefangenen einmal nachts um zwei auf dem Fußballfeld antreten mussten, in langen Reihen, alphabetisch geordnet nach ihrem Nachnamen. »Die Flutlichtanlage war eingeschaltet, von den Tribünen herunter waren Maschinengewehre auf uns gerichtet. Es war purer Terror und wir alle hatten Angst. Erst da habe ich gesehen, dass wir wenigstens zwei- oder dreitausend Gefangene waren.«

Jeden Tag sind ein paar entlassen worden. Man rief sie auf über die Lautsprecher im Stadion, sie mussten sich an einem Ausgang einfinden und bekamen dort ihre Papiere zurück. Auch Alfonso Ugarte wurde einmal aufgerufen, stand schon in der Reihe, rückte vor, hätte als Nächster gehen dürfen. »Da flüsterte ein Offizier dem Soldaten am Ausgang etwas ins Ohr und der schickte mich wieder zurück. Da war mir klar, dass das hier lange dauern würde.«

Die Uhr wird zurückgedreht

Tatsächlich war der Putsch von Anfang an auf lange Sicht angelegt. Die Junta aus Generälen, die am 11. September 1973 um 18 Uhr in der Militärakademie von Santiago zum ersten Mal offiziell zusammentrat, hatte nie die Absicht, die sozialistische Regierung unter Allende zu stürzen und dann das Land nach einer kurzen Übergangszeit in die Hände konservativer Politiker zu legen. Der Putsch wurde zu einem »Krieg zur Rettung der Nation vor kommunistischen Söldnern« verklärt, der 11. September zu so etwas wie einem zweiten Unabhängigkeitstag erhoben. In ihrer ersten Grundsatzerklärung heißt es, die Junta wolle »sich nicht darauf beschränken, eine rein administrative Regierung zu sein, die dann nicht mehr wäre als eine Klammer zwischen zwei ähnlichen Regierungen von Parteien«. Vielmehr formulierten die neuen Herren einen »Anspruch auf die Initiierung einer neuen Etappe der nationalen Entwicklung«: Sie wollten »den Weg für neue chilenische Generationen bereiten, die in einer Schule gesunder bürgerlicher Tugenden geformt werden«.

Der Putsch richtete sich nicht nur gegen Allende, er richtete sich gegen die gesamte Entwicklung Chiles seit der Volksfrontregierung von 1938. Damals gewann die Einheitsliste der Frente Popular, in der sich die bürgerliche Radikale Partei, die Kommunisten und die Sozialisten zusammengeschlossen hatten, mit dem Radikalen Pedro Aguirre Cerda als Präsidentschaftskandidaten die Wahl vom 30. Oktober. Diese Mitte-links-Koalition hielt nicht lange. Aguirre Cerda war im Grund ein Antikommunist und gegen eine von den Sozialisten und Kommunisten geforderte Agrarreform. Kommunisten und Sozialisten stritten sich wiederum um die Vorherrschaft in der immer stärker werdenden Arbeiterbewegung. Nach drei Jahren brach die Koalition auseinander, und doch war sie ein Wendepunkt in der chilenischen Geschichte. Mit der Volksfrontregierung endete letztlich die Herrschaft der alten Oligarchie aus Großgrundbesitz und Handelshäusern, von der die Politik des Landes seit der Unabhängigkeit bestimmt worden war. Neben der Arbeiterbewegung war eine bürgerliche Mittelschicht entstanden, die nun mitbestimmen wollte.

Die Radikale und später die Christdemokratische Partei waren der Ausdruck dieses politischen Gestaltungswillens. So war die Regierung der Volksfront der Beginn einer gut dreißigjährigen bürgerlichen Herrschaft, die in ihren ersten drei Jahren den Sozialismus als Möglichkeit in sich trug und danach eher von links bedroht wurde als von den alten Oligarchen. Eben deshalb betrieben die folgenden radikalen und christdemokratischen Regierungen gegenüber der Arbeiterbewegung eine Art Beschwichtigungspolitik, die man als soziale Marktwirtschaft bezeichnen könnte. Die radikalen Präsidenten stärkten die Gewerkschaften und verbesserten die soziale Absicherung der Arbeiter, die Christdemokraten nahmen danach – wenn auch nur halbherzig – die Nationalisierung der Kupferindustrie und eine Agrarreform in Angriff.

Der Militärjunta von 1973 war diese ganze Richtung zuwider. Sie wollte zurück in die Zeit davor, als schon einmal die Militärs für acht Jahre diktatorisch regiert hatten. 1924 hatten Offiziere das Chaos von immer heftiger und unübersichtlicher werdenden Arbeitskämpfen genutzt, um den hilflos agierenden Präsidenten Arturo Alessandri (Vater des späteren Präsidenten Jorge Alessandri) ins Exil zu drängen. An seiner statt übernahm am 9. September eine vierköpfige Militärjunta die Macht. Am 11. September (!) 1924 erklärte diese Junta in einem Manifest, sie habe die Absicht, die Nation zu retten. Das Parlament wurde aufgelöst.

Es folgten zweieinhalb Jahre interner Grabenkämpfe im Militär. Ein Teil der Offiziere wollte die Macht möglichst schnell wieder in die Hände eines zivilen rechten Präsidenten legen, vor allem die jüngeren aber wollten selbst regieren. Sie haben sich schließlich durchgesetzt und ließen im Mai 1927 den vormaligen Kriegs- und Innenminister Carlos Ibáñez als einzigen Kandidaten zum Präsidenten wählen.

Seine Diktatur währte fünf Jahre. In der von ihm progagierten neuen Nation sollten – wie im Italien Mussolinis – die Klassengegensätze überwunden werden. Tatsächlich aber richtete sich seine Politik gegen die Linke und gegen die Arbeiterbewegung. Kommunismus wurde als »antinationale Ideologie« bekämpft, die Kommunistische Partei verboten. Streiks und Arbeiterproteste wurden mit Waffengewalt unterdrückt, Oppositionspolitiker des Landes verwiesen. Gleichzeitig nahm der Einfluss der USA in Chile zu. Allein in den Jahren 1927 bis 1929 verdoppelten sich die US-Investitionen auf die damals sagenhafte Summe von einer Milliarde Dollar. US-Konzerne investierten vor allem in den Bergbau, in Handel, Banken und Versicherungen. Der seit dem Salpeterboom dominierende Einfluss der Londoner Börse auf die Wirtschaftsentwicklung Chiles schwand. Hauptquelle von Anleihekapital war nun New York. Reiche Familien schickten ihre Kinder in die USA zum Studieren. Der American Way of Life setzte sich langsam durch – von den Konsumgewohnheiten über das Kino und die Musik bis hin zum Individualismus mit dem Vorbild des Selfmademan.

Die Weltwirtschaftskrise setzte der Diktatur ein Ende. Kein Land wurde davon stärker getroffen als Chile. Anfang 1931 gab es erste Studentenproteste, die sich schnell auf die gesamte Bevölkerung ausdehnten. Ibáñez floh am 27. Juli 1931 ins Exil. Es folgten eine Reihe weiterer kurzlebiger Militärjuntas, erst Ende 1932 kehrte Chile zu formaldemokratischen Zuständen zurück. Arturo Alessandri wurde zum zweiten Mal zum Präsidenten gewählt.

Im Nachhinein liest sich die Geschichte der Ibáñez-Diktatur über weite Strecken wie eine Blaupause zu dem, was nach dem 11. September 1973 kam. Wie 49 Jahre zuvor verstanden sich die Militärs nicht als Putschisten, sondern als Retter der Nation. Wie Ibáñez propagierten sie einen Staat ohne Klassengegensätze, meinten damit aber eigentlich einen oligarchischen Staat ohne Linke und ohne Arbeiterbewegung. Wie unter Ibáñez nahm nach dem Putsch von 1973 der Einfluss der USA auf das chilenische Wirtschaftsleben vorher unbekannte Formen an. Und wie bei der

Machtergreifung der Offiziere im September 1924 regierte zunächst eine Militärjunta, bevor sich einer aus ihrer Mitte zum absoluten Alleinherrscher aufschwang; erst Ibáñez, dann Pinochet.

Der Mann, der alle Feinde täuschte

Ausgerechnet Pinochet, der letzte unter den Verschwörern. Die Chefs der anderen Waffengattungen hatten ihm vorher nie richtig getraut. Er galt als ergebener Diener seines Vorgängers Arturo Prats und war erst zweieinhalb Wochen vor dem Putsch nach dessen Rücktritt von Allende zum Oberbefehlshaber des Heeres ernannt worden. Bei dieser Gelegenheit hatte er noch schriftlich geschworen, er sei bereit, mit seinem Leben den Präsidenten zu schützen. Aber trotz aller Zweifel, man brauchte ihn für den Putsch. Er war der Chef der Landstreitkräfte, der weitaus größten Waffengattung. So zog man ihn wohl oder übel erst zwei Tage vor dem 11. September ins Vertrauen.

Augusto José Ramón Pinochet Ugarte wurde am 25. November 1915 in Valparaíso geboren. Sein Vater war dort Zollbeamter. Er wuchs mit seinen fünf Geschwistern sorglos in einer Familie des gehobenen Mittelstands auf, besuchte streng katholische Privatschulen und wollte schon früh zum Militär. Die Mutter bestärkte ihn in diesem Wunsch. Er schaffte es erst beim dritten Versuch, in die Militärakademie von Santiago aufgenommen zu werden. Bei seiner ersten Bewerbung war er noch zu jung, bei der zweiten überstand er die medizinische Musterung nicht; er war den Militärärzten zu dürr. Am 11. März 1933 aber wurde er als Siebzehnjähriger Kadett an der Interfanterieschule aufgenommen.

Seine militärische Karriere war nicht sonderlich auffällig. In seiner Autobiografie erzählt er von Streichen, die er seinen Kameraden an der Kriegerschule gespielt habe; es scheint für ihn eine unbeschwerte Zeit gewesen zu sein. 1936 wurde er nach der Ausbildung Leutnant, 1953 Major, 1969 Brigadegeneral und Kommandeur der 6. Division des Heeres in Santiago, 1973 schließlich Armeegeneral und Generalstabschef.

Dazwischen lehrte er immer wieder an der Militärakademie. 1964 wurde er als Dozent für Geopolitik und Militärgeografie deren stellvertretender Direktor und schrieb auch ein unbedeutendes Buch über sein Spezialgebiet. 1949 war er Kommandant des Konzentrationslagers Pisagua in der Atacama-Wüste, wo Mitglieder der damals verbotenen Kommunistischen Partei inhaftiert waren. Dort traf er zum ersten Mal auf Salvador Allende, der als sozialistischer Senator dem Lager einen Inspektionsbesuch abstattete.

Pinochet war mehrmals im Ausland. 1956 war er Mitglied der militärischen Mission bei der Botschaft in Washington. Im selben Jahr noch wurde er als Attaché nach Quito geschickt, wo er drei Jahre lang beim Aufbau der Militärakademie von Ecuador half. In den Jahren 1965, 1968 und 1972 besuchte er Ausbildungskurse der US-Armee in der Kanalzone von Panamá. Mit großer Wahrscheinlichkeit wurde er dort auch in Antiguerillakrieg und in Foltermethoden unterrichtet.

Seine Vorgesetzten charakterisierten ihn stets als nicht sehr intelligent, aber loyal und treu, manche sogar als speichelleckerisch. Orlando Letelier, der letzte Verteidigungsminister Allendes, sagte über Pinochet, er erinnere ihn »an diese unterwürfigen kleinen Männer, die in altmodischen Friseurläden dem Friseur zur Hand gehen, die dir nach dem Haareschneiden mit einer winzigen Bürste die Haare vom Jacket bürsten und anschließend die Hand ausstrecken, um ein Trinkgeld von dir zu bekommen«. Pinochet sei »honigsüß und kriecherisch«.

Der chilenische Literat und Menschenrechtler Ariel Dorfman, der von Pinochet ins Exil gezwungen wurde, hält diese Unterwürfigkeit für bloße Täuschung: »Das schien mir seine wichtigste Eigenschaft zu sein: eine unaufhörliche, fast tödliche Fähigkeit zur Täuschung seiner Feinde.« Der Mann mit den wässrigen blauen Augen und der näselnden Fistelstimme besaß, so Dorfman, »eine tief sitzende Verschlagenheit, verborgen unter dem Deckmantel grauer Unscheinbarkeit.«

José Tohá etwa, Allendes Verteidigungsminister während des gescheiterten Putschversuchs vom Juni 1973, glaubte, er sei mit Pinochet befreundet. Die beiden hatten sich oft gegenseitig zu Hause besucht, Pinochet hatte dem Sohn von Tohá dabei als Geschenk meistens Zinnsoldaten mitgebracht. Nach dem Putsch stellte sich Tohá freiwillig den Militärs, weil er glaubte, diese Freundschaft werde ihn retten. Er wurde verhaftet und monatelang gefoltert. Am Ende wog der 1,92 Meter große Mann nicht einmal mehr fünfzig Kilo, war erblindet und ans Bett gefesselt, und doch gingen die Verhöre weiter. Am 15. März 1974 wurde er schließlich im Militärhospital von Santiago ermordet. Offiziell wurde sein Tod als Selbstmord dargestellt: Tohá sei erhängt aufgefunden worden. Doch selbst wenn er sich in der Verzweiflung hätte umbringen wollen, er wäre körperlich dazu nicht mehr in der Lage gewesen.

Auch die anderen beiden Verteidigungsminister Allendes ließ Pinochet ermorden. Carlos Prats, sein militärischer Ziehvater und Vorgänger im Amt des Heereschefs, wurde am 30. September 1974 im Exil in Buenos Aires zusammen mit seiner Frau von einer Autobombe zerfetzt. Später kam heraus, dass das Attentat von Agenten des militärischen Geheimdienstes DINA (Dirección de Inteligencia Nacional) verübt und von dem ehemaligen CIA-Agenten Michael Townley koordiniert worden war.

Auch Orlando Letelier wurde mit einer Autobombe ermordet. Er starb am 21. September 1976 auf dem Sheridan Circle in Washington zusammen mit seiner Assistentin Ronni Karpen Moffitt. Deren Mann Michael Moffitt überlebte den Anschlag schwer verletzt. Wie das Attentat von Buenos Aires wurde auch das gegen Letelier im Auftrag des DINA-Chefs Manuel Contreras von Townley geplant. In seinem Prozess 1978 in den USA gab Townley an, für die Ausführung militante Exilkubaner angeheuert zu haben. Contreras wurde auf Druck der US-Regierung von der von Pinochet 1978 erlassenen Generalamnestie für Verbrechen der Diktatur ausgenommen, aber nie an die Vereinigten Staaten ausgeliefert. Erst 1993, drei Jahre nach dem Ende der Diktatur, wurde er in Chile wegen des Mordes an Letelier zu zwölf Jahren Haft verurteilt.

Dorfman glaubt, dass Pinochet die Morde an den drei Verteidigungsministern angeordnet hat, weil ihre »bloße Existenz den

General an das gebrochene Versprechen seiner Loyalität erinnerte«. Auch gegenüber Allende scheint er ein schlechtes Gewissen gehabt zu haben. Als er am 11. September über dessen Tod informiert wurde, soll er gesagt haben: »Selbst wenn er stirbt, ist dieser Kerl noch eine Plage. Selbst durch seinen Tod bereitet er uns Ärger.«

Es mag wie simple Küchentisch-Psychologie erscheinen, aber vieles deutet darauf hin, dass Pinochet, seit er in den Kreis der Verschwörer gegen Allende aufgenommen worden war, einen Zwang verspürte, sein Vorleben als verfassungstreuer braver Soldat zu vernichten. In seiner geschichtsklitternden und im Übrigen langweiligen Autobiografie hat er sein Leben so angelegt, dass es geradezu zwangsläufig und von der mehrmals erwähnten göttlichen Vorsehung bestimmt darauf hinauslief, dass er das Vaterland retten musste. Sein schon in der Erziehung angelegter und bis ins hohe Alter gepflegter repressiv-konservativer Katholizismus hat ihn darin sicher bestärkt. Sein Vorbild war der ebenfalls stockkatholische spanische Diktator Francisco Franco. Er hat es sich nicht nehmen lassen, Ende November 1975 als einer der wenigen Staatschefs zu dessen Beerdigung nach Madrid zu fliegen.

Sicher ist auch, dass Pinochet wusste, dass es andere gab, die intelligenter waren als er. Er hat deshalb sein Leben lang an einem Minderwertigkeitskomplex gelitten und hat versucht, dies mit dem Anhäufen der wohl größten privaten Bibliothek Lateinamerikas zu kompensieren. Mit öffentlichen Geldern – man schätzt, dass es mindestens drei Millionen US-Dollar gewesen sein müssen – hat er über fünfzigtausend Bücher angeschafft und in verschiedene Privatwohnungen, die Militärakademie und das Gebäude der später nach ihm benannten Pinochet-Stiftung verteilt. Es sind seltene alte Konvolute über die chilenische Kolonialgeschichte dabei, viele Bücher über Napoleon, inklusive einer französischen Ausgabe von 1841. Dichterische Werke finden sich so gut wie nicht. Es gibt begründete Zweifel, ob er je viel davon gelesen hat.

Pinochet hat mit seinen Büchern nicht geprahlt. Lange wusste man nichts von dieser Sammelwut. Die Bibliothek wurde erst in seinen letzten Lebensjahren bekannt, bei Ermittlungen wegen

Schwarzgeldkonten, die er in verschiedenen Banken der USA unterhielt. Es scheint so, als habe er dieses Papier gewordene Wissen nur gebraucht, um sich selbst vorzumachen, er sei universell gebildet.

Es passt ins Bild, dass aus dieser Psyche Allmachtsvorstellungen erwachsen sind. Kein Blatt bewege sich in Chile, ohne dass er davon wisse – das ist wohl das bekannteste Pinochet-Zitat. Aber auch später, als seine Diktatur längst vorbei und sein Geheimdienstchef schon wegen Mordes verurteilt war, sah er sich immer noch als einen Angelpunkt der Weltgeschichte. 1995 sagte er in einem Interview: »Wir sind ein Beispiel für die ganze Welt. Der Fall der Berliner Mauer wurde durch Chile herbeigeführt, wir waren die Ersten, die unsere Fahne gegen die Berliner Mauer hissten, wir waren die Ersten, die den Kommunismus besiegten.« Und fast im selben Atemzug sagte er, als würde er darum betteln und gleichzeitig daran zweifeln: »Ich wünsche mir, dass man mich als den besten Präsidenten in Erinnerung behält, den Chile jemals hatte.«

Ein Mann mit diesen Eigenschaften, zudem der Oberkommandierende der größten Waffengattung, war prädestiniert für den Vorsitz der vierköpfigen Militärjunta. Außer Pinochet gehörten der Chef der Marine José Toribio Merino, der Chef der Luftwaffe Gustavo Leigh und der Generaldirektor der paramilitärischen Carabineros César Mendoza dazu. Mit einem Dekret vom 17. Juni 1974 wurde Pinochet dann zum Jefe Supremo de la Nación, zum höchsten Chef der Nation erklärt, die anderen Junta-Mitglieder traten langsam in den Hintergrund. Am 17. Dezember desselben Jahres wurde dieses Dekret nachträglich geändert. Pinochet trug fortan den Titel des Präsidenten der Republik. Auch dies war wohl seinem Bedürfnis geschuldet, vor sich selbst nicht als Putschist zu gelten, der das Gesetz gebrochen und seine Vorgesetzten verraten hatte, sondern als verfassungsgemäßer Staatschef. Entsprechend ließ er dann auch sechs Jahre später eine neue Verfassung auf sich zuschneiden.

Von dem Land, das er regierte, wusste Pinochet seit dem Putsch nur noch aus zweiter Hand. Er fuhr immer in einem großen Konvoi von dunklen Limousinen durchs Land. Niemand wusste, in welchem Wagen der Diktator saß und er selbst wusste nicht, wo er war. Die abgedunkelten Fenster dieser Limousinen waren zusätzlich mit dichten Gardinen verhängt. Er wollte keinen direkten Kontakt mit der Welt, fasste nichts mit der Haut seiner Hände an. Er trug stets weiße Handschuhe. Seine Augen und Ohren waren die der Spione des militärischen Geheimdienstes DINA, dessen Aufbau er gleich nach dem Putsch in Angriff nahm. DINA-Chef General Manuel Contreras war sein wichtigster Vertrauter.

Die Repression war brutal, aber nicht so blutig wie in anderen lateinamerikanischen Militärdiktaturen. In Argentinien haben die Sicherheitskräfte in den Jahren 1976 bis 1983 rund dreißigtausend Menschen ermordet. In der langen Militärherrschaft Guatemalas waren es zwischen 1962 und 1996 sogar mindestens zweihundertfünfzigtausend. Allein in den eineinhalb Jahren der Diktatur unter General Efraín Ríos Montt in den Jahren 1982 und 1983 wurden weit über hunderttausend Menschen abgeschlachtet. In Chile waren es in den siebzehn Jahren Diktatur zwischen 1973 und 1990 nach dem im Februar 1991 von Raúl Rettig vorgelegten Bericht der Wahrheitskommission über dreitausend Tote. Bei rund einem Drittel von ihnen fehlen Todesort und -datum. Es sind die Verschwundenen. Sie wurden von Sicherheitskräften verschleppt, ihre Leichen nie gefunden. Wahrscheinlich wurden viele von ihnen ins Meer geworfen, von Flugzeugen herunter, weit weg vom Strand. Man hat später Kilometer vor der Küste von Valparaíso Stücke von Eisenbahnschienen auf dem Meeresgrund gefunden und geht davon aus, dass damit die Körper der Verschwundenen beschwert worden sind.

Der im November 2004 veröffentlichte Bericht der Valech-Kommission über politische Gefangene und Folter listet 27 255 Opfer auf. 94 Prozent von ihnen sind gefoltert worden. Pinochet sprach ganz offen darüber. Anfang 1974 sagte er im Gespräch mit dem damaligen lutherischen Bischof von Santiago, dem deutschen Helmuth Frenz, der kurz danach ausgewiesen und dann Vorsitzender von Amnesty International wurde: »Die Plage des Kommunismus hat das Volk unterwandert und deshalb muss ich den Kommunismus ausmerzen. Die gefährlichsten Kommunisten sind die Extremisten des MIR. Sie müssen gefoltert werden, sonst singen sie nicht, wenn Sie verstehen, was ich meine. Folter ist notwendig zur Ausmerzung des Kommunismus, zum Wohl des Vaterlands.« Um internationale Proteste – vor allem auch aus den USA – gegen das skrupellose Vorgehen der DINA zu beruhigen, wurde der Geheimdienst 1977 aufgelöst. Die Nachfolgeorganisation CNI (Centro Nacional de Información) war freilich nicht besser.

Rund eine Million Chilenen – damals fast 10 Prozent der Bevölkerung – sind vor der Diktatur ins Exil geflohen. Wer in einem lateinamerikanischen Land Zuflucht suchte, war selbst dort nicht sicher. Im November 1975 trafen sich Militärchefs aus Argentinien, Bolivien, Brasilien, Paraguay und Uruguay in Santiago mit ihren chilenischen Kollegen und vereinbarten die Operación Condor: die Zusammenarbeit bei der Jagd nach Regimegegnern, die sich in den jeweiligen Nachbarländern versteckt hatten. Mindestens zweihundert Menschen wurden Opfer dieser Geheimoperation. Wie das Attentat auf Orlando Letelier 1976 in Washington zeigt, reichte der Arm der DINA weit über Lateinamerika hinaus. Im Jahr zuvor war der ehemalige christdemokratische Minister und Pinochet-Gegner Bernardo Leighton in Rom nur knapp einem Mordanschlag entgangen.

Überall in Chile wurden geheime Folterzentren eingerichtet. In der Colonia Dignidad etwa, im Süden des Landes, oder in der Villa Grimaldi, einem großbürgerlichen Anwesen in Santiago, das lange Hauptquartier der DINA war. Mindestens viertausendfünfhundert Menschen wurden dort gefoltert. Heute ist das Gelände eine Gedenkstätte. Salpeterminen in der Atacama-Wüste, die längst zu Geisterstädten geworden waren, wurden von den Militärs als Konzentrationslager für politische Gefangene eingerichtet.

Trotzdem war die Repression sehr selektiv. Die Sicherheitskräfte schlugen nur in den ersten Monaten blindlings zu, danach suchten sie meist gezielt nach Linken und Gewerkschaftern. In den ersten Jahren ging es darum, die Parteien und Organisationen der Unidad Popular zu zerstören; in späteren Jahren wurden die seltener werdenden Morde zur Einschüchterung der sich langsam bildenden Protestbewegungen eingesetzt. So sollte der Mord an dem christdemokratischen Gewerkschaftsführer Tucapel Jiménez am 25. Februar 1982 vor allem eine Warnung an die wieder erstarkende Arbeiterbewegung sein.

Das Konzentrationslager in der Wüste

Das Nationalstadion wurde in den ersten Monaten der Diktatur zum international bekannten Symbol dieser Repression. Gut zwei Monate diente es als Konzentrationslager, dann wurde es geräumt, weil für den 21. November ein Fußballländerspiel gegen die Sowjetunion angesetzt worden war. Es ging um die Qualifikation zur Weltmeisterschaft von 1974. Doch die Mannschaft der Sowjetunion trat aus Protest gegen die vorherige Nutzung nicht an, und so kam das wohl absurdeste Spiel der Geschichte der Fußballweltmeisterschaften zustande. Auf den Rängen saßen ein paar geladene Gäste und rund fünfzehntausend Soldaten, die als Zuschauer abkommandiert worden waren. Auf dem Rasen standen die elf Chilenen und der österreichische Schiedsrichter Erich Linemayr. Der pfiff das Spiel an, die Chilenen schoben den Ball ein paarmal hin und her, dann kickte ihn der Mannschaftskapitän Francisco Valdés zum 1:0 ins leere Tor. Es gab artigen Applaus. Danach wurde die Partie abgepfiffen. Es war ja niemand da, der den Wiederanstoß hätte ausführen können. Chile war für die Weltmeisterschaft qualifiziert.

In den Tagen vor diesem Spieltermin wurden die politischen Gefangenen nach Chacabuco verlegt, in jene zerfallende ehemalige Salpetermine in der Atacama-Wüste. Sie wurden dem Alphabet nach aufgerufen und dann mit Gefangenentransportern nach Valparaíso gebracht. Von dort ging es mit einem völlig überfüllten Schiff der Marine nach Antofagasta. Die Zustände während dieser vier Tage währenden Fahrt müssen furchtbar gewesen sein. Mehrere Hundert Gefangene waren unter Deck eingepfercht, in der

Hitze des beginnenden Sommers, ohne frische Luft und ohne Toiletten.

In Chacabuco wurden derweil die noch einigermaßen erhaltenen Arbeiterunterkünfte notdürftig mit Strohmatratzen, je drei Stockbetten pro Zimmer und dünnen Wolldecken hergerichtet. Der Trakt wurde eingezäunt, darum herum ein Minengürtel gelegt. Es war nicht das einzige, aber das größte und bekannteste Konzentrationslager in der Wüste. Tausendachthundert Männer waren hier gefangen. Die meisten brachte man mit Bussen direkt vom Schiff im Hafen von Antofagasta.

Alfonso Ugarte war nicht dabei. Er war mit rund zweihundert weiteren Gefangenen im Nationalstadion geblieben. »Offensichtlich waren unsere Akten irgendwo im bürokratischen Chaos untergegangen und man hatte uns nie aufgerufen.« Sie wurden noch einmal registriert und dann mit Bussen, jeder mit einer Handschelle an seinen Nachbarn gekettet und mit einer zweiten an den Sitz, zum Flughafen von Santiago gebracht. Von dort wurden sie mit einer Maschine der damals noch staatlichen chilenischen Fluggesellschaft LAN ebenfalls nach Antofagasta geflogen und dann in Bussen hinaus ins Lager in der Wüste gebracht. »So gesehen hatten wir es fast bequem«, erzählt Ugarte. »Den Genossen auf dem Schiff ist es viel schlechter ergangen.« Sie seien nicht geschlagen worden, nur der Umgangston der Bewacher sei sehr rüde gewesen. »Da wurde nur geschrien und geflucht.« Die Soldaten hätten ständig mit ihren Maschinenpistolen herumgefuchtelt. Und man habe ihnen nie erlaubt, auf die Toilette zu gehen. Erst ganz zum Schluss, nach über sechs Stunden und schon im Bus nach Chacabuco, habe man ausgehandelt, dass immer ein Gefangener während der Fahrt aus dem hintersten Fenster pinkeln durfte.

In Chacabuco mussten die Neuankömmlinge antreten, auf dem großen staubigen Platz am Rand der ehemaligen Wohnsiedlung, auf dem früher die Salpeterarbeiter sonntags Fußball gespielt hatten. »Wir mussten uns im kalten Wüstenwind ausziehen bis auf die Unterhose. Ein Soldat hat mit einem Stock in unseren

Kleidern herumgestochert. Was er gesucht hat, weiß ich nicht.« Nach dem Alphabet wurden sie dann jeweils zu sechst auf die Zellen verteilt.

Ugarte hat die Monate, die er in Chacabuco eingesperrt war, nicht als Alptraum in Erinnerung. »Sicher, am Tag war es glühend heiß und in der Nacht bitterkalt«, erzählt er. »Aber wir wohnten in Häusern, die nicht gebaut worden waren, um Gefangene zu quälen. Früher wohnten die Arbeiter und ihre Familien dort.« Die dicken Mauern aus Lehmziegeln schützen am Tag vor der Hitze und halten in der Nacht die Kälte draußen. Es habe genügend, ganz ordentlich schmeckendes Essen gegeben, sogar einen Kaufladen und Licht in den Zellen bis Mitternacht. Sicher, der Sektor war eingezäunt und von einem Minenfeld umgeben. »Aber innen herrschte Freiheit.« Die Gefangenen durften regelmäßig Besuch von nahen Verwandten empfangen, offizielle Delegationen kamen so gut wie jeden Tag: das Internationale Rote Kreuz, Bischöfe, Menschenrechtsorganisationen. »Wir waren das Vorzeigelager der Diktatur«, sagt Ugarte. »Hier wollte man zeigen, wie gut man mit den politischen Gefangenen umgeht.« Es habe Verhöre gegeben, »aber ohne Gewalt«; gefoltert worden sei niemand in Chacabuco. In anderen Konzentrationslagern in der Wüste, in Pisagua etwa, wurde aber durchaus gefoltert.

Die Gefangenen organisierten sich vorwiegend selbst. Sie richteten Werkstätten ein, für Holzarbeiten etwa oder für Leder; die Produkte wurden dann über Besucher verkauft. »Ich war in einer Schweißerei, zusammen mit einem Bildhauer, von dem ich viel gelernt habe.« Sie produzierten dort Kandelaber in verschiedenen Größen. Es gab eine Theatergruppe, die eigene Werke schrieb, einstudierte und aufführte, und Kurse in allen möglichen Fachrichtungen, »wir hatten ja viele Universitätsprofessoren hier«. Man konnte verschiedene Sprachen lernen, Geschichte studieren oder Astronomie, wofür sich der klare Wüstenhimmel besonders gut eignete. Als Luftfahrtingenieur hat Ugarte »am Kurs eines Mathematikprofessors teilgenommen, über komplizierte Gleichungen, die ich heute wahrscheinlich nicht mehr lösen könnte«.

Auch in Chacabuco traf Ugarte alte Kameraden aus der Militärakademie – auf der anderen Seite des Zauns. Einer habe ihn aus dem abgesperrten Bereich geholt und ihm im Vertrauen gesagt, er könne gehen, wenn er ihm erzähle, wie sich die Gefangenen politisch organisieren würden. »Ich sagte ihm, dass wir natürlich organisiert seien, dass alle linken Parteien im Lager vertreten seien. Aber ich sei kein Verräter. Da hat er mich zurückgeschickt.«

Einmal, erinnert er sich, habe Manuel Contreras, der Chef des Geheimdienstes DINA, das Lager besucht und sei auch in die Schweißerwerkstatt gekommen. »Er hat gleich fünf Kandelaber auf einmal gekauft und freundlich mit uns geplaudert.« Nur mit einer Bemerkung habe er die Verhältnisse klargestellt. »Er sagte: Wenn draußen etwas passiert, dann seid ihr hier unsere Geiseln.«

Im Juni 1974 wurde Alfonso Ugarte zurück nach Santiago geflogen. Sein Prozess stand an. Zunächst saß er zwei Wochen lang wartend im Stadtgefängnis. Der hermetische, an eine Trutzburg erinnernde Bau aus dem 19. Jahrhundert liegt am Stadtrand von Santiago und wird noch heute als Haftanstalt genutzt. Gleich daneben steht ein moderner Justizkomplex aus neben- und übereinandergestapelten Würfeln aus Beton, Glas und Stahl. Den gab es damals noch nicht. Ugarte betrachtet das Gefängnis von der gegenüberliegenden Straßenseite. Näher heran will er nicht, nicht noch einmal. »Alle, die mit mir aus Chacabuco gebracht worden waren, kamen in den Bereich der politischen Gefangenen«, erinnert er sich. »Ich kam als ehemaliger Offizier in den Isoliertrakt.« Eine enge Zelle mit einem Bett an der Wand, sonst nichts. Einmal durfte er Besuch empfangen. Einen Anwalt gab es nicht für ihn.

Der Prozess fand dann in der Kriegsakademie statt. Ugarte wurde am Nachmittag zuvor dorthin gebracht. Wie alle anderen, die auf ihre Verhandlung warteten, musste er den Nachmittag und die Nacht davor in einem Gang verbringen, ohne natürliches Licht und stehend mit dem Gesicht zur Wand. Die Augen waren verbunden, die Hände auf dem Rücken gefesselt. »Wir sollten jedes Gefühl für Raum und Zeit verlieren.« Irgendwann in der Nacht kam ein junger Soldat vorbei und flüsterte ihm zu: »Machen

Sie sich keine Sorgen, Hauptmann Ugarte, Sie haben Freunde hier.« Er durfte sich für eine Weile ablegen.

Am Morgen ging es dann zu einem letzten Verhör. Auch dabei musste Ugarte eine Augenbinde tragen. »Aber ich erkannte die Stimme des Verhörers, er war Ingenieur wie ich.« Die beiden hatten zusammen studiert. »Ich sprach ihn mit Hauptmann Ceballo an, da ist er explodiert.« Der vorsitzende General beim nachfolgenden Prozess dagegen sei sehr freundlich gewesen. Die Augenbinde wurde ihm abgenommen. Nur die Anklage des Staatsanwalts war absurd. Man warf Ugarte vor, er sei führendes Mitglied eines Cordón Cerillo gewesen, einer linken Miliz, die angeblich die Fabriken draußen in der Nähe der Luftwaffenbasis verteidigen wollte. Dazu kamen dieselben absurden Vorwürfe, die man ihm schon im Nationalstadion gemacht hatte: Er habe einen Kleinlaster gestohlen, habe die Milizionäre an Waffen ausgebildet, sei am Tag vor dem Putsch in militärischer Uniform gesehen worden. »Wäre es nicht so ernst gewesen, hätte man darüber lachen können.«

Ugarte wurde aus Mangel an Beweisen freigesprochen. Er durfte gehen. »Ich wollte dann zurück zu Indura«, der Firma, in der er bis zum Tag des Putsches Personalchef war. Dort wurde längst wieder gearbeitet. »Aber man sagte mir, ich sei entlassen, weil ich länger als fünf Tage ohne Entschuldigung gefehlt habe.« Er strengte einen Arbeitsprozess an und bekam sogar eine kleine Entschädigung. Nur Arbeit hat er keine mehr gefunden. In den Personalabteilungen der Unternehmen kursierten Listen mit den Namen ehemaliger politischer Gefangener. Er hat sich oft beworben, aber er hatte keine Chance. In Januar 1975 ging Alfonso Ugarte in die Bundesrepubik Deutschland ins Exil. Ein in Köln lebender Vetter hat ihm dabei geholfen, ein Visum zu bekommen. Die chilenische Staatsbürgerschaft wurde ihm entzogen. Es wurde ihm schnell politisches Asyl gewährt. Es war naheliegend, dass damals viele Chilenen im deutschsprachigen Raum Zuflucht suchten. Aufgrund der massiven deutschen und schweizerischen Einwanderung gibt es über dreißig deutsche Schulen im Land, einschließlich der dazugehörenden persönlichen und familiären Kontakte.

Es waren Asylanten wie Ugarte, die zusammen mit den fast überall auf der Welt nach dem Putsch entstandenen Chile-Solidaritätsgruppen mit unzähligen Demonstrationen und Informationsveranstaltungen Öffentlichkeit über die Grausamkeit des Pinochet-Regimes schufen. Die offizielle internationale Politik des Westens nahm den Staatsstreich zur Kenntnis, gab sich kurz empört und tat dann schnell so, als sei das alles normal. Die USA und der Vatikan waren die ersten Staaten, die die neuen Machthaber in Santiago anerkannten. Danach haben die USA im UN-Sicherheitsrat stets verhindert, dass Chile wegen Menschenrechtsverletzungen verurteilt oder die Situation im Land gar unabhängig untersucht wurde. Später, unter dem demokratischen US-Präsidenten Jimmy Carter, stellte Washington eine Zeit lang die Waffenlieferungen an die chilenische Armee ein. Europäische Staaten, vor allem Frankreich, Deutschland und Britannien, glichen das aber gerne aus.

In Chile selbst gab es vernehmbaren Protest zunächst nur von den Kirchen. Gleich nach dem Putsch gründeten Vertreter verschiedener Konfessionen und der jüdischen Gemeinde das Comité de Cooperación para la Paz en Chile (Komitee der Zusammenarbeit für den Frieden in Chile), ein eher lose organisiertes Netzwerk aus Anwälten und Sozialarbeitern, die politische Gefangene verteidigten und sich um ihre Angehörigen kümmerten. Dem Regime war diese Gruppe von Anfang an ein Dorn im Auge, die Mitarbeiter wurden eingeschüchtert und verfolgt. Das Komitee wurde deshalb Ende 1975 aufgelöst, seine Arbeit übernahm die Vicaría de Solidaridad, die Anfang 1976 auf Antrag des Erzbischofs von Santiago Raúl Silva Henríquez von Papst Paul VI. eingerichtet wurde. In der nun offiziellen Institution der katholischen Kirche waren die Mitarbeiter viel besser geschützt als in einem eher informellen Netzwerk. Als nach der Diktatur die Verbrechen der Militärs erst durch Wahrheitskommissionen und dann auch juristisch aufgearbeitet wurden, war das in der Vicaría akribisch geführte Archiv über Menschenrechtsverletzungen eine wertvolle Hilfe. Sie wurde erst Ende 1992 aufgelöst.

Kapitalismus ohne Kapital

Gleich nach dem Putsch setzten die Militärs alles daran, die Erfolge der Wirtschaftspolitik der Unidad Popular und sogar die der vorherigen christdemokratischen Regierung wieder rückgängig zu machen. Bis Mitte 1975 wurden zwei Drittel des im Zuge der Landreformen enteigneten Bodens an die vorherigen Besitzer zurückgegeben. Fast der gesamte Rest wurde parzelliert. Statt großer Staatsbetriebe oder Kooperativen gab es nur noch individuellen Privatbesitz, oft auf so kleinen und unrentablen Flächen, dass die Bauern schnell verkauften und sich eine neue Oligarchie von Großgrundbesitzern herausbildete. Die über fünfhundert Firmen, die in der Zeit Allendes verstaatlicht worden waren, wurden bis Ende 1979 allesamt an ihre Vorbesitzer zurückgegeben.

Doch Pinochet ging es nicht nur um die Wiederherstellung des Zustandes von vor 1970. Die Historiker Gabriel Salazar und Julio Pinto nennen das, was er ins Werk setzte, in einer umfangreichen Studie über die Wirtschaftsgeschichte Chiles eine neoliberale kapitalistische Revolution. Inspiriert wurde sie von Milton Friedman, einem marktradikalen Wirtschaftsprofessor und Nobelpreisträger, der an der Universität von Chicago lehrte und 1975 Chile besuchte. Die Zustände unter der Militärdiktatur erschienen ihm ideal für die Umsetzung seiner Theorien. Nach seinem Besuch bekamen Schüler von ihm – die sogenannten Chicago-Boys – von den Militärs die dafür nötigen Schlüsselressorts (Wirtschaft, Finanzen, Soziales) übertragen. Im Schutz waffenstarrender Soldaten wurde Chile das weltweit erste Labor des Neoliberalismus, noch vor den USA unter Präsident Ronald Reagan und Britannien unter Premierministerin Margaret Thatcher.

Pinochets Wirtschaftspolitik, schreiben Salazar und Pinto, war in seiner ersten Periode eine antiproletarische Revolution. Zum einen richtete sich die militärische Repression nicht nur gegen linke Politiker, sondern genauso gegen die Gewerkschaften. Rund ein Drittel aller Opfer von politischer Gewalt und Menschenrechtsverletzungen waren organisierte Arbeiter. Zum anderen wurden Arbeiterrechte radikal beschnitten. So können bis heute Unternehmer im Fall eines Streiks die Streikenden einfach entlassen und durch neue Arbeitskräfte ersetzen.

Dazu kam eine radikale Marktöffnung und Deregulierung, unter der die mühsam aufgebaute und vorher durch Zollschranken geschützte nationale verarbeitende Industrie fast vollkommen zusammenbrach. Massenentlassungen waren die Folge. Sie trafen nicht nur die Arbeiter der wieder privatisierten Industrie, sondern genauso die Staatsangestellten. Die »Chicago-Boys« wollten das Staatsdefizit reduzieren, das einfachste Instrument dafür war eine radikale Reduzierung der Lohnkosten. In der Folge brach 1975 das Bruttoinlandsprodukt um 13 Prozent ein, die Arbeitslosigkeit stieg auf fast 20 Prozent.

Die Privatisierungspolitik begnügte sich nicht mit der Industrie und mit Grundbesitz. Auch die Altersvorsorge und das Gesundheits- und Bildungswesen kamen in private Hände, ihre vorher geteilten Kosten wurden den Arbeitern und Angestellten aufgelastet. Die Beiträge für die Krankenversicherung etwa wurden vor 1974 zu 62 Prozent vom Staat übernommen, Arbeiter und Unternehmen bezahlten jeweils 19 Prozent. Am Ende der Pinochet-Ära bezahlten die Arbeiter 81,5 Prozent, der Staat 17 Prozent und die Unternehmen – wenn sie wollten als freiwilligen Beitrag – die restlichen 1,5 Prozent.

Entscheidend für die weitere Wirtschaftsentwicklung des Landes war eine Erfindung, die danach von vielen Ländern kopiert wurde: die 1980 eingeführten privaten Administradoras de Fondos de Pensiones, kurz AFP – private Rentenfonds, die die vorher staatliche Rentenkasse ersetzten und für Arbeiter und Angestellte obligatorisch sind. In diese Investmentfonds müssen alle formell Beschäftigten 13 Prozent ihres Einkommens einzahlen, dazu noch eine Verwaltungsgebühr für die Betreiber des Fonds, die bis zu weiteren 2,5 Prozent des Einkommens betragen kann. So entstand innerhalb kurzer Zeit ein riesiger Berg von Kapital, mit dem die AFP spekulieren. Fast alle börsennotierten Unternehmen in Chile gehören zum größten Teil diesen Investmentfonds. Es entstand ein kurioses Wirtschaftsmodell, in dem sich die Unternehmen ihr

Kapital über eine Zwangsabgabe der abhängig Beschäftigten besorgen, eine Art Kapitalismus mit Kapitalisten ohne Kapital.

Nur sich selbst nahmen die Militärs von dieser Rentenreform aus. Für sie gilt weiter das hergebrachte System einer umlagefinanzierten Rentenkasse. Sie ahnten wohl damals schon, was heute eingetroffen ist: dass die allermeisten AFP-Renten Hungerrenten sind.

Die Kupferindustrie ist die zweite Ausnahme, an der die Privatisierungswelle vorbeigegangen ist. Die Verstaatlichung der Minen unter den Regierungen Frei Montalva und Allende wurde von den Militärs nicht angerührt. Schließlich bekamen und bekommen sie noch immer 10 Prozent der Gewinne zur freien Verfügung. Allerdings öffneten sie den Bergbausektor für private Neuinvestitionen; auch Joint Ventures mit dem staatlichen Kupferkonzern Codelco sind möglich. Der einstige Monopolist produziert deshalb heute nur noch rund 30 Prozent des chilenischen Kupfers.

Nach dem Schock des Jahres 1975 schien sich die Wirtschaft zu erholen. In den Jahren 1977 bis 1980 wuchs sie um durchschnittlich 8,5 Prozent. Milton Friedman, der Vater des neoliberalen Programms, sprach schon von einem »chilenischen Wunder«. Tatsächlich aber ging das Wirtschaftswachstum hauptsächlich auf den Zustrom internationalen Kapitals zurück. Die Kapitalisten der Welt vertrauten Pinochet und investierten.

1982 war das Wunder vorbei. Die Kupferpreise auf dem Weltmarkt waren gesunken, die Zinsen auf dem internationalen Kapitalmarkt erheblich gestiegen. In der Folge blieb der stetige Geldzufluss aus dem Ausland aus. Das Bruttoinlandsprodukt stürzte um 14 Prozent ab, die Arbeitslosenquote stieg bis 1983 auf 30 Prozent. Die Regierung unternahm nichts. Sie glaubte ja fest, der Markt werde alles richten und die Wirtschaft sich schon selbst anpassen. Aber wieder gab es eine Ausnahme: Der Finanzsektor, der sich vorher unkontrolliert aufgebläht hatte, stand mit der einbrechenden Wirtschaft vor dem Zusammenbruch. Die Zentralbank intervenierte und bewahrte mit insgesamt sechs Milliarden US-Dollar – damals rund ein Drittel des Bruttoinlandsprodukts – die wichtigsten Finanzhäuser vor dem Bankrott. Im Gegenzug wurden Sozialleistungen wie die Zahlungen an Arbeitslose zusammengestrichen. Und so kam es, dass Geldinstitute, die mit der obligatorischen Rentenabgabe der Arbeiter groß geworden waren, nun auch noch mit dem Geld der Sozialleistungen für die Arbeiter gerettet wurden.

1983, das schlimmste Jahr der zweiten Krise des chilenischen Neoliberalismus, war auch das Jahr der ersten Massenproteste gegen das Militärregime. Im Mai hatten die Gewerkschaften zu einem ersten Generalstreik aufgerufen, der erstaunlich erfolgreich war. Am 11. September, dem zehnten Jahrestags des Putschs, kam es – wieder unter der Führung der Gewerkschaften – in Santiago und anderen großen Städten zu Massendemonstrationen. Schon seit 1978, dem Jahr, in dem Pinochet eine Generalamnestie für alle seit 1973 von Sicherheitskräften begangenen Verbrechen erlassen hatte, hatte sich die Woche vom 4. bis zum 11. September als Woche des Protests eingebürgert. Allerdings waren das eher kleine Trauermärsche zu den Gräbern von Politikern und Arbeiterführern, die von den Militärs ermordet worden waren. Trotz heftiger Repression hatte sich dieser stille Protest Jahr für Jahr wiederholt. Diese Demonstrationen aber waren nicht zu vergleichen mit den Unruhen in den Tagen vor dem und am 11. September 1983. In den Armenvierteln brannten Barrikaden, es gab heftige Straßenschlachten mit den Sicherheitskräften.

Diese Unruhen wiederholten sich in den kommenden Jahren, bis zum Attentat, das die Frente Patriótico Manuel Rodríguez (FPMR) am 7. September 1986 auf Pinochet verübte. Die Stadtguerilla war 1980 aus der Kommunistischen Partei im Untergrund heraus gegründet worden, vor dem Attentat aber kaum in Erscheinung getreten. Ein Kommando aus fünfundzwanzig Kämpfern hatte dem Konvoi des Diktators im engen Tal des Río Maipo einen Hinterhalt gelegt, als er von seinem Wochenendhaus in dem Dorf El Melocotón zurück in die Hauptstadt fuhr. Die Waffen – insgesamt drei Ladungen im Gesamtwert von rund dreißig Millionen US-Dollar – hatte die kubanische Regierung bereits im Mai jenes

Jahres geliefert und auf hoher See vor der chilenischen Küste übergeben. Allerdings wurden die meisten geheimen Waffenlager der FPMR in den folgenden Wochen vom Geheimdienst entdeckt. Am Ende waren nur noch ein paar Sturmgewehre und eine Panzerfaust übrig. Das Kommando stoppte den Konvoi des Staatschefs mit einem nach einer unübersichtlichen Kurve quergestellten Fahrzeug und eröffnete das Feuer. Fünf Leibwächter Pinochets wurden getötet, elf weitere verletzt. Der Diktator selbst bekam nur eine Schramme an einer Hand ab. Er nutzte das Attentat, um sich als von göttlicher Vorsehung gesandter Retter des Landes zu verbrämen, dem nichts und niemand etwas anhaben kann. Und er nutzte den Anschlag als Vorwand zur verschärften Repression gegen die Massenproteste.

Pedro Lemebel, das Anfang 2015 verstorbene Enfant terrible der chilenischen Literatur, hat dieses Attentat in seinem Roman *Tengo miedo torero* verarbeitet (auf Deutsch unter dem schwülstigen Titel *Träume aus Plüsch* erschienen). Er erzählt eine skurrile Geschichte, in der einer der späteren Attentäter bei einem Transvestiten Zuflucht sucht. Als Liebespaar getarnt baldowern die beiden den Ort des Attentats aus. Aus der zunächst nur vorgetäuschten Liebe erwächst echte Zuneigung, was den Stadtguerillero sehr durcheinanderbringt. Lemebel hat erst Jahre später gestanden, dass dieser Roman autobiografisch angelegt ist und dass er, der Transvestit, in den Tagen vor dem Attentat die dann verwendete Panzerfaust tatsächlich in seiner Wohnung unter einem Meer von Blumenbuketts versteckt hatte.

Der Weg zum ausgehandelten Ende

Nicht nur Pinochet fühlte sich von den Gewerkschaftsprotesten belästigt. Auch den Parteien, die seit der 1980 erlassenen neuen Verfassung wieder erlaubt waren und sich langsam aufrappelten, störten sich an Demonstrationen und Umzügen. Sie wollten Ruhe im Land für Verhandlungen mit dem Regime, und nach der Repressionswelle nach dem Attentat hatten sie das auch. Die Parteienlandschaft ordnete sich neu. Da marxistisch orientierte Parteien nach wie vor verboten waren, wurde auf der Linken der Partido por la Democracia (Partei für die Demokratie, PPD) als Dach- und Tarnorganisation der Sozialisten und anderer Kleinparteien gegründet. Auf der rechten Seite sammelten sich die Traditionalisten in der Renovación Nacional (Nationale Erneuerung, RN), die neoliberalen Pinochetisten in der Unión Demócrata Independiente (Unabhängige Demokratische Union, UDI). Dazwischen standen die Christdemokraten.

Auf Initiative der katholischen Kirche setzten sich 1985 alle Parteien, einschließlich der rechten, zu einem runden Tisch zusammen, der sich Acuerdo Nacional para la Transición a la Plena Democracia nannte – Nationale Übereinkunft für den Übergang zur vollen Demokratie. Ihr Ziel: Nach den Spielregeln des Regimes sollte ein Ende der Diktatur ausgehandelt werden. Nur die noch immer illegale Kommunistische Partei blieb von diesem runden Tisch ausgeschlossen.

Pinochet aber wollte weiterregieren. Mit einer mehr als fragwürdigen Volksabstimmung über die neue Verfassung von 1980 hatte er sich mit scheinbarer Legalität bis 1989 im Amt des Präsidenten bestätigen lassen. Danach wollte er sich die Amtszeit in einem weiteren Plebiszit noch einmal verlängern lassen und er war sicher, dass er gewinnen würde. Am 5. Oktober 1988 sollte den Chilenen eine einfache Frage vorgelegt werden: Wollten sie, dass Pinochet für weitere acht Jahre Präsident des Landes bleibt, ja oder nein? Christdemokraten und Linksparteien ergriffen die Chance und gründeten das Bündnis Concertación de Partidos por el No – Vereinbarung der Parteien für das Nein. Mit einer monatelangen Kampagne, die mehr an einen Werbefeldzug denn an einen politischen Wahlkampf erinnerte, versuchten sie, den Wählern die Angst vor den Militärs zu nehmen. Politische Verfolgung, Folter und Mord kamen in den Wahlkampfspots der Opposition so gut wie gar nicht vor. Die Chilenen sollten ihre Angst überwinden und sich freuen auf das, was im Fall eines Siegs des Nein auf sie warte: Freiheit, ein Rechtsstaat und Demokratie. Und tatsächlich stimmten 54,7 Prozent gegen Pinochet.

Schon vor der Abstimmung soll der Diktator engen Mitarbeitern gesagt haben: »Egal was passiert, ich werde nicht gehen.« Aus 2013 deklassifizierten Dokumenten des US-Verteidigungsministeriums weiß man, dass er, als das Ergebnis klar war, einen weiteren Putsch inszenieren wollte. Ein Informant des Geheimdienstes CIA berichtete, dass Pinochet am 6. Oktober 1988 frühmorgens um ein Uhr führende Generäle in sein Büro im Präsidentenpalast einbestellt und sie dort zum Losschlagen aufgefordert habe. Die aber hätten abgelehnt.

Als Präsident musste Pinochet abtreten. Für den 14. Dezember 1989 wurde die Wahl seines Nachfolgers und eines neuen Parlaments anberaumt. Gegangen aber ist Pinochet trotzdem nicht. In den letzten Monaten seiner Amtszeit erließ er eine ganze Reihe neuer Gesetze, die sogenannten Leyes de Amarre, mit denen – das Verb *amarrar* bedeutet fesseln, festbinden – die von ihm geschaffene soziale, politische und wirtschaftliche Ordnung zementiert werden sollte. Erst seit dieser Zeit ist zum Beispiel der Abbruch einer Schwangerschaft unter allen Umständen verboten. Die Unkündbarkeit der von den Militärs eingesetzten öffentlichen Bediensteten wurde erlassen, überall im Land wurden Pinochet ergebene Richter eingesetzt, er selbst setzte sich bis 1998 zum Oberbefehlshaber der Armee ein, verbunden mit einem Gesetz, nach dem dieser unantastbar ist und nicht einmal vom Präsidenten abgesetzt werden kann. Nach seiner Zeit als Armeechef sollte Pinochet als ehemaliger Präsident automatisch Senator auf Lebenszeit werden. Das sollte ihm strafrechtliche Immunität bis ans Lebensende garantieren.

Das vielleicht folgenschwerste Ley de Amarre war die Einführung des binominalen Wahlrechts. Es zwang die Parteien in zwei große Koalitionen: eine rechte aus RN und UDI, die sich Democracia y Progreso (Demokratie und Fortschritt) nannte, und ein Mitte-links-Bündnis, das aus der Concertación de Partidos por el No hervorging und den Namen in Concertación de Partidos por la Democracia änderte. Egal, wie das Stimmenverhältnis zwischen diesen beiden Bündnissen ausfiel – das binominale System sorgte dafür, dass im Parlament zwei gleich große Blöcke entstanden, die sich bei der gesetzgeberischen Arbeit gegenseitig blockieren konnten. Damit war klar: Die von Pinochet geschaffene Ordnung kann nicht geändert werden. Der Tyrann konnte sein Präsidentenamt beruhigt abgeben.

Rückkehr aus dem Exil

Zur Wahl im Dezember 1989 ist Alfonso Ugarte zum ersten Mal seit seinem Gang ins deutsche Exil nach Chile zurückgekehrt – als Tourist. Weil ihm vom Pinochet-Regime die Staatsbürgerschaft entzogen worden war, hatte er kein Wahlrecht. Aber er wollte diese erste demokratische Übung nach über sechzehn Jahren miterleben. Endgültig zurückgekehrt ist er dann am 3. August 1993, mit einem Rückführungsprogramm, das die damalige deutsche Regierung aufgelegt hatte. Seine Staatsbürgerschaft hat er schnell wieder bekommen. Sonst aber erging es ihm in den ersten Jahren nicht gut. Mit einem Kredit, der von Deutschland vergeben und über die chilenische Staatsbank ausbezahlt wurde, investierte er in ein kleines privates Gesundheitszentrum. Das Gesundheitswesen war ja inzwischen fast ausschließlich privat, für die Reichen gab es genügend Kliniken, die sich aber nicht einmal die Mittelschicht leisten konnte. Ugarte glaubte, für ein Gesundheitszentrum mit bezahlbaren Preisen gebe es da eine Lücke auf dem Markt.

Die Überlegung mag richtig gewesen sein. Doch es fehlten Ärzte, die sein Gesundheitszentrum füllen sollten. Die arbeiteten lieber in den teuren Spitälern, wo sie deutlich höhere Honorare verlangen konnten. Nach ein paar Monaten konnte Ugarte seinen Kredit nicht mehr bedienen, die Staatsbank beschlagnahmte sein Auto und die kleine Wohnung, die er von seinem Ersparten gekauft hatte und in der er mit seiner alten Mutter lebte.

Vielen Rückkehrern aus Deutschland ist es damals so ergangen. Sie fanden keine Arbeit in Chile und stürzten sich mangels Alternative mit der Hilfe der Kredite aus Deutschland ins Abenteuer des Unternehmertums. »Keiner von uns war darauf vorbereitet«, erzählt Ugarte. »Keiner hatte das Zeug zum Kapitalisten, wir waren ja alle Sozialisten oder Kommunisten.« Er organisierte diese Bankrotteure, führte Prozesse gegen die Staatsbank, die Hab und Gut der Gescheiterten versteigern ließ, um Geld zurückzuholen, das ihr gar nicht gehörte. Am Ende gewann er seinen Prozess. Er bekam zwar nicht sein Haus und sein Auto zurück, immerhin aber den Betrag, der bei der Versteigerung erlöst worden war. Und er fand Arbeit in der Personalverwaltung eines lokalen Pharmabetriebs.

Inzwischen ist er in Rente. Er ist weggezogen aus dem lauten Santiago mit seiner schmutzigen Luft und wohnt zwei Autostunden südlich davon in dem kleinen Dorf El Manzano. Es liegt in einer hügeligen Landschaft zwischen Weinbergen an einem großen Stausee des Río Rapel und ist an den Wochenenden von Ausflüglern aus der Hauptstadt bevölkert. An Werktagen wirkt es wie ausgestorben. Seit dem Wahlkampf von 2006, als sich Michelle Bachelet zum ersten Mal um die Präsidentschaft bewarb und gewann, engagiert er sich wieder in der Sozialistischen Partei. Einmal hat er sich um das Amt des Bürgermeisters beworben, hatte aber als neu Zugezogener auf dem Land keine Chance. Heute ist er Vorsitzender der Ortsgruppe der Sozialistischen Partei und stellvertretender Vorsitzender des Rats der Zivilgesellschaft, eines Gremiums, das in Bachelets erster Amtszeit eingeführt wurde. Der Bürgermeister muss ihm alle wichtigen Entscheidungen und den Haushaltsplan zur Beratung und Meinungsäußerung vorlegen. Seither ist Ugarte ein viel beschäftigter Rentner, der von einer Versammlung zum nächsten Treffen eilt. Alle paar Minuten klingelt sein Mobiltelefon.

Er mag Michelle Bachelet. Schnell zählt er auf, was für ihn die großen Erfolge ihrer Regierung sind: ein Gesetz, das die Diskriminierung von Schwulen bestraft, endlich ein Gesetz für die vorher verbotene Ehescheidung, das Ende des binominalen Wahlsystems. Und er erwartet noch viel von ihr: »Wir haben noch immer kein wirklich repräsentatives Parlament, und vor allem brauchen wir eine neue Verfassung.« Und die Aufarbeitung der Diktatur müsse noch viel weiter gehen. »Institutionell gesehen ist Chile da noch sehr schwach«, sagt er. »Eine öffentliche Debatte, wie es sie in Deutschland über den Holocaust gegeben hat, so etwas gibt es hier noch nicht. Es fehlt dieses offizielle Erinnern, auf dass das, was geschehen ist, nie wieder geschehe.«

Nach Santiago fährt er nur noch selten, meist in die Zentrale der Sozialistischen Partei. Die ist in einer Gründerzeitvilla untergebracht, mitten im Zentrum hinter der Kirche von San Francisco, der ältesten der Stadt. Ein paar wenige Straßenzüge sehen hier noch so aus, wie Santiago im 18. und 19. Jahrhundert gewesen sein muss. Es gibt noch immer ein paar urige Kneipen, in denen chilenische Hausmannskost zu moderaten Preisen serviert wird. »Es ist ein bisschen wie in der Wiener Altstadt«, sagt Ugarte. »Zumindest hat man mir das erzählt. Ich selbst war nie in Wien.«

Die kleine Altstadt zu besuchen, das reicht Ugarte; mehr will er nur selten sehen von Santiago. Manchmal geht auch er hinüber auf die andere Seite der Alameda, in das umtriebige Geschäftsviertel zwischen dem heute in freundlichem Weiß gestrichenen Regierungspalast Moneda und der Plaza de Armas. In der Fußgängerzone nimmt er dann seinen Espresso, in einer dieser typisch chilenischen Einrichtungen, die man Cafés con Piernas – Kaffeehäuser mit Beinen – nennt. Knapp bekleidete Frauen servieren dort an einem langen Tresen den Regierungsbeamten den Kaffee am Ende der Mittagspause. Nicht einmal der streng katholische Pinochet hat sich getraut, den chilenischen Männern diese kleine sexistische Freude zu verbieten.

Aber hinaus zum Nationalstadion will Ugarte nicht noch einmal, nicht einmal, wenn man ihm eine Eintrittskarte zu einem Fußballländerspiel schenkte. »Das Stadion«, sagt er leise, »ist noch immer ein feindlicher Ort.«

Kapitel 6

DER ÜBERGANG ALS DAUERZUSTAND

Warum nach der Diktatur alles beim Alten blieb und Pinochet trotzdem vor Gericht gestellt wurde. Wie sich die Mitte-links-Koalition abnutzte und der Rechten die Rückkehr an die Regierung ermöglichte.

Bei der ersten freien Präsidentschaftswahl am 14. Dezember 1989 standen sich Kandidaten gegenüber, die unterschiedliche Politikergenerationen rund um den Putsch repräsentierten: der Christdemokrat Patricio Aylwin für die Concertación de Partidos por la Democracia und Hernán Büchi für die rechte Koalition Democracia y Progreso. Aylwin, 1918 geboren, war in den Jahren 1971 und 1972 Vorsitzender des Senats gewesen und hatte in dieser Funktion eine harte Oppositionspolitik gegen Allende betrieben. Den Putsch vom 11. September 1973 hat er zunächst begrüßt. Erst später hat er sich distanziert und dann für die Christdemokraten das formale Ende der Diktatur mit ausgehandelt. Die Concertación hatte ihn zum Kandidaten erkoren, weil sie glaubte, weder den Militärs noch den Wählern einen auch noch so gemäßigten Sozialisten zumuten zu können. Die Mitte-links-Koalition war davon überzeugt, dass die Militärs dies als Provokation empfinden würden. Die Wähler würde ein sozialistischer Kandidat an die chaotischen Zustände unter Allende erinnern.

Büchi, Jahrgang 1949, hätte vom Alter her ein Sohn Aylwins sein können. Der sportliche, sehr jugendlich wirkende Mann mit

Schweizer Vorfahren und blonder Prinz-Eisenherz-Frisur war einer der »Chicago-Boys« und Pinochets Wunschkandidat. Während der Diktatur war er erst Minister für öffentliche Planung gewesen, dann Finanzminister. Als Gleitschirmflieger – was damals als ein verwegener Sport für Draufgänger galt – sollte er vor allem die jungen Wähler ansprechen.

Das Wahlergebnis der Concertación entsprach ziemlich genau dem des Referendums vom 5. Oktober 1988: 55,2 Prozent der Wähler stimmten für Aylwin. Büchi landete mit 29,4 Prozent abgeschlagen auf dem zweiten Platz, vor Francisco Javier Errázuriz, einem ebenfalls rechten Kandidaten, der 15,4 Prozent der Stimmen erhielt. Am 11. März 1990 erhielt Aylwin aus den Händen Pinochets die Präsidentenschärpe. Er hat dem Diktator bei der Amtsübergabe freundlich die Hand geschüttelt.

Zwar waren in der Zeit des Referendums führende sozialistische Politiker aus dem Exil zurückgekehrt und auch die Kommunistische Partei, die damals noch verboten war, veranstaltete Anfang 1989 ihren seit dem Putsch ersten Parteikongress wieder in Chile – freilich noch geheim und im Untergrund. Mit solchen Frauen und Männern, die im damaligen Ostblock, in westeuropäischen oder anderen lateinamerikanischen Ländern politische Erfahrungen gesammelt hatten, wäre vielleicht ein Neuanfang in der chilenischen Politik möglich gewesen. Der Handschlag zwischen Pinochet und Aylwin bei der Amtsübergabe aber zeigte, dass keine frischen Ideen gefragt waren, sondern alles irgendwie beim Alten blieb und nichts an Allende erinnern sollte. Entsprechend bestückte der neue Präsident sein Kabinett vorwiegend mit christdemokratischen Parteifreunden.

Carmen Hertz ist schon im April 1977, viel früher als die meisten Flüchtlinge, aus dem Exil zurückgekehrt. Im Alter von 27 Jahren war die Anwältin Witwe geworden und im November 1973 mit ihrem damals einjährigen Sohn Germán nach Argentinien geflohen. Ihr Mann Carlos Berger war leitender Redakteur einer lokalen Radiostation in Calama gewesen. Er war nach dem Putsch verhaftet worden, weil er sich geweigert hatte, Erklärungen der

Militärjunta über seinen Sender zu verbreiten. Carmen Hertz verteidigte ihn vor dem Militärtribunal. Er wurde zu sechzig Tagen Haft verurteilt. Doch seine Frau gab nicht auf. Am 17. Oktober 1973 erreichte sie, dass die Reststrafe ihres Mannes in eine Geldbuße umgewandelt wurde. Zu spät. Am Tag zuvor war die von Pinochet persönlich gesandte sogenannte Karawane des Todes unter der Leitung von General Sergio Arellano Stark im Norden Chiles angekommen. Ihr Auftrag: Regimegegner sollten ohne größere Formalitäten exekutiert werden. Berger wurde zusammen mit einem runden Dutzend weiterer Häftlinge aus dem Gefängnis in die Wüste gebracht und dort erschossen. Die Leichen wurden mit Sprengstoff zerfetzt, die Teile in der Wüste verstreut. Insgesamt 71 Menschen in ganz Chile wurden von dieser Kommandoeinheit ermordet.

Nach gut drei Jahren im Exil kehrte Carmen Hertz zurück und arbeitete als Menschenrechtsanwältin bei der Vicaría de Solidaridad. Sie ist heute noch stolz auf diese Arbeit. »Es ging uns nicht nur um Habeas-Corpus-Anträge«, erzählt sie – nicht nur um juristische Eingaben, mit denen aufgeklärt werden sollte, wo verschleppte Regimegegner gefangengehalten wurden. »Wir haben herausgefunden, wo die Konzentrationslager waren, und wir haben sie besucht. Wir haben Massenerschießungen von Landarbeitern im Süden von Chile dokumentiert. Und wir waren, was die Dokumentation von Menschenrechtsverletzungen angeht, international gesehen eine Schule.« Die Anwälte der Vicaría haben in der Menschenrechtsarbeit eine damals völlig neue Arbeitsmethode entwickelt: Eine streng wissenschaftliche Dokumentation der untersuchten Fälle, ohne jegliche Bewertung und ohne Anklage. Es ging ihnen nicht darum, kurzfristig Aufmerksamkeit zu erreichen und Empörung hervorzurufen. Sie wollten hieb- und stichfestes Beweismaterial für vielleicht später einmal stattfindende Prozesse erarbeiten. »Und wir konnten so aufzeigen, dass das Verschwindenlassen von Menschen ein integraler Bestandteil der Repression des Regimes war.«

Nach dem Ende der Diktatur war Hertz die erste Anwältin, die bei einem chilenischen Gericht die Aufhebung der strafrechtlichen Immunität Pinochets einklagte, die dieser als Senator auf Lebenszeit genoss. Es ging um den Fall ihres Mannes, den sie mit einem juristischen Kniff vor Gericht bringen wollte: Die Leiche von Carlos Berger war damals noch nicht gefunden worden, er galt weiterhin als verschwunden. Hertz argumentierte, er sei auf Befehl Pinochets verschleppt worden und werde noch immer festgehalten. Das Verbrechen dauere also noch immer an und werde deshalb von der 1978 erlassenen Generalamnestie nicht gedeckt.

Spätestens seither ist Carmen Hertz in Chile prominent. Die kleine drahtige Frau wird auf der Straße erkannt. Man dreht sich nach ihr um, wenn sie in Providencia, dem Geschäftsviertel der Hauptstadt, in die Pastellería Francesa kommt. Sie fällt auf im Garten des kleinen Fachwerkhauses zwischen riesigen Hochhäusern mit Büros und Appartements. Man gibt sich hier vornehm und gediegen und spreizt beim Nippen am Kaffee den kleinen Finger ab. Am Nachmittag trifft man auf ein ausschließlich weibliches Publikum mittleren und höheren Alters aus der besseren Gesellschaft von Santiago. Carmen Hertz fällt auf mit ihrer rot gefärbten Kurzhaarfrisur. Sie trägt überm Knie abgeschnittene Jeans und eine folkloristische Bluse. Sie redet und lacht gerne laut und das über Themen, die in diesem Café nicht jeden Tag besprochen werden. Immer wieder verstummen die Gespräche an den Nachbartischen, es gibt verstohlene pikierte Blicke. Carmen Hertz stört das nicht.

Pinochet, davon ist sie überzeugt, hätte in der zweiten Hälfte der 80er-Jahre auch stürzen können. »Er hatte die ganzen Straßenproteste längst nicht mehr unter Kontrolle.« Auch in Washington habe man das befürchtet – und mit einem Sturz des Diktators eine Rückkehr der Zustände unter Allende. Eben deshalb habe die US-Regierung damals auf ein verhandeltes Ende der Diktatur gedrängt und letztlich auch erreicht, was sie wollte. »Alle, die die Protestbewegung am Leben erhalten und immer stärker gemacht hatten, wurden an den Rand gedrängt: die wirkliche Linke, die Gewerkschaften, die Menschenrechtsbewegung. Die USA schmiedeten einen Pakt mit den Christdemokraten und lauwarmen Sozialisten für einen ewigen Übergang zur Demokratie.« Für einen

Zustand also, der formal zwar keine Diktatur mehr ist, aber eben auch keine richtige Demokratie.

Pinochets Politik wird fortgesetzt

Aylwin hat am 11. März 1990 einen Staat übernommen, der kaum mehr war als eine hochgerüstete militärische Hülle ohne Inhalt. Das Gesundheitswesen war privatisiert, der größte Teil des Bildungswesens, die Renten und der größte Teil des Nah- und Fernverkehrs; es gab keine Sozialpolitik, die diesen Namen verdient hätte. Und die ersten vier Regierungen nach der Diktatur setzten dies ganz im Sinne Pinochets und seiner »Chicago-Boys« fort.

Aylwin und seinem ebenfalls christdemokratischen Nachfolger Eduardo Frei Ruiz-Tagle, dem Sohn von Allendes Amtsvorgänger Eduardo Frei Montalva, kann man getrost unterstellen, dass sie es aus politischer Überzeugung taten. Bei Ricardo Lagos, der Ende 1999 zum ersten zumindest der Parteizugehörigkeit nach sozialistischen Präsidenten nach Allende gewählt wurde, und seiner ebenfalls sozialistischen Nachfolgerin Michelle Bachelet waren wohl auch Angst und Unsicherheit ein Faktor.

»Als Ricardo Lagos Präsident wurde, wollte er vor allem eines zeigen: Dass ein sozialistischer Präsident nicht gleichbedeutend ist mit einer wirtschaftlichen und politischen Krise«, sagt der marxistische Soziologe Tomás Moulian. »Eben deshalb wurde er zu einem Präsidenten der Unternehmer und seine Nachfolgerin Bachelet machte es nicht anders.« Vor allem Lagos, der unter Frei Ruiz-Tagle Minister für öffentliche Hoch- und Tiefbauten war, hat in den sechs Jahren seiner Präsidentschaft einen großen Teil der Infrastruktur des Landes privatisiert. Die meisten großen Überlandverbindungen Chiles und die Stadtautobahnen von Santiago sind heute in privater Hand und mautpflichtig. Vor allem spanische Konzerne haben sich diese äußerst rentablen Lizenzen für Jahrzehnte gesichert. Selbst Gefängnisse, die Wasser- und die Abwasserversorgung wurden privatisiert.

Makroökonomisch gesehen setzte sich Friedmans Wunder von Chile in den zwanzig Jahren der Mitte-links-Regierung der

Concertación fort. Wachstumsraten der Volkswirtschaft von um die 8 Prozent im Jahr waren die Regel, Wachstumsmotor war vor allem die Bergbauindustrie, zunehmend aber auch die exportorientierte Fischerei und die Land- und Holzwirtschaft. Zudem blieb Chile ein beliebtes Ziel von Auslandsinvestitionen, vor allem aus den USA (hauptsächlich im Bergbau) und aus Spanien (überwiegend im Tiefbau und im Finanzsektor). Auf die Sozialpolitik aber hatte die boomende Wirtschaft zunächst keinerlei Auswirkungen. Zwar sank die Armutsquote in den Jahren 1990 bis 2003 von 38,6 auf 18,8 Prozent. Das aber war nur ein Ergebnis von Wirtschaftswachstum und zunehmender Produktivität, eine Umverteilung des Reichtums gab es nicht. Im Gegenteil: Die Kluft zwischen Arm und Reich wurde noch breiter. Chile ist heute das OECD-Land mit den größten Einkommensunterschieden.

Man sieht das täglich in den Straßen von Santiago. Jeden Morgen strömen Tausende schlecht gekleidete Menschen aus den Armenvierteln ins Zentrum und breiten zwischen glitzernden Shoppingmalls und vor Metrostationen einen Rucksack voller Waren auf der Straße aus – Baseballmützen, Schulhefte, Buntstifte, Getränke. Manche betteln auch nur. Bei jeder U-Bahn-Fahrt wird den Passagieren Knabberzeug aus Bauchläden angeboten, Musikanten im Zug bitten um ein bisschen Kleingeld. Soziale Unruhen oder Kleinkriminalität sind dennoch kaum entstanden. Chile gehört zusammen mit Uruguay zu den sichersten Ländern Lateinamerikas und gilt als stabile Demokratie.

Pinochet hätte zufrieden sein können. Alles hatte sich geändert, damit letztlich alles gleich bleiben konnte. Die einzigen, die seine Idylle störten, waren ein paar mutige Ermittlungsrichter. So wurde im Dezember 1990 ein Ermittlungsverfahren gegen einen Sohn Pinochets wegen Korruption eingeleitet. Er soll sich bei der Privatisierung von Bergwerken bereichert haben. Pinochet befahl als Oberbefehlshaber der Armee daraufhin die Kasernierung sämtlicher Einheiten, ein erster Schritt zur Alarmbereitschaft der Truppen. Das Ermittlungsverfahren verlief im Sand. Im Mai 1993 sollten zum ersten Mal Offiziere wegen Menschenrechtsverletzungen, die nach dem Erlass der Generalamnestie begangen worden waren, vor Gericht gestellt werden. Pinochet aber schickte vorher Truppen ins Zentrum von Santiago, in Kampfanzügen und mit schwarzen Barett, und ließ sie auf dem Platz vor dem Regierungspalast ein Manöver abhalten. Das Gerichtsverfahren kam nicht zustande.

Am heikelsten war der Prozess gegen Manuel Contreras, den ehemaligen Chef des Geheimdienstes DINA. Die US-Regierung hatte durchgesetzt, dass er wegen des Mordes an Allendes Verteidigungsminister Orlando Letelier 1976 in Washington als Einziger von der Generalamnestie ausgenommen wurde. Er musste also vor Gericht gestellt oder – was für die Militärs noch schlimmer gewesen wäre – an die USA ausgeliefert werden. Am 12. November 1993 wurde Contreras wegen dieses Mordes zu sieben Jahren Haft verurteilt. Er entzog sich zunächst seiner Strafe und versteckte sich erst in einer Kaserne im Süden des Landes und dann in einem Militärkrankenhaus. Zwei Monate nach dem Urteil wurde er gefasst und in ein eigens für ihn eingerichtetes Gefängnis gebracht. Es war so komfortabel ausgestattet, dass Contreras selbst es bisweilen zynisch als »Ferienresort« bezeichnet hat. Bis zu seinem Tod am 7. August 2015 – er hatte inzwischen in weiteren Verfahren eine Haftstrafe von zusammengenommen 526 Jahren angesammelt – hat er nie eines seiner Verbrechen bereut.

Aylwin hatte gleich zu Beginn seiner Präsidentschaft gesagt, er wolle, was die Verbrechen der Diktatur angeht, Gerechtigkeit »en lo posible« – so weit sie eben möglich sei. Immerhin hat er gleich eine Nationale Kommission für Wahrheit und Versöhnung eingesetzt, die die Verbrechen der Diktatur dokumentieren und in einem Bericht veröffentlichen sollte. Mit der Leitung wurde Raúl Rettig beauftragt, ein bürgerlicher Juraprofessor, der unter der Regierung Allende eine Zeit lang Botschafter in Brasilien gewesen war. Der nach ihm benannte Rettig-Bericht wurde am 8. Februar 1991 dem Präsidenten übergeben. Er stellt fest, dass zwischen dem 11. September 1973 und dem 11. März 1990 – dem Tag des Ausscheidens Pinochets aus dem Präsidentenamt – in Chile 2279 Menschen aus politischen Gründen ermordet worden waren. Diese Zahl enthält auch die 957 Verschwundenen, deren Leichen bei der Veröffentlichung des Berichts noch nicht gefunden worden waren. In weiteren 641 Mordfällen konnte die Kommission nicht mit letzter Sicherheit beweisen, ob die Betreffenden aus politischen Gründen getötet worden waren. Und in weiteren 449 Fällen habe man außer dem Namen der verschwundenen Person keine weiteren Einzelheiten in Erfahrung bringen können.

»Aber welche Folgen hatte der Rettig-Bericht?« Carmen Hertz kann sich noch heute empören. »Keine! Nicht ein einziger Prozess!« In den ersten Jahren der formalen Demokratie war es unmöglich, einen Schergen der Diktatur erfolgreich vor Gericht zu bringen. Die Justiz wurde dominiert von Gefolgsleuten Pinochets. »Man hat kein neues Amnestiegesetz verkündet, man erreichte dasselbe mit juristischen Tricks«, erzählt die Anwältin. »Oft waren die in Unterparagrafen von Unterparagrafen versteckt, in scheinbar belanglosen Verfahrensdetails. Man musste aufpassen wie ein Luchs« – damit eine Klage von einem Gericht überhaupt erst angenommen wurde. Dort ist sie dann in aller Regel einfach verschwunden. »Das war keine offene, aber eine faktische Amnestie.«

Gegen Pinochet selbst ging damals kein einziger Menschenrechtsanwalt vor. »Wir haben sogar davor gewarnt«, sagt Hertz. Pinochet war ja bis 1998 noch immer aktiver General und Chef des Heeres. »Jede Klage gegen ihn wäre sofort bei einem Militärgericht gelandet und dort versackt oder gar abgelehnt worden.« Nach seinem Ausscheiden aus dem aktiven Militärdienst hätten sich dann zivile Gerichte damit herausreden können, dass dieselbe Klage ja schon einmal erfolglos angestrengt worden war. »Wir hatten absolut kein Vertrauen in die chilenische Justiz und setzten deshalb ganz auf die internationale Gerichtsbarkeit.«

Die Wende in London

Im Oktober 1998 flog Pinochet nach London, um sich dort in einer privaten Klinik von seinen chronischen Rückenschmerzen befreien zu lassen und bei dieser Gelegenheit auch seine alte Freundin, die ehemalige Premierministerin Margaret Thatcher, zu besuchen. Darauf hatte der spanische Ermittlungsrichter Baltasar Garzón nur gewartet. Er hatte längst einen internationalen Haftbefehl gegen den ehemaligen Diktator vorbereitet. Es ging um vierundneunzig Fälle von Folter an spanischen Staatsbürgern, um den Mord an dem spanischen Diplomaten Carmelo Soria im Jahr 1975 und um die Bildung einer kriminellen Vereinigung zur geplanten Folter. Am 16. Oktober wurde Pinochet von der Londoner Polizei im Krankenhaus verhaftet. Er wurde dort noch ein paar Tage festgehalten und konnte dann aufgrund seines hohen Alters – er stand kurz vor seinem 83. Geburtstag – seine Untersuchungshaft in einem von ihm angemieteten Haus verbringen. Er durfte dort ohne Einschränkungen Besuch empfangen. Thatcher schaute öfter mal vorbei, zu Weihnachten ließ er sich aus Chile einen Priester einfliegen. Spanien verlangte seine Auslieferung, um ihn in Madrid vor Gericht zu stellen. Auch aus Belgien, Frankreich und der Schweiz gingen Auslieferungsgesuche in London ein.

In der Schweiz sollte Pinochet wegen des Mordes an dem chilenisch-schweizerischen Doppelbürger Alexis Jaccard vor Gericht gestellt werden. Jaccard war Mitglied der Kommunistischen Partei Chiles und der Sozialdemokratischen Partei in der Schweiz. Er war gleich nach dem Putsch zusammen mit seiner späteren Frau Paulina Veloso verhaftet und gefoltert worden. 1974 gelang den beiden die Flucht ins Schweizer Exil. Das Paar lebte in Genf, Jaccard studierte an der dortigen Universität. Im Mai 1977 reiste er nach Chile, um seinen kranken Vater zu besuchen. Ein riskantes Unternehmen: Jaccard war eine zentrale Figur bei der Verschiebung von Spendengeldern der europäischen Solidaritätsszene an die chilenische KP im Untergrund. Am 15. Mai wurde er bei einem Zwischenstopp in Buenos Aires in der Halle des Hotels Bristol von Agenten des chilenischen Geheimdienstes DINA verhaftet und mit der Hilfe argentinischer Militärs in die Escuela de Mecánica de la Armada, kurz ESMA, gebracht. Seither ist er verschwunden, wie die meisten der rund fünftausend Häftlinge dieses Folterzentrums am Rand der argentinischen Hauptstadt. Jaccard wurde Opfer der Operación Condor genannten Zusammenarbeit der damaligen lateinamerikanischen Militärdiktaturen.

In London begann nach der Verhaftung Pinochets eine sechzehn Monate andauernde juristische Schlacht um die Auslieferung. Pinochet beschäftigte eine ganze Gruppe von Anwälten unter der Leitung von Pablo Rodríguez, der in der Allende-Zeit führendes Mitglied der paramilitärischen Terrorgruppe Patria y Libertad war. Er führte die Generalamnestie von 1978 ins Feld, argumentierte mit dem britischen State Immunity Act 1978, nach dem ehemalige Staatsoberhäupter in Britannien strafrechtlich nicht belangt werden können, und er verwies darauf, dass sein Mandant wegen seines angeblich prekären Gesundheitszustands nicht in der Lage sei, an einem Prozess gegen ihn teilzunehmen.

Papst Johannes Paul II. setzte sich für Pinochet ein, der frühere US-Präsident George H. W. Bush und natürlich Margaret Thatcher. Auch die chilenische Regierung forderte die sofortige Rückführung ihres Senators und zog wegen der Hartnäckigkeit der spanischen Justiz sogar zeitweise ihren Botschafter aus Madrid ab. Chilenische Menschenrechtsanwälte dagegen unterstützten das Verfahren. »Das war mein Fall«, sagt Carmen Hertz. »Ich war mehrmals für Aussagen in Madrid und in London.«

Nach dem Gang durch alle Instanzen entschied schließlich ein Lordgericht, dass Pinochet an Spanien ausgeliefert werden könne. Allerdings nicht wegen aller Fälle, die Garzón in seinem Haftbefehl angeführt hatte. Da Britannien erst 1988 die UN-Konvention gegen Folter ratifiziert hatte, durften nur Straftaten zur Verhandlung kommen, die danach begangen worden waren. Immerhin blieben ein paar wenige übrig.

Pinochets Verteidiger aber versuchten weiter, eine Auslieferung ihres Mandanten mit dem Argument seiner angeschlagenen Gesundheit zu verhindern. Es folgte eine ganze Reihe medizinischer Untersuchungen, Gutachten und Gegengutachten von internationalen Ärzteteams. Von Pinochet gab es nur noch Leidensbilder im Rollstuhl. Am 2. März 2000 entschied der britische Innenminister Jack Straw (Labour Party), dass Pinochet »aus humanitären Gründen« nicht an Spanien ausgeliefert werde. In London stand schon ein Flugzeug der chilenischen Luftwaffe bereit. Am 3. März kehrte der ehemalige Diktator in seine Heimat zurück.

Auf dem internationalen Flughafen von Santiago warteten ein paar Hundert seiner Anhänger und General Ricardo Izurieta, sein handverlesener Nachfolger im Amt des Oberkommandierenden der Streitkräfte. Als sich die Tür der Militärmaschine öffnete und dahinter der im Rollstuhl sitzende Pinochet sichtbar wurde, stimmte eine Militärkapelle zwei seiner Lieblingsmärsche an: die von Lale Andersen berühmt gemachte Schnulze »Lili Marleen« und »Erika«, einen Gassenhauer der einstigen hitlerdeutschen SS. Die Plattform eines Hubwagens wurde zur Flugzeugtür hinaufgefahren, der alte Mann und sein Rollstuhl dann sanft auf den Boden heruntergelassen. Izurieta ging stramm, mit ausgestreckter Grußhand auf ihn zu – und Pinochet stand auf und kam ihm entgegen. Die Boulevardpresse witzelte am nächsten Tag in einer Schlagzeile: »Es ist ein Wunder! Pinochet steht auf und geht!« José Miguel Insulza dagegen, der wenige Tage später beim Amtsantritt des sozialistischen Präsidenten Ricardo Lagos zum Präsidentschaftsminister ernannt werden sollte, fühlte sich vom Anblick Pinochets und der um ihn versammelten ihm ergebenen Generalität »an europäische Bürger erinnert, die den Einmarsch der Nazitruppen in ihre Stadt mit ansehen mussten«. Dem Alten war es wieder einmal gelungen, vielleicht nicht die ganze Welt, dem Anschein nach aber doch den britischen Innenminister zu täuschen.

Carmen Hertz aber sah die Stunde gekommen, auf die sie so lange gewartet hatte. »Pinochet saß noch im Flugzeug, als ich bei Gericht einen Antrag auf Aufhebung seiner parlamentarischen Immunität stellte«, sagt sie und schmunzelt noch immer zufrieden. Sie wollte den ehemaligen Diktator wegen der von der »Karawane des Todes« begangenen Morde vor Gericht bringen. Drei Tage später, am 6. März, reichte Untersuchungsrichter Juan Guzmán das Begehren an das zuständige Berufungsgericht von Santiago weiter. Das entschied am 5. Juni: Aufgrund der vorliegenden

Beweise sei davon auszugehen, dass Pinochet für diese Morde direkt verantwortlich sei. Seine Immunität könne aufgehoben werden. Am 1. Dezember begann der Prozess wegen 57 Morden und 18 Verschleppungen. Letztere bezogen sich auf die Fälle, in denen bis anhin keine Leiche gefunden worden war.

Pinochets Anwälten war klar, dass auf ihren Mandanten eine ganze Flut weiterer Anklagen zukommen würde und dass sie ihn letztlich kaum retten könnten. Sie setzten deshalb von Anfang an auf Verzögerung und Verschleppung der Verfahren. Die Angehörigen seiner Opfer waren empört, dass dieser Mann, der mit seinen Gegnern stets nur kurzen und alles andere als rechtsstaatlichen Prozess gemacht hat, nun von einer Gruppe der teuersten und versiertesten Anwälte vertreten wurde, die alle denkbaren und auch vorher undenkbare Schlupflöcher in der Prozessordnung fanden. Aber in einem Rechtsstaat ist das nicht anders möglich.

Noch im Dezember 2000 erreichten die Anwälte die vorübergehende Einstellung des Verfahrens. Ermittlungsrichter Guzmán aber verhängte Hausarrest über Pinochet. Er durfte sein Anwesen in der Calle Pedro Lira Urquieta Nummer 11280 in Dehesa, dem nobelsten Stadtviertel von Santiago, nicht verlassen. Später wurde der Hausarrest gegen eine lächerliche Kaution von umgerechnet gut 3000 Euro ausgesetzt. Um jedes Detail wurde gestritten. Selbst die Aufnahme seiner Fingerabdrücke in die Kartei der Justizbehörden wurde mit verschiedenen Eingaben seiner Verteidiger um Wochen verzögert, fand aber schließlich doch statt.

Pinochets parlamentarische Immunität wurde in den folgenden Jahren noch für weitere Fälle aufgehoben. Es ging darin um die Morde der Operación Condor, um die massenhafte Folter im DINA-Hauptquartier Villa Grimaldi, um das Verschwinden eines spanischen Priesters und um Schwarzgeldkonten, die man inzwischen entdeckt hatte. Die Staatsanwaltschaft fand heraus, dass der Diktator Zentrum eines international operierenden Waffenschieberrings war. Unter anderem hatte er während des Kriegs auf dem Balkan ein UN-Waffenembargo gegen Kroatien unterlaufen. Er hatte sich für diese Aktivitäten ordentlich Schmiergeld bezahlen lassen. Auch vom britischen Luftfahrt- und Rüstungskonzern British Aerospace hat er sich für die Vermittlung von Waffengeschäften mit 1,1 Millionen Pfund schmieren lassen. Über zwanzig Millionen US-Dollar dieses Schwarzgelds hat er an der chilenischen Steuer vorbei auf mindestens 125 Konten bei Banken in den USA und auf den Cayman-Inseln deponiert.

Als es immer enger wurde für ihren Mandanten, griffen die Anwälte zum letzten Mittel. Pinochet hatte sich lange dagegen gewehrt, weil er nicht als verrückt gelten wollte: Sie ließen ihn für dement erklären. Damit sei er unfähig, einem Prozess zu folgen. Auch dies war das Ergebnis von viel Theater und einer langen juristischen Auseinandersetzung. Zunächst wurde Pinochet am 1. Juli 2001 mit viel Brimborium ins Militärkrankenhaus von Santiago gebracht, nach wenigen Tagen aber wieder entlassen. Es folgten medizinische Gutachten und Gegengutachten und am 4. Juli 2002 wurde schließlich das Verfahren gegen ihn wegen der »Karawane des Todes« aufgrund von Demenz des Angeklagten eingestellt. Am selben Tag noch legte Pinochet sein Amt als Senator auf Lebenszeit nieder. Er wollte ohnehin nicht mehr in die aktuelle Politik eingreifen, es ging ihm nur noch um seine strafrechtliche Immunität. Die hatte ihm Präsident Lagos vorher zugesichert, indem er die in Chile bis dahin unbekannte Figur des ehemaligen Präsidenten erfand und diese Institution mit einem lebenslangen Schutz vor Strafverfolgung ausstattete. Jedem weiteren Prozess musste also nach wie vor die gesamte Prozedur der Aufhebung dieser Immunität vorangehen.

Immerhin, es ging weiter. Am 28. Mai 2004 hob ein Berufungsgericht in Santiago den Beschluss von 2002 wieder auf, das Verfahren um die Karawane des Todes einzustellen. Der Oberste Gerichtshof bestätigte dies drei Monate später. Pinochet wurde mehrmals vernommen. Doch der Mann, der einmal von sich behauptet hatte, in Chile falle kein Blatt von einem Baum, ohne dass er es wisse, wollte nun von nichts etwas gewusst haben. Die Karawane des Todes? Mit solchen Marginalien habe er sich nicht beschäftigt. Alle Menschenrechtsverletzungen, die man ihm anlastete, schob er seinen ehemaligen Untergebenen in die Schuhe.

Als er schließlich am 10. Dezember 2006 um Viertel nach zwei am Nachmittag im Alter von 91 Jahren im Militärkrankenhaus von Santiago einem Herzinfarkt erlag, waren fünf Gerichtsverfahren gegen ihn am Laufen. Der Justiz lagen über vierhundert weitere Klageschriften vor. Verurteilt wurde er nie. Er ist als Angeklagter gestorben. Am meisten hat ihm der Prozess wegen der Schwarzgeldkonten geschadet, weil sich danach auch die meisten der ihm gebliebenen Anhänger von ihm abwandten. An Folter und Mord hatten sie sich nie gestört, schließlich ging es in ihren Augen gegen den internationalen Kommunismus und da war jedes Mittel recht. Aber einen korrupten Helden wollten sie nicht haben.

Ein Staatsbegräbnis für den ehemaligen Diktator lehnte Präsidentin Michelle Bachelet mit dem Argument ab, er sei kein gewählter Präsident gewesen. Nur die Militärs bezeugten ihm als ehemaligem Oberbefehlshaber der Streitkräfte mit einem Aufmarsch in Galauniform bei der Trauerfeier die letzte Ehre. Sechzigtausend Menschen kamen, um an seinem Sarg vorbeizudefilieren. Es waren nicht nur Anhänger von ihm. Auch viele seiner Opfer wollten ihm in die geschlossenen Augen sehen und sich versichern, dass er tatsächlich tot war. Der Sarg war geschlossen, hatte aber – wie bei solchen Trauerwachen in Chile üblich – über dem Gesicht ein geöffnetes verglastes Fensterchen. Francisco Cuadrado Prats, ein Enkel des in Buenos Aires auf Befehl Pinochets ermordeten Generals Carlos Prats, spuckte auf diese Scheibe. Bei der Trauerfeier tauchte dann auch eine Gruppe von Neonazis auf. Augusto Pinochet Molina, ein Enkel des Verstorbenen und damals Hauptmann des Heeres, hielt ganz im Sinne seines Großvaters eine bizarre antikommunistische Rede. Er wurde deshalb später aus dem Militärdienst entlassen.

Pinochets Leiche wurde eingeäschert. Die Familie wollte, dass die Urne dann in der Militärakademie von Santiago aufbewahrt werde. Doch die lehnte ab, genauso wie eine angefragte Militärkapelle. Die Asche wurde schließlich in aller Heimlichkeit beigesetzt, in Bucalemu, der Sommerfrische der Familie in dem rund 150 Kilometer südwestlich von Santiago gelegenen Dorf Los Boldos.

Das erstarrte Chile

Der Tyrann war tot, sein Staat aber lebte. Zwar wurde die Armee von siebzigtausend Soldaten auf rund die Hälfte verkleinert, dafür ist sie hochgerüstet. Dank der Einnahmen aus den Kupferexporten konnte sie immer das Kriegsgerät kaufen, das sie wollte – unter anderem deutsche Panzer. Nach Informationen des International Peace Research Institute in Stockholm ist sie die modernste und am besten ausgerüstete Armee Lateinamerikas. Und sie hat politisches Gewicht: Laut der von Pinochet erlassenen Verfassung ist sie »die Wächterin der verfassungsgemäßen Ordnung« des Landes.

Die zehn Jahre der beiden christdemokratischen Präsidenten Aylwin und Frei Ruiz-Tagle waren so etwas wie eine langsame Gewöhnung an Zustände ohne Militärherrschaft. An der von Pinochet übernommenen Gesellschaftsordnung änderte sich so gut wie nichts. Erst Ricardo Lagos, der erste Präsident von der Sozialistischen Partei, wagte sich an vorsichtige Reformen. Gegen die reine Lehre des Neoliberalismus setzte er eine Steuerreform durch, die bei steigendem Einkommen einen höher werdenden Steuersatz vorsieht. Die Ehescheidung, die zuvor in Chile nicht möglich war, wurde gesetzlich verankert. Die ernannten Senatoren, mit denen sich Pinochet eine sichere Mehrheit in dieser Kammer gegeben hatte, wurden abgeschafft, genauso das Recht ehemaliger Präsidenten auf einen lebenslangen Sitz im Senat. Auch an die Armee wagte sich Lagos. Der überwiegend aus Generälen bestehende Nationale Sicherheitsrat, der vorher Entscheidungsbefugnis in Fragen äußerer und innerer Bedrohungen hatte, wurde auf ein rein beratendes Gremium zurückgestuft.

2001 bestellte Lagos eine zweite Wahrheitskommission: die Nationale Kommission über politische Haft und Folter während der siebzehn Jahre der Diktatur. Sie wurde nach ihrem Vorsitzenden, dem katholischen Bischof und letzten Leiter der Vicaría de Solidaridad Sergio Valech, Valech-Kommission genannt. Am 29. November 2004 stellte sie ihren 638 Seiten starken Abschlussbericht vor. Darin werden 27 255 politische Gefangene namentlich aufgezählt. 13 Prozent davon waren Frauen. 94 Prozent dieser Gefangenen sind nach den Erkenntnissen der Kommission gefoltert worden. Nach Schätzungen von Menschenrechtsorganisationen lag die tatsächliche Zahl der politischen Gefangenen um mindestens zehntausend höher. Es waren Menschen, die sich auch zehn Jahre nach dem Ende der Diktatur noch immer nicht trauten, sich öffentlich zu ihrem Schicksal zu bekennen. Wer sich registrieren ließ und anerkannt wurde, bekommt seither eine kleine Rente.

In diesen Jahren der vorsichtigen Öffnung entstand auch eine bis heute gepflegte Demonstrationsform, die sich Funa nennt. Das Wort aus der Mapuche-Sprache Mapudungun bedeutet so viel wie verfault, verrottet, stinkend. Die Funa wurde erfunden von Kindern und Enkeln von Pinochet-Opfern, die frustriert darüber waren, dass die Justiz nicht gegen die Schergen der Diktatur vorging. Sie gründeten Komitees, die die Adressen der einstigen Schlächter und Folterknechte recherchieren und sie dann mit lautstarken Aufzügen vor ihren Häusern öffentlich bloßstellen. Wenn sie schon nicht vor Gericht gestellt wurden, sollten sie wenigstens die Schmach des Outings ertragen müssen.

Es waren erste Zeichen des Widerstands gegen das So-tun-als-sei-nichts-gewesen, bei Carmen Hertz keimte Hoffnung auf. »Grundsätzlich hatte sich ja nichts verändert«, sagt sie. »Das Rentensystem blieb dasselbe, das Gesundheitssystem, das Bildungswesen. Und das, obwohl wir mitten in der Diktatur eine Protestbewegung hatten wie kein anderes Land.« Erst in der Transición – der auf die Diktatur folgenden Zeit des Übergangs zur Demokratie – lief das neoliberale Modell ohne Störung. Und genau das sei der Zweck dieser endlos langen Übergangszeit gewesen: »Friede, Freude, Eierkuchen. Die Protestbewegung wurde desartikuliert.« Bei den Funas aber zeigte eine neue Generation zum ersten Mal, dass sie das nicht einfach hinnehmen wollte.

Hertz arbeitete damals in der Menschenrechtsabteilung des Außenministeriums. Als im März 2006 Michelle Bachelet ihre erste Präsidentschaft antrat, bot sie der prominenten Anwältin den Posten der Botschafterin in Ungarn an, der zugleich Bosnien und Herzegowina einschloss. Hertz akzeptierte. »Nicht nur Bachelet, auch die drei Präsidenten der Concertación vor ihr wurden alle mit den Stimmen der Kommunisten gewählt. Nie hat sich einer dafür bedankt.« Das Angebot an sie, Chile im Ausland zu repräsentieren, »war die erste Geste gegenüber der Kommunistischen Partei«. Da wollte sie nicht Nein sagen.

In jenen Jahren wurden in der Atacama-Wüste in der Nähe von Calama Teile von Skeletten gefunden. Der Ort deutete darauf hin, dass es sich dabei um die Überreste der Männer handeln könnte, die 1973 von der »Karawane des Todes« verschleppt und exekutiert worden waren. Eines Tages kam in der chilenischen Botschaft in Budapest mit der Diplomatenpost eine Schachtel mit diesen Resten an. »Es waren ein paar wenige Knochensplitter und ich wusste: einer kann auch von meinem Mann sein.« Carmen Hertz, die ihre Botschaftsresidenz in Budapest hatte und Bosnien und Herzegowina regelmäßig besuchte, brachte das Paket selbst nach Sarajevo. Dort gibt es eines der modernsten und weltweit besten DNA-Labors, das auch kleinste Knochensplitter analysieren und zuordnen kann. Eine Notwendigkeit, die nach dem Balkankrieg entstanden war. »Die Schachtel lag auf der Rückbank in meinem Auto und ich wusste nicht, wie mir zumute war. Eine ganz seltsame Mischung aus Trauer und Hoffnung.« Als sie das Paket abgegeben hatte, musste sie Jahre auf das Ergebnis der Analyse warten.

Es war für Carmen Hertz keine schlechte Zeit, um außer Landes zu sein. Pinochet war tot, die politische Landschaft in Chile erstarrt. »Das binominale Wahlsystem führte zu einer faktisch lebenslänglichen Wiederwahl der Parlamentarier«, sagt sie. Wenn in jedem Wahlkreis zwei Abgeordnete gewählt werden und es zwei große Parteienkoalitionen gibt, ist jeder von ihnen ein Platz so gut wie sicher, egal, wer als Kandidat aufgestellt wird. Es bildete sich eine sehr überschaubare Gruppe von quasi beamteten Berufspolitikern heraus, abgehoben und ohne Notwendigkeit eines Kontakts zu den Wählern. Neue Gesichter hatten Seltenheitswert. »Diese politische Klasse hat sich in fünfundzwanzig Jahren selbst desavouiert«, sagt Hertz.

Die immer selben wurden wieder und wieder gewählt, weil andere Kandidaten erst gar nicht aufgestellt wurden und weil in Chile Wahlpflicht herrschte. Wer ins Wahlregister eingetragen war und seine Stimme nicht abgab, wurde mit einer empfindlichen Geldbuße bestraft. Immer mehr junge Leute umgingen diese Strafen, indem sie sich nach dem Erreichen des achtzehnten Lebensjahrs einfach nicht in die Wahlregister eintrugen. Die Wählerschaft alterte zusammen mit den Gewählten. Das änderte sich auch nicht, als 2011 die Wahlpflicht aufgehoben wurde. Im Gegenteil: Jetzt blieben auch die Alten weg von der Urne. Am ersten Wahlgang der Präsidentschaftswahl von 2013 gaben gerade 49,3 Prozent der registrierten Wähler ihre Stimme ab. In der Stichwahl waren es nur noch 42 Prozent.

Das kurze Intermezzo der Rechten

Angesichts dieser Trostlosigkeit war es fast schon absehbar, dass irgendwann der rechte Block seine Chance bekommen würde. Bei der Präsidentschaftswahl Ende 2009 mit der Stichwahl am 17. Januar 2010 war es so weit. Die Concertación war nach zwanzig Jahren personell verbraucht. Nach zwei sozialistischen Präsidenten meldeten die Christdemokraten wieder Anspruch aufs erste Staatsamt an, hatten aber keinen geeigneten Kandidaten. Schließlich wurde Eduardo Frei Ruiz-Tagle auf den Schild gehoben. Er war schon in seiner ersten Amtszeit von 1994 bis 2000 reichlich blass geblieben und konnte auch zehn Jahre später die Wähler nicht begeistern. Die Rechte, die bei der Wahl von 2005 mit zwei Kandidaten angetreten war – Joaquín Lavín für die UDI und Sebastián Piñera für die RN –, trat diesmal geschlossen an. Damals hatte Piñera die Stichwahl Anfang 2006 erreicht, war aber Bachelet deutlich unterlegen. Jetzt stand er als rechter Einheitskandidat gegen Frei Ruiz-Tagle.

Gegen den mit stets maskenhaft versteinertem Gesicht auftretenden Christdemokraten wirkte der dauerlächelnde Piñera frisch und agil. Er ist ein Vertreter der neuen Oligarchie des chilenischen Finanzkapitals, ein Milliardär, der sich gerne als Selfmademan verkauft, obwohl er in sehr gut situierten Verhältnissen in Chile und den USA aufgewachsen ist. Er besitzt ein wirtschaftswissenschaftliches Diplom der privaten päpstlich-katholischen Universität von Santiago, dazu einen Master und einen Doktortitel der Harvard University von Cambridge. Sein Leitspruch: »Das Leben ist voller Möglichkeiten, man muss sie nur nutzen.«

Er hat die Möglichkeiten genutzt, die Chile dem gut ausgebildeten Kind einer reichen Familie bot. 1980, mit nur 31 Jahren, wurde er Chef von Citicorp, der Niederlassung der US-amerikanischen Citibank in Chile. Gegen den Widerstand seiner älteren Kollegen baute er das Finanzhaus zur Investmentbank um. 1987 gründete er dann seine eigene Kreditkartengesellschaft, die zur größten in Südamerika wurde. 1994 stieg er bei der ehemals staatlichen, inzwischen aber privatisierten Luftfahrtgesellschaft Línea Aérea Nacional (LAN) ein, übernahm innerhalb weniger Jahre die Kontrolle über die Firma und gründete Filialen in Peru, Ecuador und Argentinien. LAN wurde zur größten regionalen Fluggesellschaft des Halbkontinents. Piñeras Aktienpaket von diesem Konzern wird allein schon auf rund 1,5 Milliarden US-Dollar geschätzt. Darüber hinaus besitzt er ein paar Fernsehsender und den Traditionsfußballclub Colo-Colo. Ganz sauber war sein Aufstieg nicht. Er wurde mehrmals wegen Insidergeschäften mit Aktien zu Geldstrafen verurteilt.

»Wenn ich das alles alleine geschafft habe«, fragte er sich einmal in einem Interview, »warum schaffen es dann die anderen nicht?« Er hat im Lauf seiner Karriere vergessen, dass es für einen Gewinner wie ihn Millionen von Verlierern geben muss. Piñera passte bestens in das neoliberale Chile. Und er war – obwohl Kandidat der vereinigten Rechten – kein Pinochetist. José Manuel, sein älterer Bruder, war in der Diktatur Arbeits-, Sozial- und Bergbauminister und gilt als der geistige Vater des privaten Rentensystems. Sebastián hat davon zwar wirtschaftlich profitiert, bekannte aber nach dem Referendum von 1988 öffentlich, dass er gegen Pinochet gestimmt habe. Das war damals für einen Großunternehmer ein Skandal. Zwanzig Jahre später nützte es ihm. Der Rechten die Stimme zu geben, hieß nicht mehr, für die Vergangenheit zu stimmen.

Trotzdem ist er im Wahlkampf kaum in Erscheinung getreten. Die Schlagzeilen überließ er lieber seinem jüngeren Bruder Miguel. Der Schlagersänger und Besitzer einer ganzen Reihe von Nachtclubs ist bekannt für seine ständig wechselnden Partnerinnen, die ein gemeinsames Merkmal haben: Sie sind alle in Chile begehrte Models. Miguel war deshalb schon immer ein König der Boulevardpresse. Und so war auch der Wahlkampf, typisch neoliberal: viel Unterhaltung, kaum Inhalte. Im ersten Wahlgang am 13. Dezember 2009 bekam Piñera mit 44 Prozent die meisten Stimmen, die Stichwahl gegen Frei Ruiz-Tagle am 17. Januar 2010 gewann er mit knapp 52 Prozent.

Er regierte, wie er vorher seine Firmen geleitet hatte, als allein entscheidender Geschäftsführer. Rückgängig machen musste er nichts. Die Concertación hatte ja die ihm wie auf den Leib geschneiderte Wirtschaftsordnung Pinochets nicht nur nicht angetastet, sondern auch noch ausgebaut. Nur die vorsichtigen Ansätze einer Sozialpolitik, die unter der Präsidentschaft von Lagos begonnen hatten, verfolgte er nicht weiter. Das war vielleicht sein größter Fehler.

Ganz am Ende der ersten Regierungszeit von Bachelet war eine Bewegung aufgekeimt, die damals wahrscheinlich noch mit ein paar Reförmchen hätte abgewürgt werden können. Die *pingüinos*, die Schüler, waren zum ersten Mal auf die Straße gegangen. Sie hatten Schulen besetzt, eine bessere Ausstattung gefordert und besseren Unterricht, mehr Staat im Bildungswesen und weniger privates Gewinnstreben. Doch Piñera ist Unternehmer durch und durch. Bildung ist für ihn eine Ware, ihr Preis bestimmt der Markt. Er ignorierte die Bewegung. Zwei Jahre später waren aus den *pingüinos* Studenten geworden, sie standen wieder auf der

Straße und sie waren viel mehr geworden. Die große Mehrheit der Bevölkerung unterstützte die Forderungen der Protestbewegung, Camila Vallejo wurde zur Ikone einer neuen Massenbewegung, in Umfragen sanken die Beliebtheitswerte von Piñera ins Bodenlose.

Am Ende seiner vier Jahre in der Moneda war absehbar, dass die Rechte die nächste Wahl verlieren würde, und sie tat auch alles, um es wahr werden zu lassen. Nachdem Piñera für die Renovación Nacional angetreten war, forderte nun die Unión Demócrata Independiente ihr Recht auf die Nachfolge ein. Kandidatin wurde Evelyn Matthei, auch sie eine gelernte Wirtschaftswissenschaftlerin. In der Zeit der Diktatur hatte sie in der Regierung am Aufbau der privaten Rentenfonds mitgearbeitet, beim Referendum 1988 war sie in den Fernsehspots eines der wichtigsten Gesichter der Kampagne des Diktators. Darauf ist sie noch heute stolz. Unter Piñera war sie zwei Jahre lang Arbeitsministerin.

Es war ein nach rückwärts gewandter Wahlkampf. Evelyn ist die Tochter von Fernando Matthei, einem General der Luftwaffe, der am Putsch beteiligt war. Später wurde er Oberkommandierender seiner Waffengattung und von 1978 bis zum Ende der Diktatur gehörte er zur Militärjunta um Pinochet. Gegen Matthei trat zum zweiten Mal Michelle Bachelet an, auch sie Tochter eines Generals. Doch Alberto Bachelet war Allende treu geblieben, war verhaftet und gefoltert worden und ist an den Folgen der Qualen gestorben. Auch Michelle und ihre Mutter wurden verhaftet und gefoltert, konnten aber ins Exil in die damalige DDR ausreisen. Bei dieser Konstellation bot es sich geradezu an, den Wahlkampf als Familiendrama zweier durch die Geschichte getrennter Jugendfreundinnen zu personalisieren. Die beiden Kontrahentinnen hätten schon als kleine Mädchen zusammen im Sandkasten gespielt, kolportierte die internationale Presse. Es nützte nichts, dass beide dementierten, die schöne Geschichte wurde weitergesponnen. Sicher, die Väter haben sich gut gekannt; die Töchter aber, sagen beide, seien sich allenfalls ein paarmal zufällig bei Familienanlässen der Generalität begegnet.

Es war klar, dass Matthei gegen die in ihrer ersten Amtszeit zu so etwas wie der Mutter der Nation gewordenen Bachelet kaum eine Chance haben würde. Zudem wurde das Mitte-links-Bündnis um die Kommunistische Partei erweitert und in Nueva Mayoría umbenannt. Damit wollte man einen neuen Anfang signalisieren. Camila Vallejo wurde Kandidatin fürs Parlament und sollte der abgewirtschafteten alten Concertación neue Stimmen aus der rebellischen Jugend zuführen.

Dass Bachelet nicht gleich im ersten Wahlgang gewann – sie bekam 46,7 Prozent der Stimmen, Matthei als Zweitplatzierte 25 Prozent – ist auf einen Dissidenten der Concertación zurückzuführen. Marco Enríquez-Ominami, ein Filmemacher, Sozialist und Sohn eines der Gründer des linksradikalen MIR, hatte sich schon 2009 darum beworben, Präsidentschaftskandidat der Concertación zu werden. Als damals gerade sechunddreißigjähriger Neuling aber hatte er keine Chance gegen das Establishment der Koalition. Er gründete daraufhin seinen eigenen Wahlverein, den er Nueva Mayoría para Chile nannte, und erreichte auf Anhieb im ersten Wahlgang 20,1 Prozent der Stimmen, nur 9,5 Prozentpunkte weniger als der Concertación-Kandidat Frei Ruiz-Tagle. Es war ein erstes Zeichen dafür, dass der von Pinochet verordnete Binominalismus langsam aufbrach. Vier Jahre später hatte Enríquez-Ominami gegen die allseits beliebte Bachelet mehr Mühe. Sein Markenzeichen als Rebell hatte er an die führenden Köpfe der Studentenbewegung verloren, sein Parteiname wurde nun von der erweiterten Concertación besetzt. Er nannte sein Wahlbündnis etwas verschwurbelt Si tú quieres, Chile cambia (Wenn du willst, ändert sich Chile), bekam im ersten Wahlgang 11 Prozent und zwang damit immerhin Bachelet und Matthei in die Stichwahl. Die gewann Bachelet bequem mit 62,2 gegen 37,4 Prozent.

Damit ist in Chile noch lange nicht alles so, wie Carmen Hertz es sich wünschen würde. »Aber immerhin, das binominale Wahlrecht ist abgeschafft«, sagt sie zufrieden. Das nächste Parlament wird nicht mehr nur aus zwei großen Blöcken bestehen. »Das ist \$Verfassung.« Stimmen, die eine gewählte verfassunggebende

Versammlung verlangen, werden immer lauter. Die Studenten gehen noch immer auf die Straße, dazu die Schwulen und Lesben, die Umweltschützer … Carmen Hertz wendet sich gut gelaunt der Zukunft zu.

Die Vergangenheit hat sie begraben. Das forensische Labor in Sarajevo konnte die Knochen, die sie dort 2007 abgegeben hat, fünf Opfern der Diktatur zuordnen, die damals in der Atacama-Wüste von der »Karawane des Todes« ermordet worden waren. Ein paar kleine Splitter waren von der Leiche ihres Mannes Carlos Berger. »Es waren die Reste von Resten von Resten«, sagt sie. Das, was übrig bleibt, wenn Leichen in die Luft gesprengt und die Einzelteile zerstreut werden. »Wir haben sie im April 2014 in einer kleinen, sehr schönen Zeremonie beigesetzt.«

Ausblick

Auf Chile kommen unruhige Zeiten zu. Auf dem Weltmarkt sinken die Rohstoffpreise, weil die chinesische Wirtschaft nicht mehr so schnell wächst wie vordem. Das trifft auch das Kupfer, Chiles weiterhin bei weitem wichtigste Einnahmequelle. Zwar leidet das Land viel weniger als etwa Argentinien oder Brasilien, die im Lauf des Jahres 2015 langsam in eine Rezession rutschten. Die gewohnten Wachstumsraten von zuletzt immer um die 5 Prozent aber erscheinen für die kommenden Jahre unerreichbar. Die Regierung muss sparen. Sozialreformen lassen sich nicht mehr mir nichts dir nichts finanzieren.

Für Michelle Bachelet weht der Wind in ihrer zweiten Amtszeit als Präsidentin viel rauer als in der ersten. Seit dem Skandal um ein windiges Grundstücksgeschäft ihres Sohnes und nach Korruption riechender Geschäfte einiger ihrer dann schnell ausgetauschten Minister ist die fast schon liebevolle Beziehung zwischen dem Volk und seiner Mutter der Nation vorbei. Die rechte Presse – zuallererst wieder die Medien des Mercurio-Imperiums – fordern immer unverblümter ihren Rücktritt. In Umfragen erreichen ihre Beliebtheitswerte oft nicht einmal mehr 30 Prozent; am Ende ihrer ersten Amtszeit hatten noch über 80 Prozent der Chilenen Bachelet positiv beurteilt.

Im Vergleich zum Korruptionsskandal um den halbstaatlichen brasilianischen Erdölkonzern Petrobras, wo systematisch mit Milliarden von US-Dollar geschmiert worden ist, sind die chilenischen Skandale allenfalls Skandälchen. Es gibt keine zornige Volksbewegung gegen Korruption wie in Honduras, wo der Präsidentenpalast Woche für Woche von Demonstranten belagert wurde; ganz zu schweigen von Guatemala, wo im Septemner 2015 der rechte Präsident Otto Pérez Molina nach monatelangen Massenprotesten wegen Korruptionsvorwürfen zurücktreten musste. Es gibt nur die Medienhetze und ein feixendes Publikum. Ältere Chilenen fühlen sich bisweilen an die Methoden erinnert, mit denen der *Mercurio* einst versuchte, Salvador Allende zuerst zu verhindern und dann zu stürzen.

Michelle Bachelet steht nicht mehr sicher, sie schwimmt. Sie laviert zwischen den Ansprüchen der rebellischen Jugend, deren prominenteste Vertreter sie selbst in ihre Regierungskoalition geholt hat, und den neoliberalen Christdemokraten. Dass der rechte Parteienblock und die Unternehmerverbände gegen jegliche Aufweichung des chilenischen Wirtschafts- und Gesellschaftsmodells sind, versteht sich von selbst. Zu allem Überfluss gab es im September 2015 auch noch einen mehrtägigen Streik der Transportunternehmer. Das alles erinnert an Allende, der zwischen linken Heißspornen und rechten Unternehmern und Militärs in den Jahren vor dem Putsch zerrieben wurde.

Doch ein fatales Ende wie das der Präsidentschaft Allendes ist für Bachelet nicht zu befürchten. Pinochet ist tot und begraben. Im Militär, in den Rechtsparteien und auch in der Bevölkerung mag sich noch der eine oder andere glühende Anhänger des Diktators finden. Es sind die Ewiggestrigen, die vielleicht noch einmal Aufsehen erregen und böse Erinnerungen wecken können. Aber sie haben weder Einfluss auf die Armee noch auf die Politik.

Selbst das offizielle Chile, das so lange hinweggeschwiegen hat über die siebzehn bleiernen Jahre, hat inzwischen eine klare Haltung zur unmittelbaren Vergangenheit gefunden. Anfang 2010 wurde in Santiago das Museo de la Memoria y los Derechos Humanos (Museum der Erinnerung und der Menschenrechte) eröffnet. Der riesige Quader mit luftiger grüner Kupferverkleidung im Stadtteil Yungay präsentiert auf über zehntausend Quadratmetern so etwas wie die offizielle Sicht auf die Jahre der Diktatur. Es ist eine beeindruckende Schau, die in den Monaten vor dem 11. September 1973 beginnt und mit dem von Pinochet verlorenen Referendum vom 5. Oktober 1988 endet. Die multimedial aufbereitete Dauerausstellung aus Zeitungsreproduktionen, zeitgenössischen Radio- und Fernsehreportagen, Pamphleten und Artefakten geht bisweilen bis an die Grenze des Erträglichen. Etwa in einer Folterzelle, an deren Wand überlebende Opfer in einer Videoinstallation davon erzählen, was sie in einem solchen Ort erleiden mussten.

Das Publikum besteht überwiegend aus jungen Leuten, geboren in der Zeit nach der Diktatur. Für sie ist das Museum auch gemacht. In seinen Statuten heißt es, es solle »die systematischen Menschenrechtsverletzungen vonseiten des chilenischen Staats in den Jahren 1973 bis 1990 bekannt machen«, und das mit dem Ziel, »dass sich Taten, die die menschliche Würde beeinträchtigen, nie mehr wiederholen werden«. Das Museum sei einerseits »ein Projekt der moralischen Wiedergutmachung für die Opfer«, es solle aber auch »neuen Generationen dabei helfen, eine bessere Zukunft mit striktem Respekt vor dem Leben und der Würde jedes Einzelnen aufzubauen«.

Überlebende Opfer der Diktatur mögen bemängeln, dass die Aufarbeitung der Jahre der Diktatur erst jetzt langsam beginnt. Es ist gut, dass sich viele wie Jorge Schindler darum bemühen, mehr und mehr einzelne Schicksale dem Vergessen zu entreißen und so Stück für Stück zum Entstehen eines kollektiven Gedächtnisses beitragen. Aber auch staatlicherseits ist ein ernsthafter Anfang gemacht, hinter den es kein Zurück mehr geben wird.

So wirken die Medienhetze gegen eine nur sehr gemäßigt linke Regierung und die dabei bewusst gesetzten Reminiszenzen an die letzten Monate unter Allende eher wie ein letztes Aufbäumen der Kräfte der Vergangenheit. Denn eines ist ganz sicher: Nach der Wahl zum nächsten Parlament Ende 2017 wird die politische Landschaft Chiles anders aussehen als zuvor. Nach der Abschaffung des binominalen Wahlsystems gibt es keinen Zwang mehr zu zwei großen Blöcken. Sie werden sich auflösen, andere Koalitionen werden sich finden, vielleicht sogar neue Parteien entstehen. Unter Politologen wird darüber schon jetzt spekuliert.

Verschiedene Szenarien erscheinen möglich. Viele gehen davon aus, dass sich die Christdemokraten als Ganzes oder doch zumindest ihr rechter Flügel aus der langen Allianz mit den Sozialisten lösen und eher mit dem großbürgerlich orientierten Unternehmerflügel der Rechtspartei Renovación Nacional gemeinsame Sache machen werden. Die hart neoliberale Unión Demócrata Independiente mit ihren alten Pinochetisten wäre dann eindeutig dort, wo sie hingehört: am äußeren rechten Rand der Gesellschaft. Auf der linken Seite wird es die Kommunistische Partei nicht mehr nötig haben, sich an die Sozialisten zu hängen, um überhaupt im Parlament vertreten zu sein. Auch kleine Parteien wie die der humanistischen Umweltschützer haben unter dem neuen, deutlich repräsentativeren Wahlrecht eine reale Chance. Die Kandidaten werden zum ersten Mal die Wähler tatsächlich überzeugen müssen, weil es den bisherigen Automatismus des Einzugs ins Parlament nicht mehr gibt. Ob es ihnen gelingen wird, ist eine ganz andere Frage. Eine extrem niedrige Wahlbeteiligung ist genauso möglich.

Ganz sicher wird das nächste Parlament sehr viel bunter sein als alle anderen seit dem Ende der Diktatur. Für die nächste Regierung wird es schwieriger werden, Mehrheiten zu finden. Sie wird ringen müssen um die Durchsetzung ihrer Politik. Gleichzeitig öffnet sich damit aber auch Raum für offene politische Debatten, die es im institutionellen Chile seit der Zeit Allendes nicht mehr gegeben hat.

Bisweilen versuchen die jungen Abgeordneten schon jetzt, Leben in die in zwei Blöcken erstarrte Volksvertretung zu bringen. Sie spielen dabei die Rolle einer linken Opposition, die gleichzeitig zur Regierung gehört. Es gibt auch schon ein paar wenige Teilerfolge. So hat das Indikationsmodell für legale Schwangerschaftsabbrüche trotz heftigen Gegenwinds aus den rechten Parteien, Teilen der Christdemokraten und der katholischen Kirchenhierarchie alle Parlamentsausschüsse ohne Abstriche durchlaufen und dürfte bis zum Ende der Amtszeit Bachelets rechtskräftig verabschiedet sein.

Auch die Reform des Bildungswesens ist – wenn auch noch zögerlich – auf dem Weg. Privatuniversitäten dürfen keine Gewinne mehr machen und müssen ihre Studiengebühren im Lauf von zehn Jahren stufenweise abschaffen. Schon ab 2016 soll das Studium für die ärmeren 60 Prozent der Bevölkerung gratis sein. Das ist noch lange nicht das, was die Studentenbewegung verlangt, vor allem nicht, was die Ausstattung und Qualität öffentlicher Universitäten angeht. Doch die Reform wird weitergehen. Die Studenten werden keine Ruhe geben. Vielleicht werden ihre Proteste nicht immer so kontinuierlich sein wie in den vergangenen Jahren. Vielleicht braucht ihre Bewegung auch eine Pause, um dann in einer neuen Welle wieder zu kommen. Aber bevor ihre Forderungen nicht zufriedenstellend erfüllt sind, wird sie ganz sicher nicht verschwinden.

Viel schwieriger werden Reformen des Arbeitsrechts, des Gesundheitswesens und des Rentensystems durchzusetzen sein. Das alles steht zwar auch im Regierungsprogramm der Nueva Mayoría. Aber schon eine kleine Steuerreform zur Finanzierung der Verbesserungen im Bildungswesen hat die Unternehmerverbände den Teufel einer Rezession und steigernder Arbeitslosigkeit an die Wand malen lassen. Und das nur, weil ihre Gewinne etwas höher belastet werden als zuvor. Jetzt, da sich die Wirtschaft tatsächlich abkühlt, werden solche für das Kapital sehr viel teurere Reformen auf noch viel mehr Widerstand stoßen. Camila Vallejo und andere linke Abgeordnete haben zwar recht, wenn sie argumentieren, dass Sozialreformen und die rechtliche Stärkung der Gewerkschaften in Zeiten der Hochkonjunktur zwar richtig und schön sind, dass sie eigentlich aber für Krisenzeiten gemacht werden und eben deshalb jetzt angegangen werden müssen. Doch das zählt wenig, wenn die Mehrheit der Christdemokraten und Teile der sozialistischen Fraktion im Grund die neoliberalen Positionen der Unternehmer teilen. Man darf sich da keine allzu großen Hoffnungen machen. Immerhin aber stehen auch solche Themen auf der Tagesordnung.

Für den Konflikt mit den Mapuche zeichnet sich noch keinerlei Lösung ab. Keine Regierung der Transición hat sich ernsthaft darum gekümmert. Zwar hat schon Patricio Aylwin, der erste demokratisch gewählte Präsident nach der Diktatur, eine »historischen Schuld« gegenüber diesem Volk eingestanden. Diese Schuld aber besteht noch immer. Lösungen für den Konflikt sind durchaus denkbar, Anregungen für einen möglichen Weg finden sich in unmittelbarer Nachbarschaft. Bolivien definiert sich in seiner Verfassung als plurinationaler Staat; als ein Land also, in dem mehrere Nationen gleichberechtigt zusammenleben. Jede dieser Nationen hat ihre eigene Identität, ihre eigene Sprache, ihre eigenen Traditionen und ihre eigene Rechtsprechung. Das Land ist trotzdem nicht auseinandergefallen. Im Gegenteil, es wächst mehr zusammen und die jahrhundertelange Ausgrenzung der indigenen Mehrheit der Bevölkerung wird langsam überwunden. Warum soll so etwas in Chile nicht auch möglich sein?

Michelle Bachelet hat angekündigt, sie wolle noch in dieser Legislaturperiode einen Prozess zur Erarbeitung einer neuen Verfassung anstoßen. In diesem Zusammenhang kann und muss dringend auch der Mapuche-Konflikt angegangen werden. Aber es ist noch nicht einmal entschieden, wie dieser Prozess aussehen wird. Viele Varianten sind möglich. Dem politischen Establishment des Landes käme es sicher entgegen, wenn damit ein vom Parlament berufenes Expertengremium beauftragt würde. Die von diesem Gremium erarbeitete neue Verfassung könnte dann erst vom Parlament verabschiedet und schließlich in einem Referendum vom Volk ratifiziert werden. Die politische Rechte und große Teile der Christdemokraten würden diesen Weg bevorzugen. Er ermöglicht allein schon durch die Auswahl der Experten eine Einflussnahme auf das Ergebnis. So könnten gesetzliche Rahmenbedingungen entstehen, die zwar die alte Pinochet-Verfassung ad acta legen, den Status quo aber erhalten und ihm nur einen freundlicheren Anstrich ohne Erinnerung an die Diktatur geben.

Die Linke dagegen stellt sich zunächst eine breite Debatte vor, mit Bürgerversammlungen und Arbeitskreisen in den Stadtteilen und in der organisierten Zivilgesellschaft. Die dort erarbeiteten Vorschläge und Anregungen sollen dann einer gewählten verfassunggebenden Versammlung vorgelegt und von dieser berücksichtigt werden. Damit verbunden wäre der Versuch, die um sich greifende politische Apathie zu überwinden. Die Bürger, die dann über das Ergebnis dieser Versammlung abstimmen müssten, könnten das im Bewusstsein tun, dass diese Verfassung von ihnen selbst mit erarbeitet wurde, dass es ihre Verfassung ist und nicht nur die einer politischen Klasse. Wenn ein solcher Prozess gelingt, wird die lange Übergangszeit nach der Diktatur zu Ende sein. Der Aufbau einer wirklichen Demokratie kann dann beginnen. Oder wie es Camila Vallejo sagt: »Eine neue Verfassung ist nur der erste Schritt. Unser Horizont ist viel weiter.«

Dank

Dieses Buch ist das Ergebnis von über einem Dutzend Reisen nach Chile, verteilt über bald dreißig Jahre. Bei der ersten waren Camila Vallejo und Takuri Tapia noch nicht einmal geboren, andere wie Jorge Schindler und Alfonso Ugarte hatte ich schon vorher im deutschen Exil kennengelernt. Alle, von denen hier erzählt wird, haben mir mindestens ein paar Stunden, manche auch mehrere Tage ihrer Zeit geschenkt. Ihnen gilt der erste Dank.

Viele andere, denen ich begegnet bin, sind im Buch nicht erwähnt und sie haben mir doch sehr geholfen. Sergio Conus und Jimena Hoffstetter von Club Suizo in Temuco etwa, die mir den Kontakt zu Ewald Luchsinger hergestellt und mich durch das schweizerische Araukanien geführt haben. Oder Rosa Quinteros, die mir von ihrem Großvater erst erzählt und mich dann, als er schon über hundert Jahre alt war, zu ihm gebracht hat. Meine Frau, die Fotografin Yvonne Berardi, die mich auf drei Chile-Reisen begleitet und eine Auswahl ihrer Fotos für dieses Buch zur Verfügung gestellt hat. Wie so oft war sie die erste Leserin und Kritikerin meiner Texte. Alle Leser und Leserinnen haben ihr zu verdanken, dass ihnen der eine oder andere weitschweifige Exkurs erspart geblieben ist.

Zwei Chilenen, die im Buch ebenfalls nicht erwähnt sind, gebührt der größte Dank: der Journalistin Margarita Pastene und ihrem Mann, dem Sportwissenschaftler Raúl Ugarte. Sie haben, als sie noch in Tübingen im Exil lebten, mir die ersten spanischen Worte beigebracht und die nötigen Kontakte für meine erste Reise nach Chile vermittelt. Damals herrschte noch Pinochet. Seit ihrer Rückkehr ist ihr Haus in Viña del Mar mein Stützpunkt, mein Ausgangspunkt für Recherchen in Chile und den umliegenden Ländern. Sie sind mir über die Jahre viel mehr geworden als Freunde und Berater.

Zeittafel

ca. 12 500 v. u. Z.	Erste Spuren menschlichen Lebens in Südchile nahe des heutigen Puerto Montt.
ca. 600 v. u. Z.	Im Zentrum und Süden des Landes finden sich Reste der ersten Mapuche-Kultur.
ab 1471	Die Inka erobern von Cuzco aus den Norden Chiles und bauen eine Straße mit Stützpunkten bis zur Höhe des heutigen Santiago. Sie scheitern aber mit dem Versuch, die Mapuche gewaltsam zu unterwerfen.
1535	Der spanische Eroberer Diego de Almagro zieht auf der Suche nach neuen Goldlagern von Cuzco aus ins heutige Chile. Im Jahr darauf zieht er sich wegen des heftigen Widerstands der Mapuche wieder zurück.
1540	Zweiter Eroberungszug der Spanier unter Pedro de Valdivia.
12. Februar 1541	Pedro de Valdivia gründet Santiago.
1546	Pedro de Valdivía versucht, über den Bío-Bío-Fluss ins Stammgebiet der Mapuche vorzudringen. Er stößt auf erheblichen Widerstand und wird 1553 gefangen genommen und getötet.
1641	Im Frieden von Quilín erkennt Spanien den Río Bío-Bío als Grenze seines Kolonialreichs an.
18. September 1810	Beginn der Unabhängigkeitsbestrebungen: Wohlhabende Bürger in Santiago gründen nach dem Vorbild von Buenos Aires und Caracas eine Regierungsjunta.
2. Oktober 1814	Das Unabhängigkeitsheer unter der Führung von Bernardo O'Higgins verliert bei Rancagua eine große Schlacht gegen die spanischen Armee. O'Higgins und die Überlebenden fliehen über die Anden. In Chile beginnt eine Truppe unter dem Anwalt Manuel Rodríguez mit einem Guerillakrieg gegen die Spanier.
Januar 1817	O'Higgins und sein Heer kommen, verstärkt durch den argentinischen Feldherrn José de San Martín und dessen Truppen, über die Anden zurück. Am 12. Februar wird das spanische Heer bei Chacabuco vernichtend geschlagen.
12. Februar 1818	O'Higgins ruft die Unabhängigkeit Chiles aus.

Januar 1826	Auf der Insel Chiloé legt die letzte der spanischen Krone treue Garnison die Waffen nieder.
1845	Präsident Manuel Bulnes erlässt ein Gesetz zur Kolonisierung des Südens. In Araukanien kommt es zu ersten Auseinandersetzungen zwischen Siedlern und Mapuche.
1848	Beginn der Anwerbung deutscher Siedler zur Kolonisierung des Südens.
1862	Beginn des Vernichtungskriegs gegen die Mapuche.
1876	Siebzig Schweizer Familien versuchen, sich in der Magellan-Provinz im äußersten Süden niederzulassen. Sie scheitern an Geldmangel und an den widrigen klimatischen Bedingungen.
Februar 1879	Die chilenische Armee besetzt Antofagasta. Der Krieg um die bis dahin bolivianischen und peruanischen Salpetervorkommen in der Atacama-Wüste beginnt.
21. Mai 1879	Seeschlacht vor Iquique. Danach ist für die chilenische Armee der Weg für den Nachschub in den Norden gesichert.
1881	Die chilenische Armee rückt bis Lima vor und nimmt die peruanische Hauptstadt ein.
	Im Süden des Landes wird die letzte große Erhebung der Mapuche blutig niedergeschlagen. Ab 1883 werden die Überlebenden in Reservate gepfercht.
20. Juli 1883	Die Schlacht bei Huamachuco entscheidet den Salpeterkrieg. Peru unterzeichnet einen Friedensvertrag, Bolivien im Jahr darauf ein Waffenstillstandsabkommen. Die Salpetervorkommen in der Atacama-Wüste werden seither von Chile kontrolliert.
21. Oktober 1883	Die ersten von chilenischen Anwerbeagenturen geschickten Schweizer Siedler kommen nach Chile. Die erste Schweizer Einwanderungswelle dauert bis 1890.
21. Dezember 1907	Mit einem Massaker in Iquique versucht die Regierung, die immer stärker werdende Arbeiterbewegung in den Salpeterminen zu vernichten. Zwischen fünfhundert und zweitausend friedlich versammelte Menschen werden erschossen.
1910	Die deutschen Chemiker Fritz Haber und Carl Bosch melden ein Patent zur synthetischen Herstellung von Ammoniak an. Das Verfahren wird in den kommenden Jahrzehnten die chilenische Salpeterindustrie zum Erliegen bringen.
1912	Der US-amerikanische Bergbaukonzern Guggenheim Bros. eröffnet die Kupfermine von Chuquicamata.

1913 Nach der öffentlichen Misshandlung und Demütigung von Mapuche kommt es in Nuevo Imperial im Süden des Landes zu ersten Erhebungen dieses Volkes seit dem Vernichtungskrieg.

6. September 1924 Nach einem jahrlang schwelenden Streit zwischen Parlament und Präsident übernehmen die Militärs in einem unblutigen Putsch die Macht. Präsident Arturo Alessandri geht ins Exil. Starker Mann der Militärjunta ist General Carlos Ibáñez del Campo, der sich 1927 als einziger Kandidat zum Präsidenten wählen lässt.

27. Juli 1931 Nach Monaten der Massendemonstrationen gegen das Militärregime und Hungermärschen, die durch die Weltwirtschaftskrise ausgelöst wurden, stürzt Ibáñez und flieht ins Exil. Nach weiteren Wirren wird 1932 der aus dem Exil zurückgekehrte Arturo Alessandri zum zweiten Mal zum Präsidenten gewählt und tritt im Dezember sein Amt an.

25. Oktober 1938 Pedro Aguirre Cerda von der Frente Popular, einer Koalition aus Radikalen, Sozialisten und Kommunisten, gewinnt die Präsidentschaftswahl. Mit ihm beginnen gut dreißig Jahre bürgerlicher Herrschaft in Chile.

4. September 1958 Jorge Alessandri, der Sohn von Arturo Alessandri, wird für die Radikale Partei zum Präsidenten gewählt. Er tritt sein Amt am 4. November mit einem sozialreformerischen Programm an, das er dann freilich nicht umsetzt.

1961 Gründung der Colonia Dignidad durch den evangelikalen deutschen Prediger Paul Schäfer.

3. November 1964 Mit Eduardo Frei Montalva wird zum ersten Mal ein Christdemokrat Präsident. Er verspricht eine Landreform und die langsame Nationalisierung der Kupferindustrie.

17. Dezember 1969 Die Sozialistische und die Kommunistische Partei gründen zusammen mit den linksradikalen Gruppierungen MIR und MAPU und mehreren linken Kleinparteien die Unidad Popular als Wahlplattform.

4. September 1970 Der Sozialist Salvador Allende gewinnt für die Unidad Popular am meisten Stimmen bei der Präsidentschaftswahl. Die Stichwahl im Parlament am 24. Oktober gewinnt Allende mit der Unterstützung der Christdemokraten.

22. Oktober 1970 Armeechef General René Schneider wird bei einem vom US-Geheimdienst CIA eingefädelten und von der rechten Terrorgruppe Patria y Libertad ausgeführten Attentat schwer verletzt und stirbt zwei Tage später.

8. Juni 1971	Der christdemokratische Spitzenpolitiker Edmundo Pérez Zujovic wird bei einem Attentat der linksradikalen Splittergruppe Vanguardia Organizada del Pueblo ermordet. Die Christdemokraten entziehen daraufhin Allende die Unterstützung im Parlament.
11. Juli 1971	Das Parlament beschließt einstimmig die Verstaatlichung der Kupferindustrie.
6. Oktober 1972	Ein Streik der Fuhrunternehmer legt das Land lahm.
29. Juni 1973	Oberstleutnant Roberto Souper rückt mit dem zweiten Panzerregiment auf den Regierungspalast Moneda vor. Der Versuch eines Staatsstreichs wird von anderen Teilen der Armee nicht unterstützt und bricht schnell zusammen.
Juli 1973	Ein zweiter Streik der Fuhrunternehmer führt zu schwerwiegenden Versorgungsproblemen.
23. August 1973	General Augusto Pinochet wird nach dem Rücktritt von General Carlos Prats dessen Nachfolger als oberster Armeechef.
10. September 1973	Allende bietet ein Referendum über seinen Verbleib im Präsidentenamt an.
11. September 1973	Allende wird bei einem Militärputsch gestürzt. Als die Armee den Regierungspalast stürmt, nimmt er sich das Leben.
17. Dezember 1974	Pinochet, bislang Vorsitzender einer Regierungsjunta, lässt sich zum Präsidenten Chiles erklären.
1975	Neoliberales Schockprogramm der »Chicago-Boys«. Das Bruttoinlandsprodukt bricht um 13 Prozent ein, die Arbeitslosigkeit steigt auf 20 Prozent.
1977 bis 1980	Die Zeit des sogenannten chilenischen Wirtschaftswunders mit jährlichen Wachstumsraten von durchschnittlich 8,5 Prozent.
11. September 1980	Am siebten Jahrestag des Putschs lässt Pinochet eine auf ihn zugeschnittene Verfassung bei einem undurchsichtigen Referendum vom Volk verabschieden. Sie ist in ihren Grundzügen bis heute gültig.
1982	Nach dem Verfall der Kupferpreise auf dem Weltmarkt stürzt Chile in eine tiefe Wirtschaftskrise. Das Bruttoinlandsprodukt sinkt um 14 Prozent, die Arbeitslosigkeit steigt auf 30 Prozent.
25. Februar 1982	Der Mord an dem christdemokratischen Gewerkschaftsführer Tucapel Jiménez löst erste Massenproteste gegen die Diktatur aus.

11. September 1983	Am zehnten Jahrestag des Putschs finden Massendemonstrationen in Santiago und anderen Großstädten statt. Es kommt zu gewaltsamen Auseinandersetzungen mit den Sicherheitskräften.
7. September 1986	Die Frente Patriótico Manuel Rodríguez verübt ein Attentat auf Pinochet. Fünf seiner Leibwächter werden getötet, elf weitere verletzt. Der Diktator bekommt nur eine kleine Schramme ab.
5. Oktober 1988	Pinochet verliert das Referendum über die Verlängerung seiner Amtszeit mit 44 Prozent der Stimmen.
14. Dezember 1989	Patricio Aylwin gewinnt für die Concertación aus Christdemokraten und Sozialisten die erste demokratische Wahl nach der Diktatur gleich im ersten Wahlgang. Am 11. März 1990 tritt der Christdemokrat Aylwin sein Amt an.
8. Februar 1991	Die Wahrheitskommission unter dem Vorsitz des Diplomaten Raúl Rettig stellt ihren Abschlussbericht vor. Er spricht von über 3000 Todesopfern des Pinochet-Regimes, von denen gut 1000 noch immer als verschwunden gelten.
1993	Die Indígena-Behörde Conadi wird gegründet. Sie soll zur Lösung des Landkonflikts im Mapuche-Gebiet beitragen.
12. November 1993	Pinochets Geheimdienstchef General Manuel Contreras wird wegen des Mordes an Allendes Verteidigungsminister Orlando Letelier am 21. September 1976 in Washington von einem chilenischen Gericht zu sieben Jahren Haft verurteilt. Es ist das erste Urteil gegen einen hochrangigen Militär der Diktatur.
13. Oktober 1993	Erste Landbesetzung durch Mapuche seit der Pinochet-Diktatur.
11. März 1994	Der Christdemokrat Eduardo Frei Ruiz-Tagle folgt Patricio Aylwin im Präsidentenamt.
16. Oktober 1998	Pinochet wird in London aufgrund eines internationalen Haftbefehls des spanischen Untersuchungsrichters Baltasar Garzón verhaftet.
3. März 2000	Pinochet wird aus humanitären Gründen aus der Auslieferungshaft entlassen und kehrt nach Chile zurück.
1. Dezember 2000	Der erste Strafprozess gegen Pinochet beginnt. Es geht um seine Verantwortung für die sogenannte Karawane des Todes, die im Oktober 1973 bei einem Zug durch ganz Chile 71 Menschen ermordet hatte.
11. März 2000	Mit Ricardo Lagos wird zum ersten Mal seit Allende ein Sozialist Präsident. In den sechs Jahren seiner Regierungszeit

werden viele Überlandstraßen und Gefängnisse sowie die Trink- und Abwasserversorgung privatisiert.

29. November 2004 Die sogenannte Valech-Kommision zur Dokumentation von politischer Haft und Folter in den Jahren der Diktatur veröffentlicht ihren Abschlussbericht. Danach gab es 27 255 politische Gefangene und Folteropfer. Sie bekommen nach einem Entschädigungsgesetz vom Dezember eine monatliche Rente von rund zweihundert US-Dollar.

10. März 2005 Paul Schäfer, Leiter der Colonia Dignidad, wird in Argentinien verhaftet und an Chile ausgeliefert. Ein Jahr später wird er wegen des sexuellen Missbrauchs von Kindern zu zwanzig Jahren Haft verurteilt.

11. März 2006 Die Sozialistin Michelle Bachelet wird die erste Präsidentin des Landes.

2006 Mehrere Monate lang protestieren Schüler für eine bessere Ausstattung der öffentlichen Schulen. Viele Schulgebäude werden über Wochen besetzt. Präsidentin Bachelet setzt eine Kommission zur Lösung der Probleme ein, was aber ohne nennenswerte Ergebnisse bleibt.

10. Dezember 2006 Pinochet stirbt im Alter von 91 Jahren. Zum Zeitpunkt seines Todes laufen fünf Gerichtsverfahren gegen ihn. Den Justizbehörden liegen über vierhundert weitere Klageschriften vor.

27. Februar 2010 Ein Erdbeben der Stärke 8,8 auf der Richterskala mit Epizentrum in der Nähe der Stadt Concepción und anschließendem Tsunami an der Küste erschüttert das Land. 521 Menschen kommen ums Leben, der Sachschaden wird auf dreißig Milliarden US-Dollar geschätzt.

11. März 2010 Mit dem Unternehmer Sebastián Piñera kehrt zum ersten Mal seit der Diktatur die politische Rechte ins Präsidentenamt zurück.

November 2010 Zehntausende gehen in Santiago gegen das Staudammprojekt Hidroaysén ganz im Süden des Landes auf die Straße. Nie zuvor gab es in Chile so große Demonstrationen wegen Umweltproblemen.

2011 Eine Welle von fast wöchentlichen Großdemonstrationen der Studentenbewegung sorgt für Unruhen in Santiago und fast allen anderen Großstädten des Landes. Die Studenten fordern eine Abschaffung der Studiengebühren und eine bessere personelle und materielle Ausstattung der öffentlichen Hochschulen. Präsident Piñera zeigt sich zwar gesprächs-, aber nicht kompromissbereit.

4. Januar 2013 In Vilcún im Süden des Landes sterben der schweizstämmige Siedler Werner Luchsinger und seine Frau Vivianne Mackay bei einem Brandanschlag eines Mapuche-Kommandos.

30. April 2013 Die Nueva Mayoría wird als neue Parteienkoalition aus Christdemokraten, Sozialisten und Kommunisten ins Wahlregister eingetragen. Sie gewinnt die Parlamentswahl vom 17. November. Ihre Präsidentschaftskandidatin Michelle Bachelet muss am 15. Dezember in die Stichwahl gegen die Rechtskandidatin Evelyn Matthei, die sie klar gewinnt.

11. März 2014 Die zweite Präsidentschaft von Michelle Bachelet beginnt.

1. April 2014 Ein Erdbeben der Stärke 8,2 auf der Richterskala erschüttert den Norden Chiles. Sechs Menschen kommen ums Leben.

26. September 2014 Präsidentin Bachelet bringt eine – inzwischen verabschiedete – Steuerreform im Parlament ein: Eine Bildungsreform und Sozialprogramme sollen über höhere Unternehmenssteuern finanziert werden.

14. Januar 2015 Der Kongress beschließt die Aufhebung des binominalen Wahlrechts. Statt dessen wird ein moderates Verhältniswahlrecht eingeführt.

28. Januar 2015 Der Kongress beschließt die Anerkennung gleichgeschlechtlicher Partnerschaften, die rechtlich einer traditionellen Ehe gleichgestellt werden.

7. März 2015 Ein großer Teil der Führungsriege der rechten Oppositionspartei UDI wird wegen des Verdachts auf illegale Parteienfinanzierung, Bestechung, Geldwäsche und Steuerbetrug verhaftet.

5. Mai 2015 Präsidentin Bachelet entlässt fünf ihrer Minister wegen des Vorwurfs der illegalen Parteifinanzierung.

7. August 2015 Pinochets Geheimdienstchef Manuel Contreras stirbt im Alter von 86 Jahren. Sein Tod löst Jubelfeiern in Santiago aus.

5. November 2015 Nach einer Autopsie der exhumierten Leiche des Literaturnobelpreisträgers Pablo Neruda veröffentlicht das Innenministerium einen Bericht. Danach gibt es deutliche Hinweise darauf, dass Neruda vergiftet worden ist. Der Dichter und kommunistische Politiker starb zwölf Tage nach dem Putsch vom 11. September 1973. Bislang war man davon ausgegangen, dass er einem Prostatakrebs erlegen sei.